Wirtschaftskorruption

Europäische Hochschulschriften
Publications Universitaires Européennes
European University Studies

Reihe II
Rechtswissenschaft

Série II Series II
Droit
Law

Bd./Vol. 4055

PETER LANG
Frankfurt am Main · Berlin · Bern · Bruxelles · New York · Oxford · Wien

Cai Berg

Wirtschaftskorruption

Phänomen und zivilrechtliche Rechtsfolgen

PETER LANG
Europäischer Verlag der Wissenschaften

Bibliografische Information Der Deutschen Bibliothek
Die Deutsche Bibliothek verzeichnet diese Publikation in der Deutschen Nationalbibliografie; detaillierte bibliografische Daten sind im Internet über <http://dnb.ddb.de> abrufbar.

Zugl.: Mannheim, Univ., Diss., 2003

D 180
ISSN 0531-7312
ISBN 3-631-52737-3

www.peterlang.de

Vorwort

Die vorliegende Arbeit schließt eine Lücke im Bereich der zivilrechtlichen Behandlung der Wirtschaftskorruption. Sie soll sowohl der wissenschaftlichen Arbeit mit diesem Thema als auch dem praktischen Umgang in Unternehmen und Gesellschaften dienen.

Dank schulde ich meinem Doktorvater, Prof. Dr. Volker Rieble, nunmehr Universität München, für seine Anregungen sowie seine Konsequenz hinsichtlich der Einhaltung der Zeitvorgaben.

Gewidmet ist diese Arbeit meiner Familie, welche mich zu jeder Zeit unterstützt hat.

Frankfurt, im Mai 2004 *Cai Berg*

Inhaltsverzeichnis

A Das Phänomen Korruption

I. Korruption als gesellschaftliches Phänomen

Korruption wird vor allem in der jüngsten Zeit verstärkt in der Öffentlichkeit diskutiert. Dieser Umstand liegt zum einen in einer intensivierten Aktivität der Strafverfolgungsbehörden, zum anderen in einer erhöhten Sensibilität von Öffentlichkeit und Medien für Vorgänge dieser Art begründet[1]. Die aufgedeckten Fälle zeigen ein Phänomen, welches sämtliche gesellschaftlichen Bereiche berührt. Auch wenn der mediale Fokus vor allem auf den gesellschaftspolitisch besonders sensiblen Bereich der Träger politischer Macht gerichtet ist, findet Korruption ebenso in Wirtschaft und Verwaltung statt. Ein allein infizierter Gesellschaftsteil, welcher als solcher erkannt und kuriert werden könnte, läßt sich nicht erkennen. Korruption ist vielmehr Teil des gesamten Systems und damit Herausforderung für das System. Sie stellt Staat und Gesellschaft an sich auf den Prüfstand. Im Folgenden wird versucht, dieses gesellschaftliche Phänomen der Korruption in seinen Ursachen, seinem tatsächlichen Umfang und seinen Auswirkungen auf die betroffenen Bereiche näher zu konkretisieren.

1. Definitionsansätze und Phänomenologie

Der häufigen Verwendung des Begriffes „Korruption“ in der gegenwärtigen rechtspolitischen Diskussion steht das Fehlen einer allgemeingültigen Definition gegenüber. So gibt

---

[1] Poerting/Vahlenkamp in Kriminalistik 98, 733.

es in keinem Rechtsgebiet einen Tatbestand der „Korruption". Dies führt unter anderem dazu, daß im Prozeß der öffentlichen Meinungsbildung der Begriff im Zusammenhang mit den verschiedensten Sachverhalten verwendet wird. Da eine einheitliche Begriffsdefinition fehlt, hängt das unter „Korruption" Verstandene von Intention und Perspektive des Betrachters ab. Aufgrund seiner gesellschaftlichen Auswirkungen stellt Korruption ein fachübergreifendes Phänomen dar. Aus diesem Grund finden sich Erklärungs- und Definitionsversuche in Politologie, Religion, Soziologie und der Rechtswissenschaft, ohne dabei abschließend zu sein. Allen korruptionsverwandten Erscheinungsformen ist lediglich eines gemeinsam, nämlich daß ein *Tausch von Medien* stattfindet. Unter Medien werden Sanktionen oder Belohnungen, welche den Verkehr zwischen den einzelnen Teilsystemen einer Gesellschaft regeln, verstanden[2]. Die Auseinandersetzung mit dieser Erscheinung und insbesondere die dazu notwendige Abgrenzung zu anderen Regelungsgegenständen setzt eine gewisse begriffliche und phänomenologische Eingrenzung voraus. Aufgrund der übergreifenden Relevanz der Korruption empfiehlt es sich, dabei ebenfalls interdisziplinär vorzugehen.

a) Korruption als fachübergreifendes Phänomen

Aus rein *ökonomischer Sichtweise* – und damit moralisch wertfrei – handelt es sich bei Korruption um einen *Austausch von Leistungen.* Dieser Tausch setzt sich aus dem zur Zielerreichung eingesetzten Mittel des Korrumpierenden und dem damit angestrebten Handeln des Korrumpierten zusammen. Korruption stellt in wirtschaftstheoretischer Hinsicht somit le-

2 Bellers/*Bellers*, 5.

diglich einen Anwendungsfall der Preistheorie dar[3], das heißt des Zusammenspiels von Angebot und Nachfrage. Dies allerdings mit der Besonderheit eines Verstoßes gegen positivistische oder gesellschaftliche Normen. Ökonomisch gesehen ist Korruption somit die Einführung eines freien Marktes mit rein marktwirtschaftlichen Gesetzen, das heißt dem Erfolg des Meistbietenden. Sie ist ein Mittel, knappe Güter wie Macht und Einfluß unter Anwendung dieser Gesetze zu verteilen. Aufgrund der zusätzlich erforderlichen Aufwendung von Ressourcen zur Geheimhaltung beziehungsweise für Abwehrmaßnahmen handelt es sich – ökonomisch betrachtet – um eine *suboptimale Vorgehensweise.* Diese wird dennoch gewählt, da die Gegenleistung für den Interessenten ansonsten gar nicht oder nur erschwert zugänglich wäre[4]. Nach Abschluß des Geschäftes zeigt sich der vermeintlich freie Markt aufgrund der erforderlichen Geheimhaltung jedoch als Monopol der am Korruptionsvorgang Beteiligten, welches dem Außenstehenden verschlossen bleibt.

In der *sozialwissenschaftlichen Lehre* ist Korruption ein normabweichendes Verhalten in Form einer Verletzung ethisch-moralischer Standards des betroffenen sozialen Systems. Sie gehe meist einher mit dem Mißbrauch einer Funktion zur Wahrnehmung fremder Interessen[5]. Korruption stelle eine *sozialschädliche Form reziproken Verhaltens* dar. Reziprozität, das heißt die Gegenseitigkeit im Verhalten zueinander, sei wesentliches Prinzip sowohl des menschlichen Zusammenlebens als auch des dieses Zusammenleben organisie-

---

3 *Imhof*, 11.

4 Wabnitz/Janovsky, § 12 Rd. 2.

5 Brünner/*Freinitz*, 152; Brünner/*Acham*, 29.

renden Rechts[6]. Im Zusammenhang mit Korruptionsgeflechten finde die Reziprozität ihre negative Ausprägung durch die gegenseitigen Abhängigkeiten der Beteiligten, welche oftmals systematisch konstruiert werden. Dieser Vorgang wird als das sogenannte „*Anfüttern*“ bezeichnet[7]. Derartige Geflechte seien durch ihre negative Reziprozität besonders stabil und auf gegenseitiges Vertrauen angelegt. Dieses Verhalten wird mit der sozialpsychologischen Notwendigkeit der Selbstfindung des Einzelnen in sich schnell wandelnden Gesellschaften erklärt. Dies könne nur durch eine derartige Normabweichung gelingen. Eine moralische Rechtfertigung des Verhaltens wird damit nicht verbunden. Zudem sei Korruption auch eine Reaktion auf die negativen Begleiterscheinungen des sozialen Fortschritts wie ökonomische Ungleichgewichte oder die Zerstörung traditioneller Strukturen, durch welche der Einzelne individuelle Nachteile auszugleichen suche. Aus diesem Grund betrachten die Sozialwissenschaften Korruption als einen *kulturellen Rückschritt*, nämlich als eine Reduktion der Versachlichung der Beziehungen zwischen den gesellschaftlichen Gruppen[8]. So seien in vorindustriellen Gesellschaften die Beziehungen stark durch persönliche Verpflichtungen wie beispielsweise familiäre Bindungen geprägt gewesen, ohne daß dies als anstößig gegolten habe. Im Gegenteil, es sei als Ausdruck von Familiensinn gewürdigt worden. Dieser Aspekt trete durch die teilweise vorhandene Unfähigkeit der Anpassung an den sozialen Wandel und dem dadurch verursachten Verharren oder Zurückfallen in traditionelle Strukturen wieder verstärkt in den Vordergrund. Teilweise wird in der sozialwis-

---

[6] Zum Themenkomlex Reziprozität und Recht eingehend *Jakob/Fikentscher*, Korruption, Reziprozität und Recht.

[7] Siehe dazu die Ausführungen unter A I 1 b) bb).

[8] Bellers/*Bellers*, 5; *Scheuch* in Kriminalistik 02, 79 (81).

senschaftlichen Literatur der Begriff der Korruption dagegen vollständig als konturlos abgelehnt und durch den des „*abweichenden Verhaltens*“ ersetzt[9]. Ob damit ein erhöhter Erkenntnisgewinn verbunden ist, erscheint allerdings fraglich.

Der *moraltheologische Ansatz* versteht korruptes Verhalten im umfassenden Sinn als Symbol eines gesellschaftlichen Sittenverfalls. Es führe zur Überordnung des individuellen Vorteils über das allgemeine Wohl[10] und sei Ausdruck der moralischen Unvollkommenheit des Menschen. Korruption sei „*die Vergewaltigung der Norm der Pflicht und der Verantwortung innerhalb der gesellschaftlichen Ordnung*“[11] und damit Ausdruck einer Todsünde des Neuen Testaments, der Habgier. Ein solch umfassendes kulturkritisches Verständnis von Korruption würde als Prämisse der vorliegenden Untersuchung zu einer uferlosen Ausweitung des Phänomens führen, da es auch Erscheinungsformen umfaßt, welche rechtlich wertfrei sind. Im Gegensatz zur Moral kann es nicht Aufgabe des Rechts sein, jegliches ethisch kritikwürdige Verhalten zu sanktionieren, vielmehr muß es sich auf explizit gemeinschädliche Vorgänge beschränken.

Auch in der *modernen Politikwissenschaft* wird ein solch umfassendes Korruptionsverständnis als Ausgangspunkt abgelehnt[12]. Ansonsten würden davon auch Erscheinungsformen umfaßt, welche als Ausdruck des herkömmlichen politischen Wandels angesehen werden, wie beispielsweise die Etablie-

---

9 *Imhof*, 2 Fn. 3 m. w. N.

10 Brünner/*Rotter*, 106; *Rennstich*, 38.

11 Rennstich, 38.

12 Bellers/*Bellers*, 3.

rung der Generation von `68 im zuvor bekämpften kapitalistischen System. Ein solcher moralischer Rigorismus würde in der Konsequenz die in Demokratien notwendigen politischen Kompromisse verhindern.

„*Korruption ist die Verletzung eines allgemeinen Interesses zugunsten eines speziellen Vorteils*“[13]. Entscheidender Ansatzpunkt dieser politologischen Betrachtung ist die Frage, wann eine solche Verletzung vorliegt. Nur so könne die Korruption von zulässigen Mitteln pluralistischer Demokratien wie dem Lobbyismus und sonstigen Einflußnahmen gesellschaftlicher Kräfte abgegrenzt werden. Die Grenzziehung sei in erster Linie abhängig von dem gesellschaftlichen Verständnis von Korruption, welches zwischen den Demokratien westlichen Typs und den Entwicklungs- und Schwellenländern stark differiert[14]. Ein Staat in der geschichtlichen Tradition der Bundesrepublik habe dabei ein eher strenges Verständnis, was eine noch legale politische Einflußnahme betrifft[15]. Auf der anderen Seite stehe der individuelle Vorteil, welcher historisch recht großzügig gehandhabt wurde. Dementsprechend wurde und werde die Annahme von Vorteilen zugunsten mit dem handelnden Individuum nicht identischer Gesellschaftsgruppen, sogenannte „*Korruption zum Wohle der Korporation*“[16], vielfach, zumindest von den betroffenen Gruppen, als nicht-korruptes Verhalten eingestuft.

---

13 *Lasswell* bei *Scheuch* in Kriminalistik 02, 79 (81).

14 Dazu unten A II 2.

15 Bellers/*Bellers*, 4.

16 *Scheuch* in Kriminalistik 02, 79 (81).

In der *Rechtswissenschaft* stellt sich das Problem des Fehlens einer Legaldefinition, was zur Folge hat, daß der Begriff „*Korruption*“ nur vereinzelt in Stichwortverzeichnissen von Lehrbüchern oder Kommentaren zu finden ist[17]. Teilweise wird er indifferent mit dem Begriff der Bestechung gleichgesetzt, weshalb Ausgangspunkt juristischer Definitionsversuche zumeist die Straftatbestände der §§ 331 – 334, 298, 299, 108e StGB[18] sind. Außerhalb des Strafrechts mit seiner ultima-ratio-Funktion wird teilweise auch eine umfassendere Interpretation des Begriffes gewählt[19]. Man ist sich jedoch bewußt, daß ein ethisch-moralisch beeinflußter Korruptionsbegriff „*zu unspezifisch für eine in die Tagespolitik implementierbare Anti-Korruptionsstrategie*“[20] wäre. Aus diesem Grund dient vielfach die einem richtungsweisenden Forschungsbericht der kriminalistisch-kriminologischen Forschungsgruppe des BKA zugrunde liegende Formel als Begriffsbestimmung. Diese umfaßt einerseits die relevanten Erscheinungsformen ohne andererseits unpraktikabel zu sein. Danach ist „*Korruption [...] der Mißbrauch eines öffentlichen Amtes, eines politischen Mandats oder einer Funktion in der Wirtschaft zu Gunsten eines anderen, begangen auf dessen Veranlassung oder aus Eigeninitiative, zur Erlangung eines Vorteils für sich oder einen Dritten, mit Eintritt oder in Erwartung des Eintritts eines Schadens oder Nachteils für die Allgemeinheit oder für ein Unternehmen*“ [21].

---

17 Ausnahme beispielsweise *Kaiser*, Kriminologie; *Müller-Gugenberger/ Bieneck*, Wirtschaftsstrafrecht.

18 Vgl. z.B. *Ahlf* in Kriminalistik 96, 154 ff.

19 *Bottke* in ZRP 98, 215.

20 *Kaiser* § 38 Rd. 38.

21 Vahlenkamp/Knauß, 20.

b) Phänomenologische Unterscheidung

Resultierend aus den eben dargestellten Schwierigkeiten einer genauen Begriffsbegrenzung wird zum Teil versucht, korrupte Verhaltensmuster unter dem Aspekt ihrer strukturellen Erscheinungsform zu kategorisieren[22]. Dies verspricht einen erhöhten Erkenntnisgewinn in Bezug auf das Phänomen Korruption verglichen mit abstrakten Definitionsmodellen. Es wird zwischen situativer, struktureller und systematischer Korruption unterschieden.

aa) Situative Korruption

Unter den Begriff der situativen Korruption, auch *Klein- oder Mikrokorruption*[23] genannt, werden Fälle spontaner Einflußnahmen auf insbesondere behördliche Entscheidungen subsumiert[24]. Es handelt sich dabei um meist einmalige Vorgänge, welche mit geringem logistischen Aufwand sowie kleinen Schadensummen einhergehen. Als Beispiele sind Bestechungsversuche bei Verkehrskontrollen oder im Rahmen von behördlichen Verfahren durch Private oder Kleingewerbetreibende zu nennen. Diese Form der Korruption stellt nach kriminologischen Untersuchungen zwei Drittel aller Korruptionsfälle dar, wobei hier eine ungewöhnlich hohe Hellfeldquote

---

22 *Ahlf* in Kriminalistik 96, 154 (156); *Imhof*, 43; *Höffling*, 33 ff.

23 *Imhof*, 43.

24 Wabnitz/Janovsky § 12 Rd. 5.

von 80 – 90% angegeben wird, was größtenteils aus dem Bekanntwerden durch Amtsanzeigen resultiert[25].

bb) Strukturelle Korruption

Kennzeichen struktureller Korruption, auch *Groß- oder Makrokorruption*[26], ist demgegenüber eine professionelle Arbeitsweise der Beteiligten. Diese zeichnet sich durch betriebswirtschaftlich rentable Schmiergeldzahlungen, das Einkalkulieren von Verfolgungsmechanismen sowie die Akzeptanz korrupter Geschäftspraktiken als Teil einer alltäglichen Akquisition aus. Diese Korruptionsform ist insbesondere in generell korruptionsanfälligen Wirtschaftszweigen wie der Baubranche mit ihren schwer kontrollierbaren Vergabeverfahren oder in Verwaltungsverfahren, welche in besonderem Maß ermessensgeleitet sind, wie beispielsweise dem staatlichen Subventionswesen, anzutreffen. In diesen Bereichen liegen verstärkt unübersichtliche Beziehungsgeflechte vor, welche durch oftmals jahrelange, langfristig angelegte Korrumpierungsversuche, das sogenannte „Anfüttern"[27], entstanden sind. Bei diesem Vorgang erfolgt eine Steigerung von Qualität und Quantität der Leistungen, angefangen bei Aufmerksamkeiten und unwesentlichen Geschenken ohne Gegenleistung, um so eine Verstrickung des Korrumpierten in das bestehende

---

25 *Ahlf* in Kriminalistik 96, 156 f.; LKA BW, Korruption in Baden-Württemberg, 16; dazu auch die Darstellungen von *Höffling*, 36 ff., welcher selbständig ausgewertete Akten unter phänomenologischen Gesichtspunkten kategorisiert und zu einer ähnlichen Einschätzung gelangt.

26 *Imhof*, 43; *Ahlf* in Kriminalistik 96, 154 (157).

27 *Vahlenkamp/Knauß*, 64; .*Dölling*, C 22; vgl. zu dieser Erscheinungsform der Korruption auch das Diagramm eines Beziehungsgeflechtes anhand eines realen Korruptionsfalles bei *Höffling*, 47.

System zu erreichen. Die Beziehungsgeflechte zeichnen sich insbesondere durch ein System gegenseitiger Abhängigkeiten aus, entstanden durch das der Korruption eigentümliche „*do ut des*“[28]. Dies kommt auch in der geringen Quote von Amtsanzeigen von lediglich 10% zum Ausdruck[29].

cc) Systematische Korruption

Differenzierungsmerkmal der *systematischen oder auch endemischen*[30] *Korruption* gegenüber den beiden anderen Erscheinungsformen ist die über unmittelbar materielle Aspekte hinausgehende Zielsetzung. Sie zeichnet sich durch den gezielten Versuch der Einflußnahme auf Politik und Verwaltung zum Zweck der Beeinflussung bestehender politischer Machtverhältnisse aus[31]. Systematische Korruption beruht ebenfalls auf einer Unrechtsvereinbarung, wobei typischerweise zwischen den Leistungen ein – zumindest auf den ersten Blick - asymmetrisches Austauschverhältnis besteht. Diese Asymmetrie resultiert aus der fehlenden Gleichwertigkeit der ausgetauschten Leistungen. Beispiele solcher Korrumpierungsversuche sind stark überhöht vergütete Redebeiträge von Politikern auf Lobbyistenveranstaltungen, Teilnahmen an Veranstaltungen wie Symposien oder Roundtables an exquisiten Lokalitäten oder schlichte zinslose Darlehen[32]. Oftmals er-

---

28 *Bottke* in ZRP 98, 215.

29 LKA BW, Korruption in Baden-Württemberg, zit. in Der Kriminalist 95, 238.

30 *Ahlf* in Kriminalistik 96, 154 (157).

31 Wabnitz/Janovsky § 12 Rd. 5.

32 Affäre *Hunzinger/Özdemir*, *Spiegel*-Online v. 21.7.02, www.spiegel.de/politik/deutschland/0,1518,206141,00.html (zuletzt abgerufen am

- Fortsetzung: siehe nächste Seite -

folgt der Leistungsaustausch auch zeitversetzt[33], was das Erkennen des Vorliegens des *do ut des* erschweren soll. Selbst wenn es aus diesem Grund oftmals an einer expliziten Vereinbarung einer Gegenleistung fehlt, fühlt sich der Korrumpierte häufig dennoch verpflichtet, was insbesondere durch die fehlende Äquivalenz der bisher ausgetauschten Leistungen erreicht wird. Die „Gegenleistung“ besteht dann oftmals in Einflußnahmen auf politische Entscheidungsprozesse im Sinne der jeweiligen Lobby. Hierdurch relativiert sich die angesprochene Asymmetrie der Leistungen wieder. Auf diese Art entsteht ein der strukturellen Korruption vergleichbares System gegenseitiger Abhängigkeiten, welches für die Ermittlungsbehörden nur schwer aufzuklären ist.

c) Zweckmäßigkeit einer Definition

Zusammenfassend kann konstatiert werden, daß trotz gemeinsamer Basispunkte eine allgemein akzeptierte Definition weder innerhalb der wissenschaftlichen Teilbereiche noch fachübergreifend vorliegt. Entscheidend bei der Begriffsforschung kann jedoch jenseits von Kategorien wie richtig oder falsch einzig die Zweckmäßigkeit einer Definition sein. Hintergrund der vorstehenden Übersicht über die Definitionsansätze in den verschiedenen Disziplinen ist primär, einen Eindruck von der gesellschaftlichen Bedeutung des Phänomens Korruption zu vermitteln. Die darüber hinausgehende Notwendigkeit einer exakten Definition ergibt sich deshalb aus-

---

22.5.2003) und Affäre *Hunzinger/Scharping*, *Spiegel*-Online v. 17.7.02, www.spiegel.de /politik/deutschland/0,1518,205958,00.html (zuletzt abgerufen am 22.5.2003).

[33] Affäre *Hunzinger/Koch*, www.stern.de/politik/koepfe/artikel/?id=259811&page=1 (zuletzt abgerufen am 22.5.2003).

schließlich aus ihrer Zweckmäßigkeit für den weiteren Untersuchungsgegenstand. Es gilt also, die Zweckmäßigkeit einer Definition unter der Prämisse des Untersuchungsgegenstandes zu formulieren.

Hauptgegenstand der vorliegenden Untersuchung ist die Korruption im Wirtschaftsverkehr. Korruption im Wirtschaftsverkehr wird vielfach als das *„Schmiergeldphänomen"* bezeichnet[34], ebenfalls ohne eine eingehendere Begriffsbestimmung folgen zu lassen. Diese erscheint jedoch auch nicht zwingend erforderlich, da nicht zweckmäßig. Ausreichend ist vielmehr eine exakte Subsumtion der Verhaltensweisen unter die jeweiligen Tatbestandsmerkmale der einzelnen straf – und zivilrechtlichen Vorschriften. Dies gilt vor allem in den Fällen einer Anknüpfung des Zivilrechts an strafrechtliche Normen, wie beispielsweise in den §§ 134, 138 BGB. Eine darüber hinausgehende exakte Definition des Begriffes „Korruption" ist vor diesem Hintergrund für die vorliegende Untersuchung nicht erforderlich.

Hinsichtlich der anschließenden Verwendung des Begriffes Korruption als Synonym für ein gesellschaftliches Phänomen bedarf es aber einer Begriffsklärung, welche eine Abgrenzung zu anderen Regelungsgegenständen ermöglicht. Hierbei erscheint die Formel des BKA-Forschungsberichtes aufgrund ihrer sämtliche relevanten Erscheinungsformen umfassenden Formulierung und dennoch gegebenen begrifflichen Schärfe am besten geeignet[35]. Sie wird den folgenden Ausführungen zugrunde gelegt.

---

34 Müller-Gugenberger/Bieneck, § 53; Sethe in WM 98, 2309 ff.

35 Dazu auch *Dölling*, C 9 ff.

2. Historische Entwicklung

Nach einem einprägsamen Wort ist Korruption *„das zweitälteste Gewerbe der Welt“*[36]. Die Silbermedaille hinter der Prostitution resultiert dabei aus dem Erfordernis von Staat und Recht als Voraussetzungen für das Entstehen von Korruption. Ohne die übertragene Wahrnehmung fremder Interessen sowie die Aufstellung von Normen zur Regelung entsprechender Verfahren stellt sich eine Vorteilsnahme nicht als Korruption dar. Korruption ist damit ein Merkmal der Hochkulturen[37].

a) Antike Gesellschaftssysteme

Korruption wird in besonderer Weise möglich durch die Machtausübung für fremde Institutionen, durch die Besorgung fremder Interessen, sogenannte *„Stellvertreter-Konstellationen“*[38]. Dieser Umstand resultiert aus dem Fehlen einer direkten Verknüpfung zwischen der Vergütung des Stellvertreters und dem Allgemeinwohl der übergeordneten Institution. Das Handeln des Stellvertreters nicht mehr durch das Sachinteresse begrenzt. Vielmehr wird der unmittelbare persönliche Vorteil als größerer Anreiz wahrgenommen. Durch ihren verhältnismäßig ausgeprägten Staats – und Beamtenapparat stellten sich die großen antiken Reiche damit als besonders korruptionsanfällig dar[39]. Aus diesem Grund finden sich von

---

36 Zitat beispielsweise bei *Scheuch* in Kriminalistik 02, 79 (80).

37 *Scheuch* in Kriminalistik 02, 79 (80).

38 Brünner/*Brauneder*, 79 ff.

39 Dazu eingehend *Kulesza*, Die Bestechung im politischen Leben Athens im 5. und 4. Jahrhundert v. Chr.

nahezu jedem Klassiker der politischen Philosophie Diagnosen des Verfalls der jeweiligen politischen Systeme[40]. Bereits während des Bestehens der Römischen Republik waren korrupte Geschäftspraktiken gesellschaftlich akzeptierte Akquisitionsformen. Dies ging bis zum Kauf der Stimmen der *Clientes* bei Senatswahlen durch die sogenannten *Patrone*[41]. Nach der Ablösung der Republik durch das Imperium Romanum wandelte sich diese Form der privaten Korruption zu einem Teil des staatlichen Systems. Die Befugnis zur Erhebung von Steuern und Abgaben in den besetzten Kolonien wurde wie ein Ausbeutungsrecht vergeben[42]. Dementsprechend waren auch die ethisch-moralischen Anforderungen der Gesellschaft an öffentliche Funktionsträger in dieser Hinsicht eher gering.

b) Der moderne Staat

Zum expliziten Problem wird die Korruption mit der Ausbildung des modernen Staates ab dem 15. Jahrhundert. Im Zuge dieser Entwicklung kommt es zu einer *Vermehrung und Verfestigung hoheitlicher Tätigkeiten* insbesondere auf Landesebene und damit zu einer Ermöglichung und Zunahme staatlicher Macht an sich sowie der damit verbundenen Machtausübung durch Stellvertreter[43]. Diese Expansion korrupter Verhaltensmuster wurde verstärkt durch die Einführung der Geldwirtschaft, welche unauffälligere Vermögensverschiebungen ermöglicht. Die zunehmende Korruption im

---

40 Dazu allg. *Friedrich*, Pathologie der Politik; Brünner/*Gerlich*, 167.

41 *Scheuch* in Kriminalistik 02, 79 (80).

42 *Scheuch* in Kriminalistik 02, 79 (80).

43 Brünner/*Brauneder*, 79 ff.

Staatsapparat erfolgte auch in Wechselwirkung mit den staatlichen Bezügen. Der absolute Staat war, bedingt durch eine übermäßige Kriegsmaschinerie, kaum in der Lage, eine ausreichende und regelmäßige Beamtenbesoldung zu gewährleisten[44]. Aus diesem Grund wurden an der Grenze zur Legalität erworbene Gratifikationen, Provisionen oder sogenannte „Sporteln"[45], Vergütungen des Dienstleistungsemfängers für den Beamten, bei der Bemessung der Pensionshöhe bereits eingestellt. Ein angemessener Lebensstandard war nur bei Bezug solcher Zusatzleistungen möglich. Dieser Umstand war den Staatsführungen trotz des Vorhandenseins anderslautender Beamtenethiken und -eiden[46] bekannt. Die exakte Trennung von Einkommen und Amtsführung sowie die Vollbesoldung von Beamten ist eine französische Erfindung und fand keinen Zugang zu deutschen Herrschaftshäusern[47]. Korruption wurde damit Teil des Systems. Dieser Systemcharakter setzte sich auch auf Regierungsebene fort, was beispielsweise an den Zuwendungen an die deutschen Kurfürsten anläßlich der Wahlen des römischen Kaisers oder Königs deutlich wurde. Gleiches gilt für die *Bismarck`schen "Reptilienfonds"*[48], welcher dieser zur Bestechung von Journalisten unterhielt. Bemerkenswert erscheint in diesem Zusammenhang, daß eine gewissermaßen altruistische, das heißt nicht unmittelbar auf den eigenen Vorteil gerichtete, Handlungsmotivation wie im Falle *Bismarcks* nicht als Korruption, sondern als Handeln

---

44 Brünner/*Brauneder*, 79 ff.

45 *Scheuch* in Kriminalistik 02, 79 (80).

46 Brünner/*Brauneder*, 83.

47 *Scheuch* in Kriminalistik 02, 79 (80).

48 Bellers/*Bellers*, 15 ff., *Scheuch* in Kriminalistik 02, 79 (80).

durch den Staat für den Staat verstanden wurde[49]. So finanzierte dieser seinen Fonds keineswegs selbst, sondern aus staatlichen Zinseinnahmen.

Der Aspekt der *Wirtschaftskorruption* tritt verstärkt erst im aufgeklärten Staat des 19. Jahrhunderts mit seiner merkantilistischen Wirtschaftspolitik und zunehmenden Industrialisierung in den Vordergrund. Dieser kulturelle Fortschritt brachte zum einen zwar erstmalig eine Trennung von Staat und Wirtschaftsmacht, zum anderen jedoch eine zunehmende Vergesellschaftung des Staates durch das Zusammenwirken der beiden gesellschaftlichen Kräfte. Die dadurch bedingte Verflechtung von Staat und Wirtschaft steigerte die Korruptionsmöglichkeiten und machte das Wirtschaftsleben als solches korrumpierbar. Diese Entwicklung hält bis in die Gegenwart an und verstärkt sich durch die zunehmende wirtschaftliche Globalisierung weiter.

c) Korruption in der BRD – Statistische Werte

Heute läßt sich feststellen, daß die Erscheinungsformen der Korruption im Prozeß der öffentlichen Meinungsbildung schärfer verurteilt werden, als dies in früheren Zeiten der Fall war. Gleichzeitig scheinen aber in der Wahrnehmung der Bürger die Fälle mit Korruptionsbezug drastisch anzusteigen. Diese Entwicklungen widersprechen sich nur auf den ersten Blick. Aus der verstärkten Fokussierung auf diesen Bereich sowie die Verschärfung der sowohl rechtlichen als auch moralischen Verhaltensnormen insbesondere im öffentlichen Leben resultiert eine größere Zahl publik werdender Korrupti-

---

49 *Scheuch* in Kriminalistik 02, 79 (80).

onsfälle. Diese *erhöhte Publizität* vermittelt dem Bürger einen höheren Grad an Korruption generell. Eine Verstärkung korruptionsbekämpfender Maßnahmen in Staat und Gesellschaft führt somit bedingt auch zu einer verstärkten Wahrnehmung von Korruption. Ob tatsächlich eine Zunahme der Korruption im Vergleich zur Antike oder den Anfängen des modernen Staates zu verzeichnen ist, läßt sich aus diesem Grund sowie dem Fehlen statistischer Angaben nur eingeschränkt beurteilen. Ein Vergleich kann nur innerhalb der jüngeren Gegenwart gezogen werden, zu welcher entsprechendes Zahlenmaterial existiert.

In den Anfängen der *Nachkriegszeit* wähnten die Entscheidungsträger die neue Republik als korruptionsresistent, was aber spätestens mit den wirtschaftlichen und politischen Dauerkrisen ab Ende der 80er Jahre endete[50]. Diese veränderte Wahrnehmung gründet zum einen in einer verstärkten Ermittlungstätigkeit sogenannter „Schwerpunktstaatsanwaltschaften"[51], zum anderen in einem gesteigerten Medieninteresse. Die bekanntesten Fälle der Nachkriegszeit waren, ohne Anspruch auf Vollständigkeit, die „*Lockheed*-Affäre"[52] von 1975 - 1982, der „*Flick*-Skandal"[53] von 1975 - 1985 oder die Er-

---

[50] *Rügemer* in KJ 97, 458 f.

[51] Z.B. in München und Frankfurt/Main.

[52] Bellers/*Bellers*, 51 ff. (*Lockheed* hatte in verschiedenen europäischen Staaten versucht, durch Geldleistungen an Politiker, u.a. angeblich an *Franz-Josef-Strauß*, den Verkauf ihres Starfighters F 104 zu fördern).

[53] Bellers/*Bellers*, 57 ff. (in diesem Fall ging es um ungerechtfertigte Steuerbegünstigungen in Millionenhöhe für den Großindustriellen *Friedrich Karl Flick*).

mittlungen um die deutsch-deutsche Treuhandanstalt[54]. Aus der unübersehbaren Flut korruptionsrelevanter Vorgänge der jüngsten Zeit seien nur die Folgenden exemplarisch herausgegriffen: Die Vorgänge um Schmiergeldzahlungen an die Kölner SPD im Zusammenhang mit dem Bau von Müllverbrennungsanlagen[55], der Gesetzesentwurf eines „Anti-Korruptionsregisters" zur besseren Bekämpfung korrupter Praktiken in der Wirtschaft[56] oder zuletzt die Affären um die Koalitionspolitiker *Scharping* und *Özdemir*[57], welche angeblich Zuwendungen des Lobbyisten *Hunzinger* erhielten. Auch im internationalen Vergleich hat Deutschland nach Angaben der unabhängigen Organisation *Transparency International* (TI) einen im Vergleich zu den Vorjahren erhöhten Wahrnehmungsgrad an Korruption zu verzeichnen. So lag Deutschland in der von TI geführten Liste 1998 noch auf Platz 15, 1997 auf dem 13. Rang. Mittlerweile ist die BRD auf den 18. Rang gerutscht.

---

54 *Rügemer* in KJ 97, 462.

55 *Spiegel*-Online v. 19.6.02, www.spiegel.de/politik/deutschland/0,1518, 243303,00.html (zuletzt abgerufen am 22.5.2003).

56 *Spiegel*-Online v. 5.7.02, www.spiegel.de/politik/deutschland/0,1518, 204128,00.html (zuletzt abgerufen am 22.5.2003).

57 Fn. 32.

Bild 1: 2002 Corruption Perception Index[58]

Rang	Land	Verwendete Untersuchungen	Standardabweichungen	Höchster/ niedrigster Wert
1	Finnland	8	0.4	8.9 - 10.0
2	Dänemark	8	0.3	8.9 - 9.9
	Neuseeland	8	0.2	8.9 - 9.6
4	Island	6	0.4	8.8 - 10.0
5	Singapur	13	0.2	8.9 - 9.6
	Schweden	10	0.2	8.9 - 9.6
7	Kanada	10	0.2	8.7 - 9.3
	Luxemburg	5	0.5	8.5 - 9.9
	Niederlande	9	0.3	8.5 - 9.3
10	Großbritannien	11	0.5	7.8 - 9.4
11	Australien	11	1.0	6.1 - 9.3
12	Norwegen	8	0.9	6.9 - 9.3
	Schweiz	9	0.9	6.8 - 9.4
14	Hongkong	11	0.8	6.6 - 9.4
15	Österreich	8	0.5	7.2 - 8.7
16	USA	12	0.8	5.5 - 8.7
17	Chile	10	0.9	5.6 - 8.8
18	Deutschland	10	1.0	5.0 - 8.1
	Israel	9	0.9	5.2 - 8.0

58 www.transparency.org/cpi/2002/cpi2002.de.html (zuletzt abgerufen am 22.5.2003). Der angegebene Punktwert ermittelt sich durch Angaben von befragten Führungskräften zur Korruptionswahrnehmung im jeweiligen Herkunftsland; je höher der Wert, desto geringer die Wahrnehmung.

20	Belgien	8	0.9	5.5 - 8.7
	Japan	12	0.9	5.5 - 7.9
	Spanien	10	1.0	5.2 - 8.9
23	Irland	8	0.9	5.5 - 8.1
24	Botswana	5	1.5	5.3 - 8.9
25	Frankreich	10	0.9	4.8 - 7.8
	Portugal	9	1.0	5.5 - 8.0
27	Slowenien	9	1.4	4.7 - 8.9
28	Namibia	5	2.2	3.6 - 8.9
29	Estland	8	0.6	5.2 - 6.6
	Taiwan	12	0.8	3.9 - 6.6
31	Italien	11	1.1	3.4 - 7.2
32	Uruguay	5	0.7	4.2 - 6.1
33	Ungarn	11	0.5	4.0 - 5.6
	Malaysia	11	0.6	3.6 - 5.7
	Trinidad & Tobago	4	1.5	3.6 - 6.9
36	Weiß-russland	3	1.3	3.3 - 5.8
	Litauen	7	1.9	3.4 - 7.6
	Südafrika	11	0.5	3.9 - 5.5
	Tunesien	5	0.8	3.6 - 5.6
40	Costa Rica	6	0.9	3.6 - 5.9
	Jordanien	5	0.7	3.6 - 5.2
	Mauritius	6	0.8	3.5 - 5.5
	Südkorea	12	1.3	2.1 - 7.1
44	Griechen-land	8	0.7	3.7 - 5.5

Einen aussagekräftigen Überblick über das tatsächliche Ausmaß der Korruption in Deutschland geben darüber hinaus die *Polizeilichen Kriminalstatistiken (PKS) des BKA*. Dabei ist zu berücksichtigen, daß die Delikte der §§ 331 ff. StGB erst seit dem Berichtsjahr 1994 gesondert ausgewiesen werden, was zu einer gewissen Einschränkung der Aussagefähigkeit führt. Gleiches gilt für das Dunkelfeld der Korruption, welches in einer solchen Statistik verständlicherweise keine Berücksichtigung findet. Im Rahmen der PKS ist insbesondere eine hohe Steigerungsrate im Bereich der reinen Wirtschaftskorruption (§ 299 StGB) festzustellen. Die Schwankungen bei den Korruptionsdelikten erklären sich zum Teil durch komplexe Ermittlungsvorgänge mit zahlreichen Einzelfällen[59].

Bild 2: PKS 2001

Fallentwicklung und Aufklärung(Tabelle 01)
Bereich: Bundesgebiet insgesamt
T197

Schlüssel	Straftaten(gruppen)	erfasste Fälle 2001	erfasste Fälle 2000	Veränderung absolut	Veränderung in %	Aufklärungsquote 2001	Aufklärungsquote 2000
6500	Wettbewerbs-, Korruptions- und Amtsdelikte -§§ 108e, 298-300, 331-353d, 355, 357 StGB- darunter:	7 394	8 512	-1 118	-13,1	87,2	88,7
6510	Vorteilsannahme, Bestechlichkeit -§§ 108e, 331, 332, 335 StGB-	2 115	4 038	-1 923	-47,6	98,9	98,8
6520	Vorteilsgewährung, Bestechung -§§ 108e, 333, 334, 335 StGB	1 547	1 061	486	45,8	98,3	99,9
6560	Wettbewerbsbeschränkende Absprachen bei Ausschreibungen -§ 289 StGB-	65	121	-56	-46,3	89,2	99,2
6570	Bestechlichkeit und Bestechung im geschäftlichen Verkehr -§§ 299, 300 StGB-	238	124	114	91,9	97,9	96,8
6551	Körperverletzung im Amt -§ 340 StGB-	2 310	2 141	169	7,9	70,8	68,5

59 Polizeiliche Kriminalstatistiken des BKA von 2000 und 2001, 215.

Bild 3: PKS 2000

Fallentwicklung und Aufklärung(Tabelle 01)

Bereich: Bundesgebiet insgesamt

T197

Schlüs-sel	Straftaten(gruppen)	erfaßte Fälle		Veränderung		Aufklärungsquote	
		2000	1999	absolut	in %	2000	
6500	Wettbewerbs-, Korruptions- und Amtsdelikte -§§ 108e, 298-300, 331-353d, 355, 357 StGB- darunter:	8 512	6 589	1 923	29,2	88,7	84,9
6510	Vorteilsannahme, Bestechlichkeit -§§ 108e, 331, 332, 335 StGB-	4 038	1 621	2 417	149,1	98,8	98,1
6520	Vorteilsgewährung, Bestechung -§§ 108e, 333, 334, 335 StGB	1 061	1 331	-270	-20,3	99,9	98,1
6560	Wettbewerbsbeschränkende Absprachen bei Ausschreibungen -§ 289 StGB-	121	49	x	x	99,2	93,9
6570	Bestechlichkeit und Bestechung im geschäftlichen Verkehr -§§ 299, 300 StGB-	124	63	x	x	96,8	95,2
6551	Körperverletzung im Amt -§ 340 StGB-	2 141	2 172	-31	-1,4	68,5	67,1

Die vorstehenden Grafiken geben lediglich über das *polizeilich ermittelte Hellfeld* Auskunft, was im Bereich der Korruptionsdelikte besonderer Erwähnung bedarf. Dies aus dem Grund, daß sich den Ermittlungsbehörden bei ihrer Tätigkeit einige korruptionsspezifische Probleme stellen. Hierbei sind insbesondere die ausgeprägte Vertrauensbeziehung der Täter untereinander, welche auf gegenseitige Protektion angelegt ist, sowie die Tatsache, das die Täter in der Regel nicht dem polizeibekannten kriminellen Milieu zuzuordnen sind, zu nennen[60]. Hinzu kommt das Fehlen von Tatnachweisen, insbesondere Strafanzeigen, was primär aus der möglichen Selbstbelastung des Anzeigeerstatters, einem befürchteten Ansehensverlust für das geschädigte Unternehmen sowie dem bereits erwähnten Corpsgeist der Täter resultiert[61]. Aus diesen Gründen wird in Praxis und Lehre von einem beträchtlichen

60 Vahlenkamp/Knauß, 226 ff.

61 Vahlenkamp/Knauß, 227.

Dunkelfeld ausgegangen[62]. *Schätzungen des Hessischen Rechnungshofes* gehen von einer Korruptionsrate von bis zu 50% im Bereich der öffentlichen Auftragsvergabe mit einem Schaden für den Steuerzahler von ca. 5 Mrd. Euro aus[63] [64].

3. Ursachen der Korruption

Empirische Werte zu den Ursachen nationaler Korruption fehlen in der wissenschaftlichen Forschung bis jetzt. Dennoch werden einige gesellschaftliche Bedingungen und Entwicklungen als korruptionsverursachend oder -fördernd ausgemacht.

a) Zunehmende Verflechtung von Staat und Wirtschaft

Der moderne Staat hat sich vom „*Nachtwächter- zum Interventionsstaat*" und damit zu einem entscheidenden Faktor des Wirtschaftslebens entwickelt[65]. Er nimmt ökonomische Lenkungsfunktionen wahr und ist auf manchen Sektoren wichtiger oder wichtigster Nachfrager. Dieser Umstand führt zu dem Versuch verstärkter Einflußnahme auf staatliche Entscheidungen durch interessierte Gesellschaftsgruppen wie Unternehmen oder Verbände. Dieses Streben wird erleichtert

---

62 Vgl. z. B. *Kaiser* § 38 Rd. 56; *Hoffmann/Zimmermann* in Kriminalistik 99, 585. Hierzu auch die empirische Untersuchung von *Ohlemacher/Pfeiffer* zum Dunkelfeld im Bereich der Gastronomie durch die anonyme Befragung von Gastronomen. Hierbei handelt es sich meines Wissens um die einzige wissenschaftliche Erhebung zum Dunkelfeld bei Korruption.

63 Zahlen bei *Wabnitz/Janovsky* § 12 Rd. 8.

64 Zu Untersuchungen im gewerblichen Sektor A II 1.

65 *Dölling*, C 30 f.

durch die Bedingungen der modernen Gesellschaft, welche zu einer verstärkten Zusammenarbeit zwischen den sozialen, politischen, wirtschaftlichen und kulturellen Gesellschaftsteilen führen. Diese zunehmende Verflechtung der gesellschaftlichen Teilbereiche hat eine exponentielle Zunahme der Kontakte zwischen ihnen zur Folge[66]. Gegenstand solcher Kontakte sind zum Teil erhebliche materielle Interessen, weshalb mit der Zunahme der Kontakte die Gefahr korrupter Einflußnahmen steigt[67].

b) Abnehmende behördliche Kontrolldichte

Einhergehend mit der Ausweitung der Staatstätigkeit auf den privaten Bereich ist die zunehmende Spezialisierung von Verwaltungseinheiten zur besseren Bewältigung komplexer Fallgestaltungen[68]. Dies führt im Gegenzug zu einer *erschwerten Überwachung durch übergeordnete Stellen*. Die überlegene fachliche Qualifikation der unteren Verwaltung schafft somit nur schwer überprüfbare Entscheidungsfreiräume, welche korrupte Praktiken begünstigen. Kontrolldefizite wirken sich bei Korruptionsdelikten zudem in erhöhtem Maß auf die Strafverfolgung aus, da es aus oben genannten Gründen[69] an Tatnachweisen mangelt. Zugleich kommt es auch zu einer Zunahme von Ermessensvorschriften, da diese eine flexiblere Handhabung der vielgestaltigen Lebenssachverhalte ermöglichen, gleichzeitig aber Überwachungsdefizite schaffen.

---

66 *Wabnitz/Janovsky* § 12 Rd. 6; *Dölling*, C 30f.

67 Bellers/*Bellers/Schöler*, 94 ff.

68 Benz/Seibel/*Wewer*, 304 ff.

69 A I 2 c.

Weitere Ursache für eine Zunahme der Korruption ist die mit der Tätigkeit des Interventionsstaates verbundene Überreglementierung sämtlicher Verwaltungsvorgänge. Die Schaffung von Verfahrensregeln sollte auf den ersten Blick zu einer besseren Kontrolle der Verwaltungstätigkeit führen und damit korruptionshemmend wirken. Eine hohe Regelungsdichte bewirkt jedoch aufgrund der Vielzahl einschlägiger Normen[70] sowie ihrer teilweisen Widersprüchlichkeit eine gewisse Beliebigkeit in der Auswahl der die Entscheidung stützenden Norm[71]. Diese Beliebigkeit eröffnet wiederum korruptionsfördernde Ermessensfreiräume. Weiteres Resultat der Überreglementierung und damit verbundenen Verkomplizierung an sich simpler Vorgänge ist der verstärkte Versuch der Verwaltungen, den Regelungskomplex zu umgehen und zu *„informellen Lösungen“*[72] zu greifen. Informelles Handeln jedoch ist formlos und unverbindlich, es verlagert die eigentliche Sachentscheidung aus dem normierten Verfahren in einen vorgeschalteten, rechtlich nicht gebundenen Entscheidungsprozeß und begünstigt somit Korruptionserscheinungen, da es öffentlicher Kontrolle weitgehend entzogen ist[73].

Soziologische Analysen der ausufernden Staatstätigkeit sehen eine weitere Folge dieser Entwicklung in der zunehmenden Trennung von Recht und Rechtsempfinden. Zu viele Regelungsbereiche blieben ohne normative Unterstützung, weshalb eine soziale Kontrolle entfalle. Eine Übernormierung

---

70 Nach einer Untersuchung waren bereits 1979 bei Erteilung einer Baugenehmigung insgesamt 289 Normen zu beachten; *Wagener*, 215.

71 Bellers/*Bellers/Schöler*, 89; *Dölling*, C 31.

72 Wabnitz/Janovsky § 12 Rd. 6; Bellers/Bellers/Schöler, 89.

73 *Dölling*, C 31; Bellers/*Bellers/Schöler*, 88 f.

einzelner Lebensbereiche und die damit teilweise einhergehende Unverständlichkeit und Widersprüchlichkeit der Vorschriften führe beim Normadressaten zu einer verringerten Akzeptanz des gesetzgeberischen Normzieles. Es entstehe ein sog. *Implementations- oder Vollzugsdefizit*[74], welches einen optimalen Nährboden für Korruption bilde. Hinzu komme die negative Vorbildwirkung durch korruptes Verhalten angesehener Personen des öffentlichen Lebens, welches einen größeren Einfluß habe als die Wertsetzung durch positive Normen[75].

c) Gesellschaftlicher Wertewandel

Die soeben dargestellten Kontrolldefizite wirken sich in besonderer Weise aus, wenn in Wirtschaft, Politik und Verwaltung an die Stelle gemeinschaftsbezogener Werte eine egoistisch-materialistische Grundhaltung tritt. Der vielfach zitierte gesellschaftliche Wertewandel hat sich zumindest dahingehend vollzogen, daß Arbeit überwiegend als Mittel zum Erwerb materieller Güter angesehen wird. Gründe für diese Entwicklung sind nach demoskopischen Erhebungen im staatlichen Bereich das Verblassen eines „Berufsethos“[76] sowie in der Wirtschaft eine fehlende Identifikation mit dem Arbeitgeber, verursacht durch mangelnde Aufstiegschancen und unternehmerisches Mißmanagement[77]. Insofern erscheint es konsequent, wenn nach der Studie des BKA dominierendes Tatmotiv bei Korruptionsdelikten das materielle Gewinnstreben der

---

[74] Bellers/*Bellers*, 4.

[75] Jakob/Fikentscher/*Kessel/Stähli*, 280.

[76] Nachweise bei *Dölling*, C 33 f.

[77] Vahlenkamp/Knauß, 45.

Täter ist[78]. Entscheidende Ursache ist dabei nicht materielle Not, sondern eine Verschiebung der gesellschaftlichen Bewertungskategorien von „Gut – Böse" hin zu „Gewinner – Verlierer"[79]. Dieser gesellschaftliche Wettbewerb nötigt die Täter zur Eröffnung von Nebenerwerbsquellen durch Korruption, wenn der angestrebte Lebensstandard das Einkommen übersteigt.

Die derzeitige Korruption in Deutschland läßt sich somit auf ein Bündel von Entstehungsbedingungen zurückführen. Die Ursachen betreffen zum Teil äußere Abläufe wie veränderbare rechtliche Rahmenbedingungen, teilweise aber auch umfassende gesellschaftliche Prozesse, welche nur langfristig korrigierbar sind.

4. Auswirkungen der Korruption

a) Gesellschaftliche Konsequenzen

Korruption stellt sich wie bereits angedeutet als Privilegienmißbrauch durch Eliten dar[80] und führt zu einer Trennung der teilnehmenden Gesellschaftsgruppen in Privilegierte und Nichtprivilegierte. Handlungsmaßstab sind nicht mehr positive oder gesellschaftliche Normen oder der marktwirtschaftliche Nutzen des Unternehmens, sondern die persönliche Gewinnmaximierung des Korrumpierten. Korruption *deoptimiert gesellschaftliche Systeme* durch Zugrundelegung suboptimaler

---

78 Vahlenkamp/Knauß, 45.

79 Benz/Seibel/*Wewer*, 309; *Wabnitz/Janovsky* § 12 Rd.6.

80 *Fikentscher/Waibl* in IPRax 87, 86 (87); Brünner/*Illies*, 129 f.

Entscheidungsmaximen. Die These von Korruption als gesellschaftlichem Stabilitätsfaktor, quasi als Mittel der Rechtsverwirklichung[81], kann nicht für Gesellschaften westlichen Typs wie die Bundesrepublik gelten. Der moderne Verwaltungsstaat mit seinem Anspruch, demokratisch und rechtsstaatlich, das heißt zweckrational und objektiv zu handeln, wird durch die Korruption in seinen Grundwerten angegriffen und zeigt sich deshalb in besonderem Maße anfällig.

Korruption erschüttert das Vertrauen der Bürger in die gesellschaftlichen Systeme, welche der Gesellschaft diesen sollen und sich durch diese Leistung legitimieren[82]. Im Fall gesellschaftsgefährdender Dimensionen kann sie die Gesellschaft zu reformatorischen oder gar revolutionären Veränderungen des Systems zwingen[83]. Im Gegensatz zu sonstigen Erscheinungsformen kriminellen Handelns, welche als pathologische Einzelfälle verstanden werden, stellt die Korruption als umfassendes Kriminalitätsphänomen Gesellschaft und Staat an sich auf den Prüfstand.

b) Insbesondere ökonomische Konsequenzen

Im ökonomischen Bereich zeigen sich die Auswirkungen korrupter Praktiken noch deutlicher, da sie hier teilweise unmittelbarer entstehen und als materielle Schäden leichter erfaßbar sind. Die fehlende Objektivität staat- und wirtschaftlicher Entscheidungsprozesse führt zu einer Zerstörung des

---

81 *Fikentscher/Waibl* in IPRax 87, 86 (87) bezogen auf Entwicklungsländer.

82 *Bottke* in ZRP 98, 215; *Kaiser* § 38 Rd. 58.

83 *Bottke* in ZRP 98, 215.

wettbewerblichen Gleichgewichts durch die Berücksichtigung nicht marktwirtschaftlich orientierter Auswahlkriterien. Korruption stellt somit das „*Gegenstück echten Leistungswettbewerbes*“[84] dar, da das schlechtere Produkt vorgezogen wird. Hierdurch sinkt die ökonomische Leistungsfähigkeit der Unternehmen, da diese für den wirtschaftlichen Erfolg nicht mehr primär ausschlaggebend ist, was zu einer Minderung der Produktqualität führt[85]. Dieser Umstand wird noch verstärkt durch die Notwendigkeit einer Amortisierung der gezahlten Bestechungsgelder, was ebenfalls zum Teil über eine verminderte Produktqualität sowie erhöhte Endpreise zu Lasten des Verbrauchers geschieht. Es kommt somit zu einer Schadensverlagerung auf den Endkonsumenten. Korruption wirkt damit inflationssteigernd und somit insgesamt systemgefährdend. Durch nicht-wirtschaftliche Handlungsmotive steigt zudem die Gefahr von Fehlinvestitionen[86], was wiederum zu einer Schwächung des Unternehmens und gegebenenfalls zu Preissteigerungen führt. Ungerechtfertigte Preissteigerungen erzeugen langfristig durch den marktwirtschaftlichen Konkurrenzkampf eine Verdrängung ökonomisch schwächerer Unternehmen vom Markt. Korruption führt somit zu *Monopol – und Kartellbildungen*, welche einem marktwirtschaftlichen Wettbewerb abträglich sind.

Gleiches gilt auch für den Bereich der öffentlichen Verwaltung im Falle des Zurücktretens von Kriterien wie Bedarf und Wirtschaftlichkeit hinter materiellen Eigeninteressen. Hierdurch kommt es zu einer Erhöhung der öffentlichen Kas-

---

84 Baumbach/Hefermehl vor § 12 Rd.1.

85 *Scheuch* in Kriminalistik 02, 79 (82); *Piehl*, 25 ff.

86 *Fikentscher/Waibl* in IPRax 87, 86 (87).

sen und damit zu einer ansteigenden Verschuldung der Kommunen. Es erfolgt wiederum eine Schadensverlagerung auf den Bürger, da der Erlaß von Nachtragshaushalten erforderlich wird mit der Konsequenz des Ansteigens von Steuern und Abgaben[87]. Korruption führt somit über die Schaffung von Vorteilen Einzelner zu erheblichen Schäden für das Gemeinwesen und kann im Einzelfall systemgefährdende Ausmaße annehmen.

c) Positive Aspekte

Fraglich ist, ob es auch positive Auswirkungen des Phänomens Korruption gibt. So wird teilweise angeführt, daß insbesondere in Entwicklungs- und Schwellenländern nur die Korruption ein kalkulierbarer Faktor im Rechtsverkehr sei, somit eine gewisse *Rechtssicherheit* garantiere und dadurch stabilisierend wirke[88]. Dies kann jedoch aus den oben genannten Gründen für einen modernen Staat wie die Bundesrepublik nicht gelten[89]. Korruption zur Sicherung der Existenzgrundlage systematisch unterbezahlter Beamter kann in Deutschland mit seinem vergleichsweise hochentwickelten System sozialer Absicherungen ebenfalls keine Geltung beanspruchen. Gelegentlich läßt sich der Korruption dennoch Positives abgewinnen: So berichtet *Scheuch* von einer beabsichtigten Asbestsanierung im Haus des Berliner Deutschlandfunkes, in welches trotz entsprechender Abrechnung kein Asbest

87 Wabnitz/Janovsky § 12 Rd. 8.

88 *Fikentscher/Waibl* in IPRax 87, 86 (87); Brünner/*Illies*, 130.

89 A I 4 a)

verlegt worden war, so daß die hohen Beseitigungskosten entfielen[90].

II. Insbesondere: Korruption in der Wirtschaft

Gegenstand dieser Arbeit sind die zivilrechtlichen Folgen der Wirtschaftskorruption. Unter Wirtschaftskorruption werden dabei korrupte Praktiken von Wirtschaftsunternehmen untereinander verstanden, ohne die Beteiligung staatlicher Stellen auf der einen oder anderen Seite des Korruptionsvorgangs. Aus diesem Grund wird im folgenden verstärkt der ökonomische Aspekt der Korruption betrachtet.

1. Ausmaß und Schäden

Im Bereich der Wirtschaftskorruption ist Motivation die private Gewinnmaximierung sowie die Stärkung der Unternehmensposition im wirtschaftlichen Konkurrenzkampf. Phänomenologisch findet Wirtschaftskorruption überwiegend im Bereich der sogenannten strukturellen Korruption statt. Nach kriminologischen Erhebungen sind hier bis zu 50% private Unternehmen tatbeteiligt[91]. Symptomatisch für Wirtschaftskorruption sind die bereits dargestellten Beziehungsgeflechte, welche die namensgebende Struktur ermöglichen und die Aufdeckung erschweren. So waren 92% der Tatbeteiligten einander bereits vor Tatbegehung bekannt[92]. Besonders kor-

---

90 In Kriminalistik 02, 79 (85).

91 LKA BW, Korruption in Baden-Württemberg, 8.

92 LKA BW, Korruption in Baden-Württemberg, 7.

ruptionsfördernd wirkt sich dabei aus, daß in der freien Wirtschaft eine Grenzziehung zwischen legalem und illegalem Handeln problematischer ist als in der öffentlichen Verwaltung mit ihren normierten Verhaltensrichtlinien. Auch der Erlaß unternehmensinterner Ethikregeln oder sogenannter Unternehmensphilosophien bewirkt hier keine entscheidenden Veränderungen[93]. Korruption wird vielmehr als Bestandteil üblicher Akquisitionspraktiken angesehen, teilweise sogar als „verbindliche Richtlinie" festgelegt[94].

Dominierende Handlungsmotivationen bei korrupten Vorgehensweisen sind dabei auf Unternehmerseite die Ausschaltung der Konkurrenz bei der *Auftragsvergabe* (*Verdrängungs– und Leistungskorruption*[95]) sowie die Abrechnung nicht erbrachter Leistungen (*Gewinnmaximierungskorruption*). Von praktischer Relevanz sind zudem Manipulationen zur Krediterlangung bei öffentlich–rechtlichen Institutionen (*Finanzierungskorruption*), zur Vermeidung von Auflagen (*Auflagenkorruption*) und zur Erlangung von staatlichen Genehmigungen (*Genehmigungskorruption*). Der durch diese Formen der Wirtschaftskorruption entstehende materielle Schaden ist verglichen mit anderen Kriminalitätsformen immens hoch. So weisen 64 % der Ermittlungsverfahren wegen Korruption einen Schadensumfang von mehr als 5000,- EURO auf[96]. Diese Schadensposten resultieren dabei zum einen aus den Verlusten der öffentlichen Kassen durch unzulässige Preisabsprachen,

---

93 Vahlenkamp/Knauß, 39.

94 *Schaupensteiner* in Kriminalistik 94, 514 (516).

95 Begriffe und Zahlen bei *Schönherr*, 219 ff. und Benz/Seibel/*Liebl*, 283 ff.

96 *Schönherr*, 163.

nach Schätzungen ca. 5 Mrd. EURO jährlich[97], zum anderen aus vergleichbaren Verlusten der von Korruption betroffenen Unternehmen. Zudem entstehen auch den unbeteiligten Konkurrenzunternehmen wirtschaftliche Schäden in Form von Wettbewerbsnachteilen, welche sich als wirtschaftliche Schäden darstellen.

Diese Befunde und Zahlen weisen auf eingeschliffene korrupte Handlungsweisen hin, welche von den Tatbeteiligten als sozialüblich betrachtet werden. So wurden teilweise die vorhandenen Korruptionsbeziehungen eines Unternehmens bei *joint ventures* als relevanter Teil des Betriebskapitals eingestuft[98]. Für diese Einschätzung spricht auch der Anteil überdurchschnittlich gebildeter und sozial etablierter Tatverdächtiger, weshalb hier auch der Begriff des sogenannten *white-collar-crime* in Anlehnung an amerikanische Elitekriminalität benutzt wird[99]. Im Bereich der Wirtschaftskorruption handelt es sich primär nicht um individuelles Versagen, sondern es sind als beinahe subkulturell zu bezeichnende Handlungsstrukturen und Einstellungen erkennbar, welche auf ein erhebliches Dunkelfeld mit noch größeren Schäden schließen lassen.

2. Internationaler Geschäftsverkehr

Die erhebliche ökonomische Bedeutung des Exportgeschäfts für die bundesdeutsche Wirtschaft läßt einen Blick auf

---

97 *Tiedemann* in ZRP 92, 149 (151).

98 *Schaupensteiner* in Kriminalistik 94, 514 (516).

99 Vgl. *Kaiser* § 38 Rd. 59; *Dölling*, C 23; ebenso Jakob/Fikenstcher/ *Usteri*, 83.

den internationalen Wirtschaftsverkehr notwendig erscheinen. Dies insbesondere vor dem Hintergrund unterschiedlicher regionaler Bewertungen korrupten Verhaltens sowohl in ethisch-moralischer als auch in rechtlicher Hinsicht und der Auswirkungen dieser Tatsache auf transnationale Unternehmen. Nach einem 1997 publizierten Bericht der Weltbank sind global bei 40 % der Wirtschaftsunternehmen Schmiergelder zumindest zeitweise Bestandteil der Geschäftspraktiken, wobei 80 Milliarden Dollar zu diesem Zweck jährlich in Staaten der Dritten Welt fließen sollen[100].

Im Zuge einer zunehmenden ökonomischen Globalisierung werden insbesondere die *Entwicklungsländer* mit ihrer strukturellen Unterversorgung an Wirtschaftsgütern zum Schwerpunkt der Exportbemühungen der Industrienationen. Die besondere Problematik dieser Konstellationen liegt darin, daß Kennzeichen dieser Länder regelmäßig zentralistische Staats- und Regierungsformen sind, welche dem Staat nahezu sämtliche Kontrolle über die Gesellschaft inklusive ausländischer Investoren sowie über die Wirtschaftsgüter des Landes ermöglichen[101]. Hinzu treten das Fehlen eines objektiven Apparates zur Rechtsdurchsetzung und eine systematische Unterbezahlung der Staatsbediensteten, was in der Kumulation korruptes Verhalten für den wirtschaftlichen Erfolg beinahe unerläßlich macht. Verstärkt wird dieser Effekt noch durch den erhöhten Konkurrenzdruck durch hiesige sowie ausländische transnationale Unternehmen, welche sich den örtliche Gepflogenheiten anpassen. Der Zweck von Schmiergeldzahlungen erschöpft sich hier nicht in einer Bevorzugung im Konkur-

---

100 Angaben bei Jakob/Fikentscher/*Usteri*, 81.

101 Brünner/*Fischer*, 476.

renzkampf. Vielmehr sind die Zuwendungen teilweise überhaupt Voraussetzung für einen Zugang zum Markt, wenn ein offizieller Zugang fehlt[102]. Des weiteren dienen sie auch einer Beschleunigung der Abfertigung von Importen sowie der zollrechtlichen Bearbeitung, der Abwendung von Schikanen oder Boykotten oder schlicht der Vornahme ohnehin gesetzlich vorgeschriebener Amtshandlungen[103].

Die gesellschaftliche Bewertung korrupter Handlungen ist international verschieden, teilweise sind diese gesetzlich verboten und werden entsprechend geahndet, was sehr selten der Fall ist. Zum Teil sind sie zwar untersagt, werden aber als übliche Geschäftspraxis geduldet oder sie sind schlichtweg erlaubt[104]. Dieser Aspekt wird auch für die im folgenden zu behandelnde Problematik der Wirksamkeit unter diesen Umständen abgeschlossener Verträge von Bedeutung sein[105]. Aus dem eben Dargestellten ergibt sich für transnationale Unternehmen vielfach die Notwendigkeit der Anpassung an regionale Korruptionspraktiken um ihre internationale Konkurrenzfähigkeit aufrechtzuerhalten. Dies geschieht insbesondere durch die Einschaltung mit den hiesigen Gegebenheiten vertrauter Vermittler, welche notwendige Geldzahlungen vor Ort leisten, ohne dabei direkt dem dahinter stehenden Konzern zugerechnet werden zu können. Als Konsequenz daraus empfanden 48 % der befragten Führungskräfte in solchen Unter-

---

102 *Piehl*, 17.

103 *Fikentscher/Waibl* in IPRax 87, 86 (87); Piehl, 16 ff.

104 *Fikentscher/Waibl* in IPRax 87, 86 (87).

105 Dazu eingehend unter C II 2 c).

nehmen die Zahlung von Schmiergeldern bei hiesiger Sozialüblichkeit als angemessen[106].

3. Strategien der Wirtschaft zur Korruptionsbekämfung

Aufgrund der erheblichen materiellen wie immateriellen Schäden von Korruption betroffener Unternehmen sucht die Wirtschaft nach Präventionsstrategien zur Korruptionsbekämpfung als effektive Ergänzung staatlicher Maßnahmen. Aufgrund der vorgestellten Schwierigkeiten einer erfolgreichen Bekämpfung auf herkömmlichem Weg kann eine verstärkte Selbstkontrolle der Wirtschaft in bestimmten Bereichen ein qualitatives Präventionsniveau erreichen, welches strafrechtlichen Regeln nicht zugänglich ist[107]. Hierbei ist zwischen einer Verschärfung der unternehmensinternen Kontrollmechanismen („*compliance perspective*“) und Maßnahmen zur Förderung eines positiven Unternehmensklimas („*integrity perspective*“) [108] zu unterscheiden. Beispiele für erstere sind innerbetriebliche Ermittlungseinheiten des Werkschutzes oder der inneren Revision, Aufgabensplittting („*Vier-Augen-Prinzip*“), Personalrotation, erhöhte Transparenz in den Entscheidungsabläufen, Zentralisierung des Einkaufs oder sogar „*gläserne Büros*“[109]. Erfolgsversprechend kann allerdings nur eine Kombination mit Maßnahmen zur Veränderung der Unternehmensklimas sein[110]. Hierzu gehören die Aufstellung

---

106 *Hopt* in FS zum 500-jährigen Bestehen der Tübinger Juristenfakultät, 303 f.

107 *Dieners* in JZ 98, 181 (182); dazu auch unten A III.

108 *Palazzo* in Die Kriminalprävention 01, 52 ff.

109 Weitere Bsp. bei *Vahlenkamp/Knauß*, 52 ff.

110 *Palazzo* in Die Kriminalprävention 01, 52 (53).

sogenannter Ethikregeln („*code of ethics*") oder Unternehmensphilosophien als Ausdruck einer corporate identity sowie die Wahrnehmung von Vorbildfunktionen durch Führungskräfte. Nur so kann eine verstärkte Identifizierung mit dem Arbeitgeber und dessen ethischen Ansprüchen und damit eine Reduzierung der Bereicherung auf Kosten des Unternehmens erreicht werden. Die Schaffung einer korruptionsfeindlichen Unternehmensethik und die Überwachung derselben durch hartes Controlling können somit realistische Möglichkeiten einer Ergänzung des staatlichen Instrumentariums sein.

III. Korruption und Recht

Zum Abschluß der Darstellung des Phänomens Korruption, und als Überleitung zum sich anschließenden Teil der Untersuchung der Rechtsfolgen korrupten Verhaltens, wird im folgenden auf das grundsätzliche Verhältnis von Korruption und Recht eingegangen. Es stellen sich die Fragen, welche Aufgabe das Recht bei der Bewältigung intolerabler gesellschaftlicher Verhaltensweisen übernehmen soll und inwieweit es dazu in bezug auf das Phänomen Korruption tatsächlich in der Lage ist.

Aufgabe des Rechts ist die Sicherung des gesellschaftlichen Systems durch das Aufstellen von Regeln zur Organisation sozialer Kontakte[111]. Mehrheitlich als sozial inadäquat eingestufte Verhaltensformen sollen als solche gekennzeichnet und dadurch möglichst verhindert werden. Recht hat damit auch die Aufgabe, „richtig" und „falsch" zu definieren und den

---

111 *Bottke* in ZRP 98, 215.

Normadressaten Orientierung für zukünftiges Handeln zu sein. Korruption stellt sich als Mißachtung dieser Vorgaben und damit als Enttäuschung der beabsichtigten Wirkung dar. Im Gegensatz zu moralischen Normen, welche ähnliche Ordnungsziele verfolgen, ist Rechtsnormen die Möglichkeit gegeben, auf drohende oder geschehene Enttäuschung mittels staatlicher Sanktionen präventiv oder repressiv zu reagieren. Das Recht versucht die Leitungstauglichkeit der gesellschaftlichen Teilbereiche gegen die deoptimierenden Akte der Korruption durch gegenläufige Regeln zu erhalten[112]. Primäres Mittel des Rechts bei Normverstößen durch korruptes Verhalten ist dabei das materielle Strafrecht. Dieses droht Normbrechern kriminalrechtliche Sanktionen an, welche als persönliche Mehrkosten im Falle der Bestrafung die angestrebten Tatvorteile präventiv egalisieren und damit den Tatanreiz beseitigen sollen.

Tatsächlich gelingt dieser Mechanismus im Bereich der Wirtschaftskriminalität und besonders bei den Korruptionsdelikten nur begrenzt. Dies liegt zum einen an den bereits dargestellten Schwierigkeiten bei der Aufdeckung von Korruption[113], welche zu einem beträchtlichen Dunkelfeld führen. Der Umstand, daß bei Korruptionsdelikten vorwiegend überindividuelle Rechtsgüter verletzt werden, führt ebenfalls zu einer geringeren Anzeigebereitschaft. Auch drastische Sanktionsandrohungen verlieren ihre Wirkung, wenn sie zumindest aus Tätersicht als nicht realisierbar erscheinen. Es handelt sich somit primär um *ein Problem der Durchsetzung des Rechts* und nicht der Struktur der Tatbestände selbst. Hinzu kommen

---

112 *Bottke* in ZRP 98, 215.

113 A I 2 c).

die oftmals erheblichen materiellen Tatvorteile als Tatanreiz, welche nur durch die Anwendung einer Vermögensstrafe wirksam kompensiert werden könnten[114]. Aus diesen Gründen wird dem Strafrecht teilweise nur eine symbolische Funktion[115] beigemessen, welche sich im Bekenntnis zum Rechtsgüterschutz und in der Bereitschaft von Unwerturteilen über inkriminierte Verhaltensweisen unter bewußter Inkaufnahme eines bescheidenen Effektivitätsgrades erschöpfe. Richtig ist zumindest, daß die Wirkung des Strafrechts erst dann einsetzt, wenn sich eine Rechtsnorm bereits als ineffektiv erwiesen hat. Allerdings hätte auch eine Verdichtung der vorgelagerten Kontrollmechanismen aufgrund der bereits dargestellten Konsequenzen einer weiteren Überreglementierung[116] keine korruptionshemmende Wirkung. Vielmehr verhindert eine solche durch das dadurch entstehende Implementationsdefizit eine erfolgreiche Wirkung der Anti-Korruptionsvorschriften. Erfolgsversprechend ist somit einzig eine konzertierte Kombination aus Aufklärungsmaßnahmen über Korruptionsfolgen, außerrechtlichen Kontrollinstanzen und Verhaltensrichtlinien für Verwaltung, Politik und Wirtschaft. Hinzu muß eine einheitliche Rechtsfolgenlösung bei korrupten Verhaltensweisen in allen Rechtsgebieten zur Verringerung des Tatanreizes treten[117].

---

114 *Bottke* in ZRP 98, 215 (216); vgl. aber BVerfG vom 20.3.2002 – 2 BvR 794/95 - NJW 02, 1779 ff. zur Verfassungswidrigkeit der Vermögensstrafe des § 43a StGB.

115 Brünner/*Mayer-Maly*, 496.

116 A I 3 b).

117 Dazu Vahlenkamp/Knauß/*Ahlf*, 401 ff.

B Rechtsfolgen von Korruption außerhalb des Zivilrechts

I. Strafrecht

Juristen verbinden den Begriff der Korruption regelmäßig mit den Straftatbeständen der §§ 331 bis 337 StGB und seit kürzerem auch mit den §§ 298 bis 302 StGB. Dies ist auch nachvollziehbar, stellen diese doch neben einigen wenigen Normen des öffentlichen Dienstrechts die einzigen Vorschriften im nationalen Recht dar, welche sich *unmittelbar* mit korrupten Verhaltensweisen befassen. Nachfolgend werden die einzelnen Tatbestandsmerkmale der Vorschriften kurz erläutert, um im Rahmen der Untersuchung der zivilrechtlichen Rechtsfolgen der Wirtschaftskorruption darauf zurückgreifen zu können. Bei den §§ 331 ff StGB handelt es sich nicht um Wirtschaftskorruption im hier verstandenen Sinne, da auf einer Seite staatliche Stellen beteiligt sind; dennoch sind diese Vorschriften für die anschließende zivilrechtliche Bewertung von Bedeutung. Die folgende Darstellung darf dabei nicht als Auseinandersetzung mit Rechtsprechung und Schrifttum zu den strafrechtlichen Bestechungsdelikten verstanden werden; es handelt sich lediglich um eine Wiedergabe des status quo, beschränkt auf die für die vorliegende Untersuchung relevanten Punkte. Dadurch soll im Hinblick auf die später folgende zivilrechtliche Beurteilung der Sachverhalte eine Orientierungshilfe gegeben werden.

1. Öffentlicher Dienst (§§ 331-334 StGB)

Die Bestechungstatbestände sowohl für den öffentlichen Dienst als auch für den geschäftlichen Verkehr wurden durch das *Gesetz zur Bekämpfung der Korruption vom 13.8.1997*[118] in wesentlichen Teilen neu geregelt. Generell wurde das Merkmal der Unrechtsvereinbarung weiter gefaßt und zudem Drittzuwendungen in den Anwendungsbereich der Tatbestände aufgenommen. Darüber hinaus fand eine Übernahme der bisher in § 12 UWG geregelten „*Angestelltenbestechung*" in § 299 StGB, verbunden mit einer Erweiterung um einen „*besonders schweren Fall*", statt.

a) Amtsträger

Bei den §§ 331ff StGB handelt es sich um *Sonderdelikte*, welche für die Erfüllung der Tatbestände die Beteiligung eines Amtsträgers oder sonst für den öffentlichen Dienst besonders Verpflichteten auf einer Seite der Korruptionsvereinbarung fordern. Der Begriff des Amtsträgers ist legaldefiniert in § 11 I Nr. 2 StGB. Danach sind Amtsträger grundsätzlich alle Beamten und Richter. Gemeint ist der Beamte im staatsrechtlichen Sinn, also derjenige, welcher nach beamtenrechtlichen Vorschriften durch eine dafür zuständige Stelle in das Beamtenverhältnis berufen ist[119]. Das „*sonstige öffentlich-rechtliche Verhältnis*" des § 11 I Nr. 2 b) StGB meint Beziehungen, welche einem öffentlich-rechtlichen Treueverhältnis vergleichbar sind, ohne daß es sich um ein Beamtenverhältnis handelt. Durch das Korruptionsbekämpfungsgesetz eingefügt

---

118 BGBl. I, 2038.

119 *Tröndle/Fischer* § 11 Rd. 12; Sch/Sch/*Eser* § 11 Rd. 18.

wurde darüber hinaus Nr. 2 c), die den Anwendungsbereich erweitert auf Personen, welche öffentliche Aufgaben wahrnehmen, unbeschadet der zur Aufgabenerfüllung gewählten Rechtsform.

Ergänzt werden diese Neuregelungen um einige Erweiterungen, welche *Sachverhalte mit Auslandsbezug* betreffen. So wurde zum einen durch das *EU-Übereinkommen zum Schutz der finanziellen Interessen der Europäischen Gemeinschaften vom 26.7.1995*[120], welches mittlerweile durch das *EU-Bestechungsgesetz* vom 10.9.1998[121] in deutsches Recht umgesetzt wurde, die Anwendbarkeit der §§ 331 ff. StGB auf richterliche Handlungen und Diensthandlungen eines EU-Mitgliedstaates erweitert, soweit deren Stellung der eines Amtsträgers im Sinne des § 11 I Nr. 2 StGB entspricht. Dies wird für Bestechungsfälle außerhalb der EU ergänzt durch das *Gesetz zur Bekämpfung internationaler Bestechung vom 10.9.1998*[122]. Durch dieses Gesetz werden Richter, Amtsträger und Soldaten eines ausländischen Staates oder einer internationalen Organisation nationalen Richtern, Amtsträgern und Soldaten gleichgestellt.

b) Vorteil

Der Begriff des Vorteils ist grundsätzlich weit zu fassen. Danach ist ein Vorteil jede Leistung, auf die der Amtsträger keinen gesetzlichen Anspruch hat und die ihn materiell oder immateriell besserstellt. Er ist damit nicht auf wirtschaftliche

---

120 ABlEG Nr. C 316 vom 27.11.1995, 49 ff.

121 BGBl. II, 2340.

122 BGBl. II, 2327.

Leistungen beschränkt und hat aus Sicht des Empfängers eine starke subjektive Komponente[123]. Die Abgrenzung hin zu gewohnheitsrechtlich anerkannten Zuwendungen ist im einzelnen umstritten[124]; geringwertige Geschenke, mit welchen ersichtlich keine Gegenleistungen verknüpft sind, sollten allerdings zulässig sein.

c) Unrechtsvereinbarung

Merkmal sämtlicher Bstechungsdelikte sowohl im öffentlichen als auch im geschäftlichen Verkehr ist das Erfordernis einer Unrechtsvereinbarung zwischen Gewährendem und Empfänger. Diese stellt eine *konkludente oder ausdrückliche Einigung* zwischen den Beteiligten dahingehend dar, daß der Vorteil als Gegenleistung für die Dienst- oder Geschäftshandlung gewährt wird. Die Diensthandlung muß dabei ausreichend konkretisiert sein[125], wobei es genügen soll, wenn die Art der vergüteten Dienste feststeht, auch wenn darüber hinaus keine genauen Vorstellungen existieren, bei welcher Gelegenheit und in welcher Weise der Amtsträger die Unrechtsvereinbarung einlösen soll[126].

---

123 So die hM: BGH vom 24.4.1985 – 3 StR 66/85 - NStZ 85, 497 (499); Sch/Sch/*Cramer* § 331 Rd. 19; *Tröndle/Fischer* § 331 Rd. 11.

124 Zum Streitstand im einzelnen Müller-Guggenberger/Bieneck/*Blessing* § 53 Rd. 15.

125 BGH vom 27.10.1960 - 2 StR 342/60 - BGHSt 15, 217 (223).

126 BGH vom 10.2.1994 - 1 StR 792/93 - wistra 94, 227 (228).

2. Wirtschaftskorruption (§§ 299 ff StGB)

Von weitaus größerer Bedeutung als die Bestechungsdelikte des Öffentlichen Dienstes ist für die vorliegende Untersuchung der Tatbestand der früher in § 12 UWG geregelten Angestelltenbestechung. § 299 StGB erfaßt Korruptionshandlungen zwischen privaten Wirtschaftssubjekten, wenn diese im Zusammenhang mit deren geschäftlichem Betrieb erfolgen. Es handelt sich demnach um Wirtschaftskorruption im engen, hier verstandenen Sinne, das heißt um wirtschaftsinterne Handlungen ohne staatliche Beteiligung.

a) Rechtsgut

Das Rechtsgut des § 299 StGB ist nicht unumstritten, was insbesondere an seiner Vielschichtigkeit liegt. So wird überwiegend angenommen, daß die Vorschrift sowohl das Allgemeininteresse an einem lauteren Wettbewerb als auch die Individualinteressen der Mitbewerber und des Geschäftsherrn schützt[127]. Bereits zur früheren Rechtslage wurden überwiegend auch ausländische Mitbewerber in den Schutzbereich der Vorschrift einbezogen[128]. Nach Einfügung des Absatz III durch das *Gesetz zur Ausführung der Gemeinsamen Maßnahme betreffend die Bestechung im privaten Sektor* vom 22.8.2002[129] ist der ausländische Wettbewerb nunmehr unstrittig in den Anwendungsbereich des § 299 StGB einbezo-

---

127 *Lackner/Kühl* § 299 Rd. 1; Sch/Sch/*Heine* § 299 Rd. 2; *Tröndle/Fischer* § 299 Rd. 2; *Pfeiffer* in FS Gamm, 129 (130).

128 Sch/Sch/*Heine* § 299 Rd. 2; *Lackner/Kühl* § 299 Rd. 1; dazu aber auch unten B II.

129 BGBl. I, 3387.

gen[130]. Aus dieser Vielfalt des Rechtsgutes folgt auch, daß im Gegensatz zu den §§ 331 ff. StGB ein *Einverständnis des Geschäftsherrn* mit der Bestechungshandlung keine Auswirkungen auf die Strafbarkeit haben kann. Der Geschäftsherr ist nicht in der Lage, über die Rechtsgüter des freien Wettbewerbes sowie der Mitbewerber zu disponieren[131].

b) Vorteilsempfänger

Die Begriffe des Angestellten und Beauftragten sind grundsätzlich im Sinne eines effektiven Rechtsgüterschutzes weit auszulegen. Angestellter ist, wer in einem zumindest faktischen Dienstverhältnis zum Geschäftsherrn steht und dessen Weisungen unterworfen ist, arbeitsrechtliche Abgrenzungen sind dabei ohne Bedeutung[132]. Entscheidend ist die Möglichkeit, im Rahmen dieser Tätigkeit ein tatsächlicher Einfluss auf die Geschäftsführung des Betriebes ausgeübt werden kann. Beauftragter ist, wer, ohne Angestellter zu sein, berechtigt ist, für den Betrieb zu handeln. Dagegen wird der Geschäftsinhaber vom Tatbestand nicht erfaßt, was zumindest angesichts des Rechtsgutes des lauteren Wettbewerbes fragwürdig erscheint[133].

---

130 Diese Erweiterung des § 299 StGB hat bis zu diesem Zeitpunkt ausschließlich bei *Tröndle/Fischer* § 299 Rd. 2 Berücksichtigung gefunden. Die Änderung hat auch Auswirkungen auf die zivilrechtliche Bewertung von Sachverhalten mit Auslandsbezug; wie anschließend noch dargestellt wird, siehe unter B II; C II 2 c).

131 Sch/Sch/*Heine* § 299 Rd. 30; *Tröndle/Fischer* § 299 Rd. 23; a.A. Müller- Gugenberger/Bieneck/*Blessing* § 53 Rd. 66.

132 *Tröndle/Fischer* § 299 Rd. 10; *Pfeiffer* in FS Gamm, 129 (133).

133 Dazu ausführlich *Dölling*, C 86 f.

c) Geschäftlicher Betrieb/Verkehr

Das Tatbestandsmerkmal des geschäftlichen Betriebes dient der Abgrenzung von der öffentlichen Verwaltung sowie von Privatpersonen. Verlangt wird eine auf gewisse Dauer betriebene Tätigkeit im Wirtschaftsleben, die sich durch Austausch von Leistungen und Gegenleistungen vollzieht, wobei eine Gewinnerzielungsabsicht nicht erforderlich ist[134]. Demnach fallen auch freiberufliche Tätigkeiten wie Ärzte und Rechtsanwälte unter § 299 StGB; nicht dagegen ausschließlich illegale Geschäftsbereiche. Ein Handeln „im geschäftlichen Verkehr" sind alle Tathandlungen, welche sich auf den geschäftlichen Betrieb beziehen und in denen eine Teilnahme am Wettbewerb zum Ausdruck kommt, was dann der Fall ist, wenn das Handeln objektiv geeignet ist, eigenen oder fremden Absatz zu fördern[135].

3. § 130 I OWiG

Neben den einschlägigen Vorschriften des StGB können Schmiergeldzahlungen durch Unternehmensangehörige zu einer Verletzung des § 130 I OWiG führen. Die Vorschrift begründet eine bußgeldrechtliche *Verantwortlichkeit der Inhaber von Betrieben und Unternehmen für Zuwiderhandlungen gegen betriebsbezogene Pflichten.* Normzweck ist, der Begehung von rechtswidrigen Handlungen in einem Betrieb vorzubeugen, soweit es sich um betriebsbezogene Pflichten handelt und der Betriebsinhaber als Täter ausscheidet, weil er selbst

---

134 Müller-Gugenberger/Bieneck/*Blessing* § 53 Rd. 52 f.; *Pfeiffer* in FS Gamm, 129 (134).

135 Sch/Sch/*Heine* § 299 Rd. 9; *Lackner/Kühl* § 299 Rd. 3.

nicht positiv gehandelt hat oder außerstande war, die Pflichten persönlich wahrzunehmen[136]. Damit soll dem Umstand Rechung getragen werden, daß manche betriebsbezogene Pflichten aufgrund der unumgänglichen Aufgabenverteilung in einem Unternehmen an weitere Personen delegiert werden müssen. Praktische Relevanz kommt § 130 OWiG insbesondere aufgrund der Durchgriffsmöglichkeit des § 30 OWiG zu, welche die Verhängung einer Geldbuße gegen die betroffene juristische Person oder Personenhandelsgesellschaft ermöglicht.

Nach überwiegender Ansicht kann eine *betriebsbezogene Pflicht* auch bei der Verletzung eines Allgemeindeliktes wie den oben angesprochenen strafrechtlichen Verbotsnormen vorliegen[137]. Ausreichend ist ein Zusammenhang mit der Führung des Unternehmens oder Betriebes, was dann der Fall sei, wenn der Betriebsinhaber eine Art Garantenstellung hinsichtlich einer Erfolgsverhinderung innehabe[138]. Bezüglich der Zahlung von Schmiergeldern kann eine derartige Pflicht bejaht werden. So erfolgen Schmiergeldzahlungen ausschließlich im Zusammenhang mit der geschäftlichen Tätigkeit des Unternehmens, durch Unternehmensangehörige und zumindest nach den Vorstellungen des Handelnden im Interesse des Unternehmens. Zudem besteht eine effektive Einwirkungsmöglichkeit im präventiven Bereich fast ausschließlich durch die Unternehmensführung, so daß diese eine entsprechende Aufsichtspflicht zur Verhinderung derart gemeinschädlicher

---

136 *Göhler* § 130 Rd. 3; KK/*Rogall* § 130 Rd. 2 ff.

137 So *Göhler* § 130 Rd. 18; *Többens* in NStZ 99, 1 (5); vgl. auch die Nachweise bei KK/*Rogall* § 130 Rd. 79.

138 *Göhler* § 130 Rd. 8.

Handlungen durch Unternehmensangehörige trifft[139]. Eine dahingehende Ermittlungstätigkeit der Staatsanwaltschaften ist nach Aussagen der Praxis bisher nicht festzustellen; dies muß für die materiell-rechtliche Beurteilung der Sachverhalte jedoch keine Bedeutung haben. Der Umstand ist wohl vielmehr, und diese Einschätzung teilen auch mit der Materie befaßte Prozeßvertreter großer Unternehmen, mit der bereits vorhandenen Arbeitsbelastung der Staatsanwaltschaften zu erklären.

II. Steuerrechtliche Anschlußbehandlung von Schmiergeldzahlungen

Die *bisherige steuerrechtliche Behandlung* von Schmiergeldzahlungen stand in Widerspruch zur straf- und auch zivilrechtlichen Bewertung. Die Diskrepanz entstand durch die ständige Rechtsprechung des Bundesfinanzhofes, Schmiergeldzahlungen, welche als Mittel zur Auftragsakquisition eingesetzt wurden, als abzugsfähige Betriebsausgaben einzustufen[140]. Die Ursache für diesen Wertungswiderspruch liegt in der Wertneutralität des Steuerrechts; so ist es nach § 40 AO für die Besteuerung irrelevant, ob ein Verhalten, welches den Tatbestand eines Steuergesetzes erfüllt, sitten- oder gesetzeswidrig ist. Darüber hinaus wurde und wird vorgebracht, eine Nichtabzugsfähigkeit von Schmiergeldzahlungen verstoße gegen das steuerliche Nettoprinzip, welches zu den Grundprin-

---

139 So auch *Pelz* in WM 00, 1566 (1572).

140 BFH vom 16.2.1990 – III R 21/86 - BStBl. II 90, 575 (576); BFH vom 22.10.1991 – VIII R 64/86 - BFH/NV 92, 449 (451).

zipien des Einkommensteuerrechts gehöre[141]. Das Nettoprinzip besagt, daß die Besteuerung nicht ausschließlich an die Bruttoeinnahmen anknüpfen dürfe, sondern alle erwerbssichernden Aufwendungen zum Abzug zuzulassen seien. Überwiegend stieß die Rechtsprechung des BFH jedoch aufgrund ihrer Kontraproduktivität hinsichtlich der Verringerung der Tatanreize bei Korruptionsdelikten auf, zum Teil heftige, Kritik[142].

Diese uneinheitliche Bewertung von Schmiergeldzahlungen durch die Rechtsordnung wurde mittlerweile nach ersten Änderungen in Form des Jahressteuergesetzes 1996 durch eine nochmalige *Neufassung des § 4 V Nr. 10 EStG* durch das Jahressteuergesetz 1999/2000/2002 vom 24.3.1999[143] aufgelöst. Nach der Neuregelung sind die Zuwendung von Vorteilen sowie damit zusammenhängende Aufwendungen zum Abzug als Betriebsausgaben bereits dann ausgeschlossen, wenn die Zuwendung der Vorteile eine rechtswidrige Handlung darstellt, die den Tatbestand eines Strafgesetzes oder eines Gesetzes verwirklicht, welches die Ahndung mit einer Geldbuße zuläßt. Auf eine konkrete Verurteilung kommt es demnach nicht an; ausreichend ist die bloß abstrakte Strafbarkeit der Handlung. Problematisch an dieser Regelung könnte das Erfordernis einer materiellen Prüfung von Straftatbeständen durch die Finanzbehörden sein. Diesen wird regelmäßig, trotz der Verpflichtung der Strafverfolgungsbehörden zum Informationsaustausch nach § 4 V Nr. 10 S. 2 EStG, die erforderliche

---

141 *Salzberger/Theisen* in DB 96, 396 ff.; *Joecks* in DStR 1997, 1025 (1026).

142 *Ostendorf* in NJW 99, 615 (617) m. w. N.

143 BStBl. I 1999, 304.

Kompetenz hierzu fehlen. Dennoch ist die Neufassung der Vorschrift als Schritt hin zu einer einheitlichen Behandlung und Bekämpfung der Korruption durch die Rechtsordnung zu begrüßen.

Hinsichtlich der Frage, inwieweit ein Abzugsverbot auch bei *Sachverhalten mit Auslandsbezug* besteht, war bisher zwischen der Bestechung von Amtsträgern und Angestellten zu differenzieren. So wird überwiegend davon ausgegangen, daß ein Abzugsverbot nur bei einer abstrakten Strafbarkeit nach deutschem Recht bestehe. Dies folge daraus, daß im ursprünglichen Gesetzesentwurf die Strafvorschriften noch einzeln aufgeführt waren, wobei es sich ausschließlich um nationale Strafnormen handelte, und auf diese Aufzählung lediglich aufgrund des ständigen Anpassungsbedarfes verzichtet wurde[144]. Aufgrund der oben bereits erwähnten Erweiterung der Straftatbestände auf ausländische Amtsträger[145] wird aber dennoch der ganz überwiegende Anteil entsprechender Sachverhalte mit Auslandsbezug vom Abzugsverbot erfaßt werden. Hinsichtlich der Bestechung ausländischer Privatangestellter war die Rechtslage bis zur Einfügung des § 299 III StGB vom 22.8.2002 nicht derart eindeutig. Zwar wurde vertreten, § 299 StGB wolle zumindest auch den ausländischen Wettbewerber schützen, da dem Tatbestand keine Beschränkung auf inländische Empfänger zu entnehmen sei[146]. Für Zahlungen in Regionen, in welchen derartige Leistungen als sozialüblich und nicht sanktioniert eingestuft werden müssen, konnte dieser

---

144 *Schmidt/Heinicke* § 4 Rd. 611; *Pelz* in WM 00, 1566 (1568).

145 B I 1 a).

146 Sch/Sch/*Heine* § 299 Rd. 2; *Lackner/Kühl* § 299 Rd. 1; *Stapf* in DB 00, 1092 (1096).

Auffassung jedoch nicht zugestimmt werden. Andernfalls hätte dies zu einem Wettbewerbsnachteil für hiesige Unternehmen geführt, da Schmiergeldzahlungen ein notwendiges Mittel der Erlangung von Aufträgen darstellen. Nach der neuen Rechtslage kann letztere Ansicht jedoch keinen Bestand mehr haben, da die Bestechung von Angestellten ausländischer Unternehmen im Ausland durch eine deutsches Unternehmen mittlerweile vom Wortlaut des § 299 III StGB umfaßt wird. Somit ist gemäß § 4 V Nr. 10 EStG die Abzugsfähigkeit derartiger Zahlungen ausgeschlossen.

Zwischenergebnis: Schmiergeldzahlungen an Amtsträger oder Angestellte sind nach der neuen Rechtslage regelmäßig nicht mehr als Betriebsausgaben abzugsfähig. Dadurch wurde die steuer- und strafrechtliche Behandlung von Schmiergeldzahlungen aneinander angepaßt und ermöglicht so eine effektivere Bekämpfung der Korruption.

C Die Wirksamkeit der einzelnen Rechtsgeschäfte

I. Terminologie

Eine umfassende Darstellung der zivilrechtlichen Rechtsfolgen der Wirtschaftskorruption sieht sich dem Problem mehrerer Regelungsebenen sowie zahlreicher Rechtsbeziehungen der an einem Korruptionsvorgang Beteiligter gegenüber. Bezüglich letzteren Aspekts ist in der Regel von einer 3-Personen-Konstellation auszugehen: Korrumpierender, Korrumpierter sowie dessen Geschäftsherr. Schematisch ist ein solcher Korruptionsakt dabei in den Vorgang der Schmiergeldvereinbarung und das sich anschließende Fehlverhalten des Korrumpierten mit seinen jeweiligen haftungsrechtlichen Konsequenzen zu gliedern. Dieser äußere Geschehensablauf gibt auch die Struktur der Darstellung zivilrechtlicher Rechtsfolgen vor. Im folgenden wird deshalb zunächst auf die Wirksamkeit der Vereinbarung zwischen Korrumpierendem und Korrumpierten (im folgenden *Schmiergeldvereinbarung oder Provisionsabrede*[147]) eingegangen. Daran anschließend wird die rechtliche Würdigung aufgrund der Abrede abgeschlossener Rechtsgeschäfte (im folgenden *Hauptvertrag*) dargestellt. Von erhöhter praktischer Relevanz ist auch die darauf folgende Erörterung mit dem Hauptvertrag wirtschaftlich und/oder rechtlich verbundener Verträge (im folgenden *Folgeverträge*), wie beispielsweise akzessorische Sicherheiten. Abschließend erfolgt ein Perspektivwechsel hin zu den Rechtsbeziehungen der Beteiligten, das heißt ihrer Ansprüche gegeneinander, wie

[147] Begriffe bei *Sethe* in WM 98, 2309 ff., diese sind m. E. am gebräuchlichsten.

möglicher haftungsrechtlicher Ansprüche gegen den Korrumpierten oder gegen verantwortliche Entscheidungsträger in Fällen unzureichenden Risk Managements.

Die Begriffe „*Schmiergeld*" und „*Bestechungsgeld*" werden in der Umgangssprache synonym verwendet. In der strafrechtlichen Gesetzesdiktion der §§ 299 ff. StGB benutzt der Gesetzgeber ausschließlich die Termini „*Bestechung*" und „*Vorteil*". Demgegenüber zeigt sich in der zivilrechtlichen Rechtsprechung eine Tendenz zur Verwendung des Begriffs „*Schmiergeld*". Aus diesem Grund wird auch im folgenden die Bezeichnung „*Schmiergeld*" oder „*Provision*" für die dem korrumpierten Angestellten zugeflossenen Vorteile verwendet. Die Darstellung beschränkt sich dabei auf Wirtschaftskorruption im eng verstandenen Sinn, das heißt auf Korruptionshandlungen, welche unter ausschließlicher Beteiligung privater Wirtschaftssubjekte stattfinden. Eine Erweiterung auf behördliche und politische Korruption würde den Rahmen dieser Untersuchung sprengen. Wo es erforderlich ist, werden diese entsprechende Erwähnung finden.

II. Wirksamkeit der Schmiergeldvereinbarung

1. Nichtigkeit gemäß § 134

Die Vorschrift des § 134[148] ordnet als Rechtsfolge die zivilrechtliche Nichtigkeit von Rechtsgeschäften an, welche ge-

---

148 Paragraphen ohne Gesetzestextangabe sind im folgenden solche des BGB.

gen ein gesetzliches Verbot im Sinne dieser Vorschrift verstoßen. § 134 ist damit als Schranke privatautonomer Gestaltungsmöglichkeiten einzustufen; er ist Bindeglied zwischen verschiedenen Rechtsgebieten und dadurch Mittel zur Schaffung eines widerspruchsfreien Rechtsfolgensystems. Auch und gerade auf dem Gebiet der Wirtschaftskorruption ist eine solche Koordinierung unabdingbar, insbesondere im Hinblick darauf, daß dort Rechtsmaterien unterschiedlicher Zwecksetzungen aufeinandertreffen. Aus diesem Grund soll im folgenden der Anwendungsbereich des § 134 bei Schmiergeldvereinbarungen dargelegt werden.

a) Strafrechtliche Verbotsgesetze

Im Rahmen der Erörterung des § 134 ist zunächst zu trennen zwischen der Frage, ob eine verletzte Norm Verbotsgesetz im Sinne der Vorschrift ist und der sich anschließenden Problematik der Erforderlichkeit zivilrechtlicher Nichtigkeit als Rechtsfolge. Die Schmiergeldvereinbarungen oder Provisionsabsprachen zwischen Korrumpierendem und Korrumpierten können eine Reihe von möglicherweise einschlägigen Vorschriften tangieren. Nach überwiegender Ansicht kann in diesem Zusammenhang jede Rechtsnorm im Sinne des § 2 EGBGB Verbotsgesetz sein[149], jedenfalls Gesetze im formellen Sinn können darunter subsumiert werden[150]. Schmiergeldvereinbarungen in der gewerblichen Wirtschaft können

---

149 Palandt/*Heinrichs* § 134 Rd. 2; Staudinger/*Sack* § 134 Rd. 16; Erman/*Brox* § 134 Rd. 8.

150 MüKo/ *Mayer-Maly/Armbrüster* § 134 Rd. 29.

insbesondere[151] die strafrechtlichen §§ 266, 298, 299[152], 331-335 StGB verletzen, welche als Parlamentsgesetze den Gesetzesbegriff des § 134 erfüllen. Nach den Motiven zum BGB sollten strafrechtliche Normen sogar das Hauptanwendungsgebiet des § 134 sein[153]. Bezüglich der Erfüllung der Tatbestände dieser Vorschriften durch einschlägige Korruptionshandlungen kann auf die Ausführungen in Teil B verwiesen werden[154]. Die genannten Strafvorschriften statuieren allerdings keine explizite Regelung hinsichtlich der zivilrechtlichen Wirksamkeit der zugrundeliegenden Provisionsvereinbarung. Unter welchen Voraussetzungen in solchen Fällen des Fehlens spezialgesetzlicher Regelungen die Rechtsfolge des § 134 eintritt, wird unterschiedlich beantwortet.

---

151 Weitere mit der Thematik befaßte Normen sind dagegen aufgrund ihres geringen Bezugs zum Wirtschaftsmarkt von untergeordneter Bedeutung, z.B. § 14 III HeimG, § 43 BRRG.

152 § 299 StGB wurde durch das Gesetz zur Bekämpfung der Korruption vom 13.8.1997 (BGBl. I, 2038), das am 20.8.1997 in *Kraft* getreten ist, in das StGB eingeführt (dazu im einzelnen Korte in NJW 97, 2556 ff.; *Bottke* in ZRP 98, 215 ff.). Die Norm entspricht inhaltlich § 12 UWG, wobei die Reihenfolge der Absätze geändert und der Strafrahmen erhöht wurde (zu Einzelheiten vgl. die Reg.-Begr. in BR-Drucks. 553/96, 18 f.). Außerdem sind jetzt die sogenannt Drittzuwendungen erfaßt, das heißt Vorteile, die nicht an den Geschmierten selbst bezahlt werden, sondern etwa an Vereinigungen, deren Mitglied der Geschmierte ist. Wegen der inhaltlichen Entsprechung wird bei den folgenden Ausführungen zu § 299 StGB die Rechtsprechung und Literatur zu § 12 UWG verwertet.

153 Mot. I, 210.

154 Durch die Provisisonsabsprache werden auch zivilrechtliche Vorschriften wie §§ 43 GmbHG, 93 II, 88 II AktG oder 61 HGB tangiert, diese betreffen jedoch nicht unmittelbar die Abrede selbst, sondern vielmehr die haftungsrechtlichen Konsequenzen des angestrebten Fehlverhaltens. Ausführlich zu diesen §§ die Ausführungen unter D I 1 e), D I 2 a) bb) 1) und 2).

Zur Beantwortung dieser Frage werden verschiedene Ansatzpunkte gewählt. So wird teilweise nach der Anzahl der Adressaten des Verbotsgesetzes differenziert. Richte sich das Verbot nur gegen die Tätigkeit eines Vertragspartners, sei das Rechtsgeschäft wirksam, lediglich bei beiderseitigem Verstoß sei Nichtigkeit anzunehmen[155]. Hintergrund dieser Auffassung ist der Gedanke, daß bei einseitigen Verboten nicht das Rechtsgeschäft als ganzes verhindert werden solle, um somit der rechtmäßig handelnden Vertragspartei ihre Ansprüche zu sichern. Die im Bereich der Wirtschaftskorruption relevanten Normen sanktionieren dagegen jeweils den aktiven und den passiven Vertragsteil der Schmiergeldvereinbarung; teilweise in einer Vorschrift wie bei § 299 I, II StGB oder in eigenständigen Normen wie den §§ 331, 333 und 332, 334 StGB, weshalb die Abrede unter diesem Gesichtspunkt nach § 134 in Verbindung mit dem verletzten Verbotsgesetz nichtig wäre.

Anderes Kriterium zur Bestimmung der Nichtigkeitsfolge ist der jeweilige Ansatzpunkt des Verbotsgesetzes. Dabei wird unterschieden, ob der Inhalt des Rechtsgeschäftes oder lediglich die Art und Weise des Zustandekommens Grund des gesetzlichen Verbots ist[156]. In letzterem Fall soll keine Nichtigkeit eintreten, da die Vorschriften sich gerade nicht gegen den Inhalt und damit den Erfolg des Rechtsgeschäftes richten würden. Eine Vereinbarung ist demnach dann nichtig, wenn die getroffene rechtsgeschäftliche Regelung ihres Inhalts wegen verboten ist, was dann der Fall sei, wenn diese im berech-

---

155 BGH vom 22.9.1983 – VII ZR 43/83 - BGHZ 88, 240; BGH vom 19.1.1984 – VII ZR 121/83 – BGHZ 89, 369; einschränkend Palandt/*Heinrichs* § 134 Rd. 9.

156 *Taupitz* in JZ 94, 221 (224); *Canaris*, 36; *Körner* in GRUR 68, 348.

tigten Interesse Dritter und/oder der Allgemeinheit keinen Bestand haben soll[157]. Auf die nachteiligen Folgen korrupter Geschäftsabreden in der Wirtschaft sowohl für das betroffene Unternehmen als auch für das gesamtgesellschaftliche System wurde bereits in Teil A hingewiesen, so daß hier die Nichtigkeit solcher Abreden unter Zugrundelegung obigen Kriteriums konstatiert werden kann.

Überwiegend wird in diesem Kontext jedoch auf die ratio, also Sinn und Zweck des Verbotsgesetzes abgestellt. Entscheidend für die Frage nach der Nichtigkeit des Rechtsgeschäftes sei demnach, ob diese zur Verwirklichung des gesetzlichen Schutzzweckes erforderlich sei[158]. Sofern durch die Annahme der Nichtigkeit der Schutzzweck der verletzten Verbotsvorschrift nicht erfüllt oder seiner Erfüllung nähergebracht werden könne, scheide diese Rechtsfolge aus. Sinn und Zweck der oben genannten Strafnormen ist es, einschlägige Korruptionshandlungen zu unterbinden, was verstärkt durch das Verhindern des Entstehens zivilrechtlicher Ansprüche aus solchen Vereinbarungen erreicht werden kann. Ein nicht - zumindest nicht auf dem Wege rechtsstaatlicher Verfahren - durchsetzbarer Anspruch verringert den entsprechenden Tatanreiz zur Erlangung eines solchen Anspruchs. Unter diesem Gesichtspunkt ist die Nichtigkeit der Schmiergeldvereinbarung demnach ebenfalls die angemessene Rechtsfolge zur Verwirklichung der *ratio* der verletzten Normen.

---

157 Soergel/*Hefermehl* § 134 Rd. 16.

158 BGH vom 30.4.1992 – VII ZR 151/91 - BGHZ 118, 142; *Larenz/Wolf* § 40 Rd. 15; Soergel/*Hefermehl* § 134 Rd. 4; MüKo/*Mayer-Maly/Armbrüster* § 134 Rd. 49.

Wie eben dargestellt wird allgemein für die im Bereich der Wirtschaftskorruption relevanten Strafnormen die Nichtigkeit der zugrundeliegenden Vereinbarung als einschlägige Rechtsfolge angesehen. Verstärkt werden die vorgestellten Kriterien sogar kumulativ angewendet[159]. Es kann demnach konstatiert werden, daß eine Schmiergeldvereinbarung, welche die Tatbestandsmerkmale einer wirtschaftskorruptionsrelevanten Strafnorm erfüllt, nach § 134 in Verbindung mit dieser Norm nichtig ist[160].

b) Wettbewerbsrecht (UWG)

Der ultima ratio Charakter des Strafrechts und die damit verbundene verfassungsrechtlich vorgegebene Enge der tatbestandlichen Voraussetzungen lassen die Frage entstehen, ob auch bei Nichterfüllung eines Tatbestandsmerkmals der oben genannten Vorschriften Raum für eine Anwendung des § 134 auf die Schmiergeldvereinbarung bleibt. So sind Konstellationen wirtschaftskorrupter Praktiken denkbar, bei welchen keine strafrechtliche Sanktionierung stattfindet; hier ist an Schmiergeldzahlungen außerhalb des Wettbewerbes oder Leistungen von Gewerbetreibenden an Angestellte von Privatpersonen[161] zu denken. In wettbewerbsrechtlicher Hinsicht sind Schmiergeldzahlungen systematisch unter dem Aspekt des *Vorsprungs*

---

159 So MüKo/*Mayer-Maly/Armbrüster* § 134 Rd. 49.

160 Im Ergebnis einhellige Auffassung; vgl. nur BGH vom 6.5.1999 – VII ZR 132/97 - WM 99, 1322 (1323); Staudinger/*Sack* § 134 Rd. 296; Soergel/*Hefermehl* § 134 Rd. 25; *Köhler/Piper* (1. Auflage) § 12 Rd. 26; *Canaris*, 24; Erman/*Palm* § 134 Rd. 70.

161 *Baumbach/Hefermehl*, UWG vor § 12 Rd. 2; für eine Anwendung des § 266 StGB wird es in letzteren Fällen in der Regel an der erforderlichen Vermögensbetreuungspflicht fehlen.

durch Rechtsbruch einzuordnen[162] und unterliegen damit generell der Generalklausel des § 1 UWG. Die Vorschrift schützt den marktwirtschaftlichen Leistungswettbewerb vor im Widerspruch zu den guten Sitten dieses Wettbewerbs stehenden Handlungen einzelner Konkurrenten. Ein solcher Verstoß ist dann anzunehmen, wenn das Leitbild fairen Wettbewerbs, welches durch die sittliche Anschauung der Allgemeinheit sowie einschlägige Präjudizien konkretisiert wird, verletzt ist[163]. Unter solch wettbewerbswidrige Handlungen sind auch Schmiergeldzahlungen einzuordnen, da diese das Gegenstück echten Leistungswettbewerbes darstellen[164]. Der Korrumpierende setzt sich zur Erlangung von Wettbewerbsvorteilen bewußt über Standes- und Berufsanschauungen hinweg und handelt in diesem Sinn wettbewerbswidrig. Der Vorteilsgedanke begründet dabei die erforderliche wettbewerbliche Relevanz, die Ungehörigkeit des Vorsprungs begründet die Unlauterkeit gegenüber den gesetzestreuen Mitbewerbern.

§ 1 UWG stellt unter Heranziehung der oben dargelegten Kriterien ein Verbotsgesetz mit der Rechtsfolge der Nichtigkeit im Sinne des § 134 dar. § 1 UWG richtet sich zum einen an beide Vertragsparteien, da der Korrumpierte selbst durch die Förderung des unzulässigen Wettbewerbs des Korrumpierenden wettbewerbswidrig handelt[165]. Auch die ratio des § 1 UWG wendet sich ebenso wie die strafrechtlichen Normen gegen den wettbewerbsfeindlichen Inhalt der Schmiergeldab-

---

162 *Baumbach/Hefermehl*, UWG vor § 12 Rd. 2.

163 *Baumbach/Hefermehl*, UWG vor § 12 Rd. 2.

164 Explizit *Körner* in GRUR 68, 348; *Baumbach/Hefermehl* UWG vor § 12 Rd. 1, 2.

165 *Baumbach/Hefermehl* UWG vor § 12 Rd. 2.

rede und nicht lediglich gegen die Art ihres Zustandekommens. Bezüglich der Notwendigkeit der Nichtigkeit solcher Schmiergeldabreden zur Erfüllung des legislatorischen Ziels des § 1 UWG, eines fairen Leistungswettbewerbes, gilt ebenfalls das zu den Strafnormen Gesagte entsprechend. Nichtige Schmiergeldabreden stellen naturgemäß einen geringeren Tatanreiz zu wettbewerbswidrigem Handeln dar als entsprechende wirksame Vereinbarungen. § 1 UWG ist demnach Verbotsgesetz im Sinne des § 134 mit der Folge, daß § 1 UWG unterfallende Abreden entsprechend nichtig sind[166]. Hinsichtlich der Auswirkungen einer Kenntnis des Geschäftsherrn kann auf die obigen Ausführungen zu § 299 StGB verwiesen werden[167].

Dieses Ergebnis bleibt unter dem Aspekt einer möglichen Konkurrenz zu § 138 bestehen, der generelle Vorrang des § 134 erfährt hier keine Änderung. Etwas anderes ergibt sich auch nicht durch die Bezugnahme von § 1 UWG auf die guten Sitten. Zwar könnte demnach eine Anwendung des § 138 näher liegen, § 1 UWG bleibt aber dennoch Gesetz im Sinne des § 134[168]. Im Falle des Verstoßes eines Rechtsgeschäftes sowohl gegen § 134 als auch gegen § 138 I ist jedoch vorrangig nach § 134 vorzugehen[169]. Die Vorschrift des § 134 ist in die-

---

166 OLG München vom 22.9.1994 – 6 U 5255/93 - AfP 95, 655; Staudinger/*Sack* § 134 Rd. 300; Erman/*Palm* § 134 Rd. 74; MüKo/*Mayer-Maly/Armbrüster* § 134 Rd. 67.

167 B I 2 a).

168 Explizit OLG München vom 22.9.1994 – 6 U 5255/93 - AfP 95, 655; Staudinger/*Sack* § 134 Rd. 300; offenbar übersehen von BGH vom 26.10.1994 – VIII ZR 150/93 - WM 95, 112.

169 Erman/*Palm* § 138 Rd. 85d; MüKo/*Mayer-Maly/Armbrüster* § 134 Rd. 4; Staudinger/*Sack* § 134 Rd. 299.

sem Zusammenhang allerdings nicht abschließend, im Falle mangelnder Einschlägigkeit des § 134 bleibt die Option einer Nichtigkeit wegen Sittenwidrigkeit nach § 138 erhalten. Verstärkt wird dagegen auch eine kumulative Anwendung beider Vorschriften vertreten[170]. Von praktischer Bedeutung ist diese Abweichung allerdings kaum, da in den Fällen des Nichteingreifens von § 134 Raum für eine Anwendung des § 138 bleibt. Dies kann unter anderem bei Schmiergeldzahlungen außerhalb des Wettbewerbes der Fall sein, wenn die Anwendungsbereiche sowohl des Wettbewerbsrechts als auch des Strafrechts nicht eröffnet sind. Aus diesem Grund soll die Provisionsabrede im folgenden noch unter dem Aspekt einer möglichen Sittenwidrigkeit nach § 138 behandelt werden.

2. Nichtigkeit nach § 138

a) Grundlage des Sittenwidrigkeitsvorwurfs

Grundlage des Vorwurfs der Sittenwidrigkeit im Sinne des § 138 ist ein Werturteil über das zugrundeliegende Rechtsgeschäft anhand des Maßstabes allgemeinen Sittlichkeitsempfindens. In den Fällen von Schmiergeldzahlungen bezieht sich dieses Urteil auf den Inhalt der jeweiligen Vereinbarung, es handelt sich um eine sogenannte Inhaltssittenwidrigkeit. Der Inhalt einer Schmiergeldabrede besteht in der Vereinbarung einer Verquickung einerseits der Vorteilsgewährung des Korrumpierenden, in der Regel ohne Kenntnis des Geschäftsherrn, und andererseits der Zusage einer Beeinflussung des anvisierten Rechtsgeschäftes durch den Korrumpierten. Eine Ab-

---

[170] So *Baumbach/Hefermehl* UWG vor § 12 Rd. 2.; *Köhler/Piper* (1. Auflage) § 12 Rd. 26; *Schneider* in JbFSt 83/84, 165 (176).

rede solchen Inhalts wird in Rechtsprechung und Schrifttum übereinstimmend als sittenwidrig im Sinne des § 138 angesehen[171]. Dies wird von den Vertretern einer kumulativen Anwendung der §§ 134, 138 teilweise auf die gesetzgeberische Wertung des zugleich verwirklichten Schutzgesetzes gestützt[172]. So erfülle die Verwirklichung beispielsweise des § 299 StGB und die dadurch erfolgende Verletzung des intendierten Schutzes fairen Wettbewerbes bereits für sich die Anforderungen an eine Sittenwidrigkeit nach § 138.

Darüber hinaus ergibt sich der an Inhalt, Beweggrund und Zweck ausgerichtete Vorwurf der Sittenwidrigkeit aber auch aus der einer Schmiergeldabrede immanenten Gefahr einer mißbräuchlichen Ausnutzung der Vertreterstellung zur Erlangung eigener Vorteile[173]. Analog der Rechtsprechung zu kollidierenden Globalzessionen sind solche Vereinbarungen aufgrund ihres treubruchfördernden Charakters als nichtig anzusehen. Hier wird ein Verhalten des Vertreters angestrebt, wel-

---

171 BGH vom 16.1.2001 – XI ZR 113/00 - WM 01, 457 (458); BGH vom 4.11.1999 – IX ZR 320/98 - WM 00, 21 (22); BGH vom 6.5.1999 – VII ZR 132/97 - WM 99, 1322 (1323); OLG Saarbrücken vom 18.11.1998 – 1 U 1010/97-193 - NJW-RR 99, 1197 (1198); BGH vom 14.3.1991 – VII ZR 342/98 - NJW 91, 1819; BGH vom 10.1.1990 – VIII ZR 337/88 - NJW-RR 90, 442; BGH vom 14.12.1972 – II ZR 141/71 - NJW 73, 363; Staudinger/*Sack* § 138 Rd. 469; Soergel/*Hefermehl* § 138 Rd. 181; AK/*Damm* § 138 Rd. 176; MüKo/*Mayer-Maly/Armbrüster* § 138 Rd. 128.

172 So *Sethe* in WM 98, 2309 (2312); der dort angegebene Verweis auf Staudinger/*Sack* § 138 Rd. 469 geht allerdings fehl, da dieser sich nicht auf § 138 bezieht, sondern auf § 134 *(„...im übrigen...“)*.

173 OLG Saarbrücken NJW-RR 99, 1197(1198); Palandt/*Heinrichs* § 138 Rd. 63; Soergel/*Hefermehl* § 138 Rd. 180; Staudinger/*Sack* § 138 Rd. 470.

ches sich nicht mehr an den wirtschaftlichen Interessen des Geschäftsherrn, sondern am eigenen Vorteil orientiert und aus diesem Grund den Verstoß des Vertreters gegen seine Treuepflichten impliziert. Dieser Gedanke des Treubruchs läßt die Frage, ob mit der Vereinbarung eine Schädigung des Geschäftsherrn verbunden oder zumindest beabsichtigt war, in den Hintergrund treten. Vielmehr ist es vor diesem Hintergrund als ausreichend anzusehen, wenn lediglich die abstrakte Gefahr negativer Auswirkungen auf den Vertretenen besteht[174]. Bereits die Verquickung der Eigeninteressen des Vertretenen mit denen des Geschäftsherrn sowie die sich daraus ergebende grundsätzliche Gefahr einer Benachteiligung letzteren ist hierbei ausreichend.

Darüber hinaus ist eine Sittenwidrigkeit aber auch in den Fällen anzunehmen, in welchen selbst eine abstrakte Gefahr nicht nachzuweisen ist[175]. Ansatzpunkt des Sittenwidrigkeitsvorwurfs ist wie oben dargestellt die angestrebte sachfremde Handlungsorientierung des Vertreters und nicht der, unter Umständen hinzutretende, Gesichtspunkt einer tatsächlichen Gefährdung der Interessen des Vertretenen. Die Vereinbarung eines Treubruchs mit dem Ziel einer Bevorzugung gegenüber anderen Mitkonkurrenten verstößt bereits für sich gegen die *„einfachsten und grundlegenden Gesetze des geschäftlichen Anstandes und kaufmännischer guter Sitte“*[176]. Eines weitergehenden möglichen Schadens bedarf es deshalb nicht.

---

174 BGH WM 01, 457 (458); MüKo/*Mayer-Maly/Armbrüster* § 138 Rd. 128; *Sethe* in WM 98, 2309 (2312); Palandt/*Heinrichs* § 138 Rd. 63 jeweils m. w. Nw.

175 So auch Staudinger/*Sack* § 138 Rd. 470; zu eng deshalb *Nienstedt,* 9.

176 BGH vom 26.3.1962 – II ZR 151/60 - NJW 62, 1099; BGH vom 14.12.1972 – II ZR 141/71 - NJW 73, 363.

Aus diesem Abstellen auf den Aspekt des Treubruchs resultiert auch die im Vergleich zu den §§ 299 StGB und § 1 UWG abweichende Bewertung einer Kenntnis des Geschäftsherrn von der Schmiergeldabrede im Rahmen des § 138. Der dort maßgebende Begriff der Unlauterkeit, welcher von wettbewerbsrechtlichen Aspekten dominiert wird, führt wie oben[177] ausgeführt hinsichtlich dieser Frage zu einer Differenzierung danach, ob durch die Schmiergeldzahlung Drittinteressen berührt werden oder nicht. Dies ergibt sich aus dem dualen Schutzzweck dieser Vorschriften, nämlich sowohl Schutz des Geschäftsherrn als auch des Mitbewerbers. Jene Bewertung erfährt im Rahmen des § 138 jedoch eine Änderung[178], da der wettbewerbsrechtliche Aspekt hier zurücktritt. Bei einer vorherigen Informierung des Geschäftsherrn von der Provisionsabsprache kann eine Sittenwidrigkeit nicht angenommen werden, da die Gefahr einer Interessenkollision und des damit implizierten Treubruchs in diesem Fall nicht besteht. Vielmehr existiert die Möglichkeit einer Prüfung des angestrebten Rechtsgeschäftes unter ökonomischen Gesichtspunkten. Ein Verhalten wie beispielsweise das Schmieren eines Einkaufsleiters mit dem Ziel der bevorzugten Abnahme der eigenen Ware und dem Wissen von dessen Arbeitgeber, mag zwar unter dem Gesichtspunkt des Konkurrentenschutzes wettbewerbswidrig im Sinne der §§ 299 StGB und 1 UWG sein, sittenwidrig gemäß § 138 ist es nicht, da beide Begriffe

---

[177] B I 2 b).

[178] *Nienstedt,* 9; *Schneider* in JbFSt 83/84, 165 (176); a.A. offenbar *Köhler/Piper* (1.Auflage) § 12 Rd. 26, wobei nicht klar ist, ob sich diese auf § 12 UWG (jetzt § 299 StGB) oder auf § 138 bezieht, der angegebene Verweis auf BGH GRUR 68, 587(589) jedenfalls geht fehl, da diesem Urteil eine solche Aussage nicht zu entnehmen ist.

nach oben Gesagtem nicht synonym zu verwenden sind[179]. Eine nachträgliche Billigung wäre allerdings nicht ausreichend, da in diesem Fall die Schmiergeldvereinbarung wiederum auf eine Interessenkollision und damit einen Treubruch des Angestellten gerichtet wäre und maßgeblicher Zeitpunkt der Beurteilung des Rechtsgeschäfts dessen Vornahme sein muß[180]. Ein solch kollusives Zusammenwirken von Korrumpierendem und Korrumpierten hinter dem Rücken des Geschäftsherrn wäre dementsprechend als sittenwidrig und damit nichtig einzustufen. Schmiergeldabreden sind demnach, entweder in kumulativer oder alternativer Anwendung des § 134, nach § 138 sittenwidrig. Eine Schmiergeldvereinbarung ist somit auch bei Nichterfüllung einzelner Tatbestandsmerkmale straf- oder wettbewerbsrechtlicher Vorschriften nichtig.

b) Die Voraussetzungen im einzelnen

Nach Feststellung der grundsätzlichen Sittenwidrigkeit von Schmiergeldvereinbarungen erfolgt zur besseren Einordnung einzelner Sachverhalte eine nähere Konkretisierung der einzelnen Merkmale einer solchen Vereinbarung.

aa) Taugliche Empfänger einer Schmiergeldzahlung

Der Kreis potentieller Provisionsempfänger ist aufgrund des die Sittenwidrigkeit begründenden Aspekts des Treu-

---

179 Zur mangelnden Deckungsgleichheit der beiden Begriffe auch BGH vom 14.5.1998 – I ZR 10/96 - NJW 98, 2531.

180 So auch Soergel/*Hefermehl* § 138 Rd. 180.

bruchs sehr weit zu fassen[181]. Ausreichend ist eine einen solchen Treubruch ermöglichende Stellung zum Geschäftsherrn. Dies erfordert die Wahrnehmung von solchen Aufgaben für den Geschäftsherrn, welche eine Verpflichtung zur primären Berücksichtigung von dessen Interessen beinhalten. Diese Voraussetzung können einerseits Vertreter im Sinne des BGB, Handelsvertreter, Prokuristen oder Organe von Gesellschaften erfüllen. Darüber hinaus können aber auch sonstige Angestellte von Unternehmen[182] oder anderweitig mit einer Interessenwahrnehmung betraute Personen wie Architekten[183] oder Finanz- sowie Steuerberater[184] Adressaten einer Schmiergeldzahlung sein.

Unerheblich ist in diesem Zusammenhang, ob der Korrumpierte unmittelbarer Empfänger der Provisionszahlung ist oder ob diese über *zwischengeschaltete Dritte* erfolgt, wie beispielsweise einen Strohmann[185], eine dem Geschmierten gehörende GmbH[186] oder die Mutter eines Geschäftsführers[187]. Ein unmittelbarer sachlicher sowie zeitlicher Kontext ist ausreichend. Ebensowenig ist die *Natur des das Treueverhältnis begründende Rechtsgeschäfts* von Bedeutung; hierbei kann es sich sowohl um Dienst- oder Arbeitsverträge, sonstige Ge-

---

181 Staudinger/*Sack* § 138 Rd. 469, 470; Soergel/*Hefermehl* § 138 Rd. 180; *Sethe* in WM 98, 2309 (2312).

182 Staudinger/*Sack* § 138 Rd. 469; Soergel/*Hefermehl* § 138 Rd. 181.

183 OLG Hamburg vom 16.10.1969 – 6 U 68/69 - MDR 70, 47.

184 BGH vom 12.5.1986 – II ZR 225/85 - NJW-RR 87, 42 (43).

185 BGH vom 1.4.1987 – Iva ZR 211/85 - NJW-RR 87, 1380; BGH vom 18.12.1990 – XI ZR 176/89 – NJW 91, 1224.

186 Staudinger/*Wittmann* § 667 Rd. 9; *Coing* in NJW 77, 1793 (1794).

187 Vgl. BGH vom 17.5.1988 – VI ZR 233/87 - NJW 89, 26(27).

schäftsbesorgungsverhältnisse im Sinne des § 675, als auch um unentgeltliche Treueverhältnisse handeln[188], soweit diese mit oben angesprochenen Pflichten einhergehen[189]. Auch in den Fällen einer unentgeltlichen Beratertätigkeit liegt ein sittenwidriger Mißbrauch entgegengebrachten Vertrauens vor, wenn dieses kommerzialisiert wird, indem der Treunehmer den Inhalt seiner Ratschläge von Zahlungen interessierter Dritter abhängig macht. Beide Aspekte – sowohl der der Unmittelbarkeit der Zuwendungen als auch derjenige der Entgeltlichkeit des Treueverhältnisses - haben auf die Beurteilung der Sittenwidrigkeit keinen Einfluß. Ausschlaggebend ist allein die berechtigte Erwartung des Geschäftsherrn, der Treunehmer werde sich allein von sachlichen Erwägungen leiten lassen.

---

188 BGH vom 12.5.1986 – II ZR 225/85 - NJW-RR 87, 42 (43); BGH vom 25.6.1986 – IVa ZR 234/84 - WM 86, 1389.

189 Die in der Praxis gebräuchlichen Bezeichnungen von Schmiergeldern als „Vermittlungsprovison“, „Aufwandserstattung“ o.ä. sollen den Eindruck vermitteln, der Korrumpierte habe eine zulässige, eigenständige Leistung erbracht, welche gesondert zu vergüten sei. Entscheidend für die rechtliche Beurteilung solcher Vorgänge kann jedoch nicht die Bezeichnung, sondern ausschließlich die materiellrechtliche Einordnung sein. Die Abgrenzung zu echten Maklertätigkeiten erfolgt dabei über die bei diesen erforderliche Unabhängigkeit des Vermittlers gegenüber beiden Vertragsparteien zur Gewährleistung einer unabhängigen Geschäftsführung. Daran fehlt es bei Schmiergeldvereinbarungen, da der Korrumpierte in einem Treueverhältnis zum Geschäftsherrn steht. Zudem fehlt es an der Offenlegung der Tätigkeit für den Vertragspartner gegenüber dem Geschäftsherrn, was die korrupte Vereinbarung ebenfalls von der echten Maklertätigkeit unterscheidet; vgl. dazu auch BGH vom 14.3.1991 – VII ZR 342/89 - NJW 91, 1819(1820).

bb) Art der Zuwendung

Gegenstand einer Zuwendung im Rahmen von Schmiergeldabreden können sowohl *materielle als auch immaterielle Vorteile* sein[190]; der Begriff des Schmiergeldes ist insoweit zu eng. Umfaßt werden Zuwendungen, welche geeignet sind, die persönliche Situation des Korrumpierten in irgendeiner Weise zu verbessern und damit potentielle Interessenkonflikte zu erzeugen. Hierzu sind finanzielle Vorteile wie Provisionen, Gratifikationen, Verkaufsprämien und ähnliches zu zählen, aber auch immaterielle Werte wie das Verschaffen einer Auszeichnung[191], Einladungen zu Urlaubsreisen oder sexuelle Dienstleistungen[192].

Die Abgrenzung zu zulässigen Geschenken an Unternehmensangehörige, beispielsweise anläßlich einer langjährigen Zusammenarbeit, erfolgt somit nicht über Art und Wert der Zuwendung, sondern über die Verknüpfung mit einer künftigen Bevorzugung[193]. Fehlt eine solche sind derartige Leistungen als Schenkung zulässig, sofern nicht zusätzliche Zweckbestimmung eine künftige Bevorzugung bei einem bereits konkretisierten, noch vorzunehmenden Rechtsgeschäft ist[194]. Es muß demnach zumindest die Möglichkeit einer Beeinflus-

---

190 *Baumbach/Hefermehl* (19. Auflage) UWG § 12 Rd. 6; *Köhler/Piper* (1. Auflage) § 12 Rd. 8; *Nienstedt,* 11.

191 RG vom 29.8.1930 – III 679/30 - RGSt 64, 291.

192 Bsp. bei *Köhler/Piper* (1. Auflage) § 12 Rd. 8.

193 Zu eng sowie widersprüchlich *Sethe* in WM 98, 2309 (2312) sowie *Nienstedt,* 10.

194 BGH vom 27.3.1968 – I ZR 163/65 - NJW 68, 1572 (1573); zum Zeitpunkt der Zuwendung sogleich unter cc).

sung durch die Art der Zuwendung gegeben sein. Eine Ausnahme kann lediglich bei sowohl materiell als auch immateriell wertmäßig vollkommen unerheblichen Zuwendungen, bei welchen keine Gefahr einer Beeinflussung besteht, gemacht werden.

cc) Zeitpunkt der Zuwendung

Aus soeben Gesagtem ergibt sich bereits, daß es sich um *zukünftige* unlautere Bevorzugungen handeln muß. Ein nachträgliche Belohnung für ein bereits erfolgtes Entgegenkommen, ohne eine vorherige Bezugnahme darauf, ist nicht ausreichend[195]. Ohne vorige Einflußnahme auf die Entscheidung des Treunehmers kann der die Sittenwidrigkeit ausmachende Vorwurf der Interessenkollision und des Treubruchs nicht aufrecht erhalten werden. Dagegen kann im Hinblick auf den Vorwurf des Treubruchs der Zeitpunkt der Durchführung des Erfüllungsgeschäftes, das heißt die Leistung der Zuwendung selbst, nicht von Bedeutung sein. Entscheidend ist der *Zeitpunkt der Vereinbarung*, da jene die Interessenkollision und den daraus resultierenden Treubruch enthält. Ab diesem Moment handelt der Vertretene nicht mehr weisungsgemäß und damit sittenwidrig. Ob die Zuwendung selbst vor oder nach Beeinflussung beziehungsweise Abschluß des Rechtsgeschäftes erbracht wird, ändert an dieser Bewertung nichts mehr.

---

195 BGH vom 27.3.1968 – I ZR 163/65 - NJW 68, 1572 (1573); BGH vom 17.5.1998 – VI ZR 233/87 - NJW 89, 26; ohne Begründung anders *Emmerich* in WuB IV A § 138 BGB 1.90, 681 (682).

Isolierte Zuwendungen ohne vorige Absprache nach Abschluß des Rechtsgeschäftes stellen auch nicht generell kollusive und damit nach § 138 sittenwidrige Vereinbarungen dar, wie teilweise angenommen wird[196]. Vielmehr ist dies nur dann der Fall, wenn ein anderweitiger Loyalitätsverstoß hinzutritt, wie beispielsweise die nachträgliche Erhöhung des Kaufpreises um 10%, welche dann als Provision an den Geschäftsführer der Vertragspartei ausgezahlt werden[197], oder eine Absenkung des Auszahlungskurses einer Darlehenssumme nach Abschluß des Darlehensvertrages um 2%, welche dann ebenfalls dem Vertreter zufließen[198]. Hierbei handelt es sich um Vorgänge, in deren Rahmen konspirative Abreden zwischen Vertreter und Vertragspartner einen vorhergesehenen Schaden des Treugebers verursachen, was eine Sittenwidrigkeit wegen kollusiven Zusammenwirkens rechtfertigt. Um Schmiergeldvereinbarungen im hier verstandenen Sinne handelt es sich dabei allerdings nicht, da es an der erforderlichen Unrechtsverknüpfung zwischen Leistung und Gegenleistung fehlt.

---

196 So offenbar *Sethe* in WM 98, 2309 (2312).

197 BGH vom 17.5.1998 – VI ZR 233/87 -NJW 89, 26 (27); unklar bleibt bei diesem Urteil allerdings, ob der 10%-ige Aufschlag bereits vor Vertragsschluß vereinbart wurde oder nicht. In ersterem Fall kann den Ausführungen des BGH nicht zugestimmt werden, da es unter dem entscheidenden Gesichtspunkt einer Interessenkollision nicht von Bedeutung sein kann, ob der vereinbarte Vorteil bereits vor Vertragsschluß erbracht oder lediglich vereinbart wurde; vgl. dazu auch den Wortlaut des § 299 StGB (beziehungsweise § 12 UWG a.F.).

198 OLG Köln vom 13.2.1992 – 1 U 46/91 - NJW-RR 92, 623 (624).

c) Schmiergeldvereinbarungen mit Auslandsbezug

Aufgrund der erheblichen praktischen Bedeutung des Exportgeschäftes für die nationale Wirtschaft - und dem sich nur in diesem Zusammenhang stellenden Problem des Aufeinandertreffens unterschiedlicher Rechtsordnungen[199] - werden Schmiergeldvereinbarungen, welche einen Auslandsbezug aufweisen, hier gesondert behandelt. Das oben aufgestellte Grundschema einer Schmiergeldvereinbarung muß hier - zumindest in den meisten Sachverhalten - um eine Person erweitert werden, da in der Regel hiesige Unternehmen Vermittler, welche mit den Gegebenheiten auf dem ausländischen Markt besonders vertraut sind, zur Zahlung der Schmiergelder heranziehen. Die Provisionsvereinbarungen erfolgen somit entweder direkt mit der zuständigen Stelle am Auslandsmarkt oder über einen solchen Vermittler, welcher das verauslagte Schmiergeld abredegemäß erstattet bekommt.

aa) Anwendbarkeit inländischer Verbotsgesetze

Die Wirksamkeit solcher Provisionsvereinbarungen mit Auslandsbezug wird von der Rechtsprechung regelmäßig im Rahmen des § 138 diskutiert[200], weshalb die Darstellung hier ebenfalls an dieser Stelle erfolgt. Dieses Vorgehen liegt darin begründet, daß zum einen ausländische Rechtsnormen keine

---

199 Dazu bereits oben A II 2.

200 BGH vom 27.3.1968 – I ZR 163/65 - NJW 68, 1572 (1574); BGH vom 8.5.1985 – IVa ZR 138/83 - IPRax 87, 110 (111); die folgenden Ausführungen gelten verständlicherweise nur für die Sachverhalte, auf welche nach den internationalen Kollisionsregeln deutsches Sachrecht anzuwenden ist.

Verbotsgesetze im Sinne des § 134 darstellen[201], da sie im Inland keine unmittelbare Verbindlichkeit besitzen, zum anderen inländische Verbotsgesetze in diesen Fällen – zumindest bis vor kurzem - nur selten einschlägig waren. Die Anwendung der §§ 331-334 StGB scheiterte früher an der Nichterfüllung der Merkmals „Amtsträger“, da dieses aufgrund der ratio der Vorschriften nur deutsche Amtsträger umfaßte. 1995 unterzeichneten die Mitgliedstaaten der EU aus diesem Grund das Übereinkommen über den *Schutz der finanziellen Interessen der Europäischen Gemeinschaft*[202], welches durch das *EU-BestechungsG*[203] am 10.9.1998 in deutsches Recht umgesetzt wurde. Hierdurch wird die Anwendbarkeit der §§ 332, 334 bis 336, 338 StGB auf Amtsträger eines EU-Mitgliedstaates erweitert, soweit deren Stellung der eines Amtsträgers im Sinne des § 11 I Nr. 2 StGB entspricht. Sachverhalte, welche unter diese Tatbestände subsumiert werden können, sind somit nach oben Gesagtem nichtig gemäß § 134 in Verbindung mit der jeweils verletzten Strafnorm.

Relevanter für die Fälle der eigentlichen Wirtschaftskorruption, wie sie vorliegend verstanden wird, das heißt als Korruption unter privaten Wirtschaftssubjekten ohne Beteiligung des Staates, ist dagegen die Vorschrift des § 299 StGB. Die Frage einer Anwendbarkeit des § 299 StGB[204] auf diese

---

201 BGH vom 22.6.1972 – II ZR 113/70 - BGHZ 59, 82 (85); *Fikentscher/Waibl* in IPRax 87, 86; *Piehl*, 48.

202 ABlEG Nr. C 316 vom 27.11.1995, 49 ff.; BR-Drs. 557/98, 267/98; dazu *Dannecker* ZStW 108, 577 ff.; *Zieschang* in EuZW 97, 78.

203 BGBl. II 1998, 2340.

204 Die folgenden Ausführungen und Quellenangaben beziehen sich mehrheitlich auf den alten § 12 UWG, können wegen der Deckungs-

- Fortsetzung: siehe nächste Seite -

Konstellationen stellte sich nach der bisherigen Rechtslage kompliziert dar. Obwohl der Tatbestand nach seinem Wortlaut keine Einschränkung auf den nationalen Wettbewerb enthielt, wurde die Norm des § 299 StGB dennoch im Rahmen des § 134 außer Betracht gelassen beziehungsweise für generell nicht anwendbar gehalten[205]. Der Grund für die Nichtberücksichtigung durch die Rechtsprechung lag offensichtlich darin, daß die Vorschrift in den Fällen mit Auslandsberührung nicht als Verbotsgesetz im Sinne des § 134 aufgefaßt wurde[206]. § 299 StGB gelte als öffentlich-rechtliche Strafvorschrift nur auf dem Hoheitsgebiet der Bundesrepublik, so daß Vertragspartner im Ausland davon nicht erfaßt würden und es somit an der Voraussetzung eines beiderseitigen Verstoßes mangele. Konsequenterweise mußte aber auch nach dieser Ansicht dann anderes gelten, wenn der - zugegebenermaßen seltenere – Fall eintrat, daß sich der Wettbewerb auf dem Auslandsmarkt zwischen deutschen Bewerbern abspielte[207], da die soeben gemachten Einschränkungen des § 299 StGB dann nicht gelten. Vielmehr war eine solche Vereinbarung nach § 134 in Verbindung mit § 299 StGB bereits nach der bisherigen Rechtslage nichtig.

Nach Einfügung des § 299 III StGB durch das *Gesetz zur Ausführung der Gemeinsamen Maßnahme betreffend die Be-*

---

gleichheit der Vorschriften jedoch übernommen werden; vgl. auch Fn. 152.

205 BGH vom 27.3.1968 – I ZR 163/65 - NJW 68, 1572 ff.; *Schneider* in AG 83, 205 (208).

206 Dazu die Ausführungen von *Piehl*, 50 f.

207 So auch *Piehl*, 51.

stechung im privaten Sektor[208] vom 22.8.2002 ist diese Differenzierung nicht mehr erforderlich. § 299 StGB erfaßt nunmehr nach seinem Wortlaut auch den ausländischen Wettbewerb und damit auch die ausländische Konkurrenz. Für eine Nichtberücksichtigung des § 299 StGB bei Schmiergeldzahlungen mit Auslandsbezug bleibt somit kein Raum. Der Nutzen der Gesetzesänderung ist insbesondere im Hinblick auf Staaten, deren Wirtschaftsmarkt Zahlungen durch ausländische Unternehmen geradezu fordert und gleichfalls auch nicht sanktioniert, sehr fraglich. Sie wird im Gegenteil zu einem Wettbewerbsnachteil für nationale Wettbewerber führen, deren außereuropäische Konkurrenz nicht diesem Verbot unterliegt.

Die Ausführungen zu § 299 StGB gelten auch bezüglich einer Anwendbarkeit des § 1 UWG, welcher in diesem Zusammenhang von Rechtsprechung und Schrifttum regelmäßig übersehen wird. Schmiergeldzahlungen mit dem Ziel einer Bevorzugung vor nationalen Bewerbern auf dem Auslandsmarkt stellen – sofern nicht als sozialüblich von allen Bewerbern praktiziert – unlauteren Wettbewerb dar und sind somit gemäß § 134 in Verbindung mit § 1 UWG nichtig[209]. Dennoch erörtert die Rechtsprechung diese Problematik auch bei Einschlägigkeit des § 299 StGB im Rahmen des § 138[210]. Dies geschieht offenbar vor dem Hintergrund der Schwierigkeit einer exakten Definierung des Begriffes der guten Sitten in § 138, welche durch Heranziehung der § 299 StGB zugrun-

---

208 BGBl. I 2002, 3387.

209 Dazu *Fikentscher/Waibl* in IPRax 87, 86 (88).

210 Siehe die Nachweise bei Fn. 200.

deliegenden Wertung umgangen werden soll[211]. Ein solches Vorgehen begegnet allerdings dogmatischen Bedenken, da es sich bei den §§ 299 StGB und 1 UWG jeweils um Verbotsgesetze im Sinne des § 134 handelt und diese somit vorrangig unter diesem Aspekt diskutiert werden sollten[212]. In den Fällen der Einschlägigkeit von § 299 StGB oder § 1 UWG folgt die Nichtigkeit solcher Vermittlungsvereinbarungen somit aus § 134 in Verbindung mit diesen Normen.

bb) Berücksichtigung ausländischer Normen

Zu klären bleibt der Teil der Sachverhalte, welche nicht in die Anwendungsbereiche der §§ 299 StGB, 1 UWG fallen. Hier stellt sich die Frage, ob ins Ausland geleistete Schmiergeldzahlungen eine Sittenwidrigkeit nach § 138 begründen können[213]. Im Rahmen der Beantwortung dieser Frage sind folgende Konstellationen zu unterscheiden: Die ausländische Rechtsordnung stuft Schmiergeldzahlungen ebenfalls als gemeinschädlich ein und verbietet diese, oder sie tut dies nicht beziehungsweise vollstreckt das Verbot nicht. In ersterem Fall können ausländische Verbotsnormen eine Anwendung des § 138 nach Ansicht der Rechtsprechung nur dann begründen, wenn sie entweder mittelbar auch deutsche Interessen schützen oder auf allgemein anerkannten Rechtsgrundsätzen beru-

---

211 Dazu *Piehl* 61 f.

212 Staudinger/*Sack* § 134 Rd. 300; OLG München vom 22.9.1994 – 6 U 5255/93 - AfP 95, 655 f.

213 Dieses Problem kann hier nur verkürzt – insbesondere ohne den kollisionsrechtlichen Teil – dargestellt werden, da ansonsten der vorgegebene Rahmen überschritten würde; vgl. im übrigen die ausführliche Darstellung bei *Piehl*, 31-85.

hen[214]. Denn grundsätzlich ist der Begriff der guten Sitten anhand der Maßstäbe der inländischen Rechtsordnung zu gewinnen, ausländische Rechtsauffassungen spielen dabei keine Rolle[215]. Allerdings muß in diesem Zusammenhang die auf dem Auslandsmarkt herrschende Rechtspraxis berücksichtigt werden, da nur so eine sachgerechte Einschätzung der jeweiligen Schmiergeldzahlung möglich ist. So muß es bei der rechtlichen Bewertung einen Unterschied machen, ob sich die Zahlung dort als sozialübliches oder sogar erforderliches Mittel zur Wahrung der Konkurrenzfähigkeit oder als Verstoß gegen dortige Geschäftspraktiken darstellt. Bei Vorhandensein ausländischer Verbotsgesetze stimmen nationale und ausländische Rechtsordnung überein, so daß das Ergebnis der Sittenwidrigkeit vorgezeichnet ist. Die Rechtsprechung des BGH zu solchen Konstellationen nimmt ebenfalls einen Verstoß gegen internationale Verhaltensmaßstäbe und damit eine Sittenwidrigkeit nach § 138 an[216].

Anders stellt sich die Rechtslage bei Fehlen einer ausländischen Verbotsnorm dar. Eine schematische Übernahme der nationalen Bewertung von Schmiergeldzahlungen verbietet sich hier, da Bestechungsgelder in diesen Ländern vielfach nicht einer unlauteren Bevorzugung dienen, sondern lediglich für einen reibungslosen Ablauf des Geschäftsbetriebes, beispielsweise im Rahmen von Zollabfertigungen oder Genehmigungsverfahren, erforderlich sind. Auch hat die Korruption in diesen Fällen keine nachteiligen Auswirkungen für den natio-

---

214 BGH vom 8.5.1985 – IVa ZR 138/83 – IPRax 87, 110; BGH vom 20.11.1990 – VI ZR 6/90 - NJW 91, 634.

215 MüKo/*Mayer-Maly/Armbrüster* § 138 Rd. 16, 17.

216 BGH vom 8.5.1985 – IV a ZR 138/83 - IPRax 87, 110 (111).

nalen Wettbewerb. Im Gegenteil, wenn die Schmiergeldzahlungen im Konkurrenzkampf mit ausländischen Unternehmen wegen ihrer Üblichkeit unerläßlich sind. Somit bleiben zur Bestimmung der Sittenwidrigkeit nur die Maßstäbe der ausländischen Rechtsordnung. Enthält diese kein Verbot solcher Zuwendungen beziehungsweise werden diese nicht geahndet, ist dementsprechend auch die Provisionsabrede wirksam[217]. Es kann somit festgestellt werden, daß Provisionsvereinbarungen mit Auslandsberührung, welche die Tatbestände der §§ 299 StGB, 1 UWG erfüllen, nach § 134 in Verbindung mit diesen Normen nichtig sind. Ebenso nichtig sind sonstige Schmiergeldvereinbarungen, wenn auf dem Auslandsmarkt ein einschlägiges Verbotsgesetz existiert, und zwar nach § 138. Nur bei Fehlen einer ausländischen Verbotsnorm bleiben entsprechende Vereinbarungen wirksam.

3. Zwischenergebnis

Die Schmiergeldvereinbarung zwischen Korrumpierendem und Korrumpiertem ist regelmäßig nichtig. Dies folgt bei Einschlägigkeit insbesondere der §§ 299 StGB und 1 UWG aus der Wertung des § 134 in Verbindung mit diesen Normen. Sonstige Schmiergeldvereinbarungen außerhalb des Wettbewerbes sind nach § 138 aufgrund der ihnen immanenten Interessenkollision und des damit verbundenen Treubruchs sittenwidrig, es sei denn die Abrede ist dem Geschäftsherrn bekannt.

---

217 So auch *Schneider* in JbFSt 83/84, 165 (180); MüKo/*Mayer-Maly/Armbrüster* § 138 Rd. 18; *Piehl* 67 f.; *Fikentscher/Waibl* in IPRax 87, 86 (88).

Gleiches gilt für Schmiergeldabreden mit Auslandsbezug; eine Ausnahme ist nur bei Rechtsordnungen zu machen, welche derartige Geschäftspraktiken nicht sanktionieren. Nur in letzterem Fall sind solche Provisionsvereinbarungen wirksam.

III. Wirksamkeit des Hauptvertrages

Nach Feststellung der grundsätzlichen Nichtigkeit der vorgelagerten Schmiergeldvereinbarung stellt sich die Frage der Auswirkungen dieser Nichtigkeit auf den sich anschließenden Hauptvertrag.

1. Unmittelbare Auswirkungen der nichtigen Schmiergeldabrede

Ein in Folge einer unwirksamen Schmiergeldabrede abgeschlossener Hauptvertrag wäre bereits dann nichtig, wenn er zusammen mit der Schmiergeldvereinbarung *ein einheitliches Rechtsgeschäft im Sinne des § 139* darstellen würde. In diesem Fall wäre eine sittliche Bewertung des Hauptvertrages selbst nicht erforderlich, die Nichtigkeitsfolge würde sich vielmehr bereits aus der Verbindung mit der Schmiergeldabrede ergeben.

Eine derartige Verbindung zwischen Hauptvertrag und Schmiergeldabrede besteht allerdings nicht, da diese kein einheitliches Rechtsgeschäft darstellen[218]. Erforderlich wäre dazu ein entsprechender Wille der Vertragsparteien, welcher er-

---

218 *Baumbach/Hefermehl* (19. Auflage) UWG § 12 Rd. 25.

kennen läßt, daß beide Rechtsgeschäfte miteinander stehen und fallen sollen[219]. Zwar kann ein wirtschaftlicher Zusammenhang hier indizielle Bedeutung haben, ausreichend alleine ist er jedoch nicht[220]. Entscheidend ist, daß von den Vertragsparteien in Korruptionsfällen nicht beabsichtigt ist, die Wirksamkeit des anvisierten Hauptvertrages von derjenigen der – nach Intention der Parteien geheim zu haltenden – Schmiergeldvereinbarung abhängig zu machen. Ganz im Gegenteil werden die am Korruptionsvorgang Beteiligten oftmals um die Sittenwidrigkeit der Abrede wissen und eine Auswirkung auf den wirtschaftlich bedeutsameren Hauptvertrag gerade vermeiden wollen.

Ebenso hat der Verstoß der Schmiergeldabrede gegen § 299 StGB (§ 12 UWG a.F.) oder § 1 UWG keine Auswirkung auf den Hauptvertrag dergestalt, daß dieser unmittelbar wegen eines entsprechenden Verstoßes nach § 134 nichtig wäre. Der Hauptvertrag selbst erfüllt nicht den Tatbestand der §§ 299 StGB, 1 UWG; auch die in diesen Vorschriften normierte Zielrichtung des Schutzes eines fairen Wettbewerbes ändert daran nichts. So soll auch nach Ansicht des BGH die *„§ 12 UWG/§ 299 StGB zugrundeliegende, in § 1 UWG umfassend normierte rechtliche Mißbilligung bestimmter wettbewerbsverzerrender Verhaltensweisen [...] für sich allein nicht die Annahme, ein daran anschließender Vertrag verstoße seinerseits gegen ein gesetzliches Verbot im Sinne des*

---

219 St. Rspr.; zuletzt BGH vom 8.10.1990 – VIII ZR 176/89 – BGHZ 112, 288 (293); BGH vom 14.7.1994 – IX ZR 110/93 – NJW 94, 2885 (2886).

220 HM; MüKo/*Mayer-Maly/Busche* § 139 Rd. 17; Erman/*Palm* § 129 Rd. 21.

§ 134 BGB“ rechtfertigen[221]. Der Hauptvertrag ist somit zunächst sittlich neutral zu betrachten, das Beruhen auf einem wettbewerbs- beziehungsweise sittenwidrigem Verhalten alleine ist nicht ausreichend[222]. Rechtlich selbständige Verträge müssen getrennt voneinander eine eigenständige sittliche Bewertung erfahren; ausschließlich kriminalpolitisch wünschenswerte Effekte wie eine generalpräventive Wirkung durch die Versagung durchsetzbarer Ansprüche aus diesen Verträgen können für sich kein anderes Ergebnis herbeiführen. Die zitierten Strafvorschriften betreffen unmittelbar nur Vorgänge, welche die jeweiligen Tatbestände erfüllen, dies tut der Hauptvertrag aber gerade nicht. Entscheidend für die Frage der Wirksamkeit des Hauptvertrages ist damit allein, ob der rechtsgeschäftlichen Verpflichtung selbst ein wettbewerbs- oder sittenwidriges Verhalten innewohnt. Zur Beantwortung dieser Frage werden in Rechtsprechung und Schrifttum unterschiedliche Lösungsansätze vertreten.

---

221 BGH vom 6.5.1999 - VII ZR 132/97 - WM 99, 1322 (1323); anders dagegen offenbar noch das OLG Dresden als Vorinstanz mit der Begründung, die in §§ 299 StGB, 12 UWG a. F. enthaltene Wertung richte sich nicht nur gegen die Schmiergeldabrede selbst, sondern auch gegen den durch dieses unlautere Verhalten abgeschlossenen Hauptvertrag, da dieser schließlich die unlautere Bevorzugung darstelle. Ähnlich äußern sich auch *Larenz* AT (7. Auflage) § 22, 443 f. und *Koch,* 200 f. letzterer mit dem Argument, es komme lediglich auf die äußeren Umstände des Zustandekommens des Vertrages, nicht auf seinen Inhalt an. Diese Ansicht wird heute allerdings – soweit ersichtlich – nicht mehr vertreten; insbesondere *Larenz* erwähnt sie in der Folgeauflage nicht mehr.

222 So auch Staudinger/*Sack* § 138 Rd. 472; *Körner* in GRUR 68, 348 (352).

2. Unwirksamkeit des Hauptvertrages nach § 138

Die Rechtsprechung sowohl des RG als auch später des BGH ging grundsätzlich von der Sittenwidrigkeit eines in der Folge einer Schmiergeldvereinbarung geschlossenen Hauptvertrages nach § 138 aus. Die Kriterien für die Annahme der Unwirksamkeit des Vertrages haben sich in diesem Zusammenhang im Laufe der Zeit nur geringfügig verschoben. Erst in jüngster Zeit deutet der BGH in einigen Entscheidungen eine Rechtsprechungsänderung an; inwiefern eine solche bereits heute tatsächlich vorliegt, wird im folgenden im einzelnen zu klären sein.

a) Auffälliges Mißverhältnis der Leistungen (RG)

Bereits die anfängliche Rechtsprechung des Reichsgerichts ging davon aus, daß der Hauptvertrag nicht bereits deshalb nach § 138 nichtig sei, weil er mit sittenwidrigen Mitteln zustande gebracht wurde. Dies sollte nur dann der Fall sein, wenn der Korrumpierende *„durch das verwerfliche Mittel der Bestechung den Abschluß eines höchst unbilligen Vertrages erreicht hätte, das heißt eines Vertrages bei dem der bedungene Preis in auffälligem Mißverhältnis zu der vereinbarten Leistung stände*“[223]. Das Reichsgericht ließ die vorangegangene Schmiergeldabrede somit gänzlich außer Betracht und verlangte konsequenterweise für die Annahme der Sittenwidrigkeit das herkömmliche *Erfordernis eines auffälligen Mißverhältnisses.* Diese Voraussetzung wäre in der Praxis allerdings nur selten erfüllt, da in den meisten Korruptionsfällen innerhalb der Wirtschaft zwischen den einzelnen Angeboten

---

223 RG vom 26.1.1915 – II 527/14 - RGZ 86, 146 (148).

der verschiedenen Wettbewerber zwar durchaus Unterschiede bestehen werden, allerdings in der Regel keine solchen, welche zu einem derartigen Mißverhältnis zwischen Leistung und Gegenleistung führen würden. Dies folgt schon aus den Erfordernissen der Geheimhaltung des korrupten Vorgangs sowie der Aufrechterhaltung der Wettbewerbsfähigkeit des korrumpierenden Unternehmens. Der Abschluß derart ungleicher Verträge durch den Angestellten würde demgegenüber besondere Aufmerksamkeit erregen. Bezweckt wird mit dem Schmiergeld vielmehr lediglich die unlautere Bevorzugung vor den Mitkonkurrenten. Diese Rechtsprechung des RG wird den tatsächlichen Gegebenheiten der Wirtschaftskorruption demnach nicht gerecht.

b) Nachteilige Vertragsgestaltung (BGH)

aa) Kausalität der Schmiergeldvereinbarung

Das Reichsgericht lockerte seine Voraussetzungen in der Folge auch dahingehend, daß eine Sittenwidrigkeit des Hauptvertrages bereits dann anzunehmen sei, wenn sich die Schmiergeldvereinbarung derart auf den Hauptvertrag ausgewirkt habe, daß dieser eine – verglichen mit der Hypothese eines korruptionsfrei zustandegekommenen Vertrages[224] – *nachteilige Ausgestaltung zu Lasten des Geschäftsherrn* erfah-

---

224 Die Kommentierungen zu dieser Rspr. sind an diesem Punkt gelegentlich ungenau; ausreichend ist nicht lediglich eine „nachteilige" (so beispielsweise Staudinger/*Sack* § 138 Rd. 472) Ausgestaltung des Hauptvertrages, sondern diese muß gerade auf der Schmiergeldvereinbarung beruhen, das heißt ohne diese müßte der Hauptvertrag für den Geschäftsherrn vorteilhafter ausgefallen sein.

ren habe[225]. Der Nachweis einer derartigen nachteiligen Ausgestaltung wird dabei vereinfacht durch die Anwendung der Grundsätze des Anscheinsbeweises. Diese Problematik wird aufgrund ihrer praktischen Relevanz unten ausführlich dargestellt.

Der BGH schloß sich in der Folgezeit der Rechtsprechung des RG zu den verringerten Anforderungen an eine Sittenwidrigkeit des Hauptvertrages an. Diese wird verstärkt den tatsächlichen Verhältnissen gerecht, vor allem weil sie die wettbewerbs- beziehungsweise sittenwidrige Abrede in ihre Bewertung einbezieht und damit berücksichtigt, daß die zur Leistung des Schmiergeldes aufgewendeten Ressourcen an anderer Stelle eingespart werden. Dies geschieht regelmäßig auf Kosten des Geschäftsherrn. Das Zusammenwirken hinter dem Rücken des Geschäftsherrn ist bereits für sich als verwerflich anzusehen, so daß in der Folge eine nicht ganz unerhebliche Abweichung zu Lasten des Geschäftsherrn zur Annahme der Sittenwidrigkeit ausreichend ist. Ein solch kollusives Zusammenspiel zur Erlangung eigener Vorteile auf Kosten des Geschäftsherrn – verbunden mit einem Treubruch gegenüber diesem – läßt ein zusätzliches auffälliges Mißverhältnis zwischen den Leistungen unnötig erscheinen. Ob mit der strikten Annahme einer Nichtigkeit nach § 138 in diesen Fällen allerdings eine Lösung gefunden ist, welche den berechtigten Interessen der Beteiligten am besten gerecht wird, ist im folgenden noch genauer zu untersuchen.

---

225 RG vom 29.10.1931 – VI 231/31 - RGZ 134, 43 (56); RG vom 1.6.1932 – V 63/32 - RGZ 136; 359 (360).

Der BGH geht unter expliziter Bezugnahme auf das RG ebenfalls davon aus, daß *„die Nichtigkeit einer Schmiergeldabrede nicht ohne weiteres einen daraufhin abgeschlossenen Folgevertrag erfaßt. Der Folgevertrag muß seinerseits von der Rechtsordnung derart mißbilligt sein, daß auch ihm die Wirksamkeit zu versagen ist*"[226]. Dies sei insbesondere dann der Fall, wenn der aufgrund einer Bestechung zustande gekommene Vertrag zu einer für den Geschäftsherrn nachteiligen Vertragsgestaltung geführt habe[227]. Erforderlich ist demnach ein kausales Beruhen der konkreten Vertragsgestaltung des Hauptvertrages auf der vorangehenden Schmiergeldabrede. Dementsprechend ist der Hauptvertrag bei Fehlen eines solchen Nachteils als nicht sittenwidrig und damit wirksam einzustufen. Auf die jüngsten Entwicklungen der Rechtsprechung in dieser Frage, welche eine Abkehr von der bisherigen Linie einer pauschalen Sittenwidrigkeit andeuten wird im Rahmen der Darstellung der herrschenden Literaturansicht eingegangen[228].

---

226 BGH vom 6.5.1999 – VII ZR 132/97 - WM 99, 1322 (1323).

227 BGH vom 10.1.1990 – VIII ZR 337/88 - NJW-RR 90, 442; BGH vom 6.5.1999 – VII ZR 132/97 - WM 99, 1322 (1323); explizit stellt der BGH am 26.3.1962 – II ZR 151/60 auch das hypothetische Vergleichselement heraus, wenn er in NJW 62, 1099 ausführt, es komme „ *darauf an, ob dann, wenn kein Schmiergeld an den Vertreter gezahlt worden wäre, ein Vertrag anderen Inhalts zustande gekommen wäre, durch den der Geschäftsherr besser gestellt gewesen wäre und ein Entgelt erhalten hätte, das die Schmiergelder der Höhe nach mitumfaßt hätte*".

228 Unter C III 3 e).

bb) Hypothetischer Vergleich mit einem korruptionsfreien Vertrag

1) Anwendung der Grundsätze des Anscheinsbeweises

Von entscheidender Bedeutung für die Frage der Wirksamkeit des Hauptvertrages ist damit der Nachweis einer die Sittenwidrigkeit begründenden nachteiligen Vertragsgestaltung. Deren Feststellung stößt in der Praxis auf erhebliche Schwierigkeiten, welche primär darin begründet liegen, daß der Vergleichswert zur Ermittlung dieses Nachteils eine lediglich hypothetische Vertragsgestaltung – nämlich eine ohne vorhergehende Schmiergeldzahlung – ist. Dem korrumpierenden Vertragspartner ist damit die Möglichkeit eröffnet, durch bloßes Bestreiten seiner Bereitschaft, den Vertrag auch zu für ihn ungünstigeren Konditionen abzuschließen, den Hauptvertrag gegen den Willen des Geschäftsherrn aufrechtzuerhalten. Dieser Problematik versuchte bereits das RG und ihm folgend auch der BGH dadurch entgegenzuwirken, daß *prima facie* bei Vorliegen einer Schmiergeldabrede von einer darauf beruhenden nachteiligen Ausgestaltung des Hauptvertrages auszugehen sei[229]. So formulierte das RG, daß es *„nach der Lebenserfahrung [...] die Regel, der „typische Geschehensablauf", sei, daß heimliche Zuwendungen an Angestellte [...] die Verträge zu Ungunsten des Geschäftsherrn des Angestellten beeinflussen. Die Anwendung der Grundsätze vom Beweis des ersten Anscheins rechtfertigt es daher, daß regelmäßig nicht der die Benachteiligung zu beweisen hat, der sich auf die Sittenwidrigkeit des Vertrages beruft, sondern daß dem Gegner*

---

229 RG vom 20.9.1939 – II 17/39 - RGZ 161, 229 (232,233); BGH vom 26.3.1962 – II ZR 151/60 - NJW 62, 1099 (1100).

der Nachweis obliegt, die Zuwendungen an den Angestellten seien ohne eine dem Geschäftsherrn nachteilige Einwirkung auf den Abschluß der Verträge geblieben“[230]. Diese Rechtsprechung des RG zum Anscheinsbeweis bei vorgelagerter Schmiergeldabrede wurde vom BGH mit der Konkretisierung übernommen, daß die Höhe des Schmiermittels regelmäßig wertmäßig den Nachteil des Geschäftsherrn darstelle. Der BGH führt dazu aus: „*Die Grundsätze vom Beweis des ersten Anscheins waren daher für die Frage heranzuziehen, ob eine dem Geschäftsherrn nachteilige Einwirkung auf den Abschluß des Vertrages stattgefunden hat. Es ist der typische Verlauf, daß dem Geschäftsherrn, wenn er das Geschäft selbst geführt oder ein redlicher Vertreter für ihn gehandelt hätte, wertmäßig mindestens der dem unredlichen Vertreter gewährte Vorteil als Gegenleistung angeboten worden wäre*“[231]. In jüngeren Entscheidungen begründet der BGH die Anwendung des Anscheinsbeweises nicht mehr ausführlich, sondern statuiert lediglich die regelmäßige Erstreckung der Nichtigkeit der Schmiergeldabrede auf den Hauptvertrag[232], es sei denn, daß „*die Schmiergeldabrede auf den Inhalt des Hauptvertrages keinen Einfluß gehabt haben kann*“[233]. Hintergrund der Entscheidung war eine angebliche Provisionszahlung erst nach Abschluß des Hauptvertrages. Teilweise wird diese Rechtsprechung in der Literatur kritisiert unter Hinweis darauf, auch nachträgliche Provisionsabsprachen könnten sich zu Lasten des Geschäftsherrn auswirken, so beispielsweise bei der Er-

---

230 RG vom 20.9.1939 – II 17/39 - RGZ 161, 229 (232,233).

231 BGH vom 26.3.1962 – II ZR 151/60 - NJW 62, 1099 (1100).

232 BGH vom 16.1.2001 – XI ZR 113/00 - WM 01, 457 (458); BGH vom 4.1.1999 – IX ZR 320/98 - WM 00, 21 (22).

233 BGH vom 4.1.1999 – IX ZR 320/98 - WM 00, 21 ff.

füllung des Vertrages[234]. Dem kann so nicht zugestimmt werden, da die erforderliche Unrechtsverknüpfung zwischen Provision und Treubruch außer Betracht gelassen wird. Sollte die Provision tatsächlich für eine unlautere Bevorzugung bei der Abwicklung des Vertrages gezahlt werden, so muß auch eine entsprechende Vereinbarung zwischen Angestelltem und Korrumpierendem vorliegen. Dafür bot der dem Urteil zugrundeliegende Sachverhalt jedoch keine Anhaltspunkte.

Die Rechtsprechung des BGH ermöglicht dem Geschäftsherrn die prozessuale Durchsetzung der Nichtigkeit des Hauptvertrages. Sie stößt auch in der Literatur auf überwiegende Zustimmung[235]; vereinzelt werden auch bei grundsätzlicher Anerkennung der Lösung des BGH etwas weitere Voraussetzungen für die Annahme einer Sittenwidrigkeit gewählt[236].

2) Rechtsprechungsänderung durch den BGH v. 6.5.1999 ?

Dennoch scheint der BGH jüngst eine Änderung seiner Rechtsprechung zu den Voraussetzungen der Anwendung des Anscheinsbeweises in diesen Fällen vorzunehmen[237]. Ge-

---

234 Vgl. Nienstedt, 29.

235 So beispielsweise Palandt/*Heinrichs* § 138 Rdnr. 63; *Baumbach/Hefermehl* (19. Auflage) § 12 UWG Rd. 25; explizit für die Lösung des BGH nach vorheriger Darstellung der verschiedenen Ansätze *Sethe* in WM 98, 2309 (2315).

236 So beispielsweise Soergel/*Hefermehl* § 138 Rd. 183, welcher bereits die Möglichkeit einer nachteiligen Auswirkung ausreichen läßt. Zu den ablehnenden Ansichten im Schrifttum siehe sogleich ausführlich unter 3.

237 So die Einschätzung von *Gsell* in EwiR 1/2000 § 134 BGB, 5 (6).

genstand der einschlägigen Entscheidung war ein durch Bestechung zustande gekommener Architektenvertrag, welcher eine Vergütung nach den Mittelsätzen der Honorarordnung für Architekten und Ingenieure (HOAI) vorsah. Der BGH verwirft die Auffassung des Berufungsgerichtes, welches angenommen hatte, dem Geschäftsherrn sei nach den Grundsätzen des Anscheinsbeweises ein Schaden in Höhe des mit dem Geschäftsführer der Klägerin vereinbarten Bestechungsgeldes entstanden, da anzunehmen sei, daß der Architekt bereit gewesen wäre vom vereinbarten Honorar einen Betrag mindestens in dieser Höhe abzuziehen. Dies begründet der BGH damit, daß es an den Voraussetzungen für die Anwendung des *prima facie* Grundsatzes fehle. Der BGH führt aus: „*Ist [...] ein Anhaltspunkt für einen Nachteil gegeben, hat nach der ständigen Rechtsprechung des Bundesgerichtshofes nicht der Geschäftsherr den Nachteil, sondern umgekehrt derjenige das Fehlen eines Nachteils zu beweisen, der bestochen hat. [...]. Gibt es keinen dahingehenden Anhaltspunkt, fehlt eine entscheidende Voraussetzung für die Sittenwidrigkeit des Vertrages*“[238]. Zusätzliches Erfordernis wäre nach dieser Rechtsprechung ein tatsächlicher Anhaltspunkt für eine nachteilige Vertragsgestaltung, welchen der BGH im vorliegenden Fall verneint, da es sich um eine Abrechnung nach den üblichen Gebührensätzen gehandelt und zum anderen die Klägerin die Gebührensätze nicht explizit gerügt habe. Vielmehr sei die Annahme der Vorinstanz in Bezug auf das in Höhe der Provision geringere Honorar abzulehnen, sie entspreche „*weder allgemeiner Erfahrung noch typischen Geschehensabläufen*“[239]. Bisher stellte dagegen nach der höchstrichterlichen Rechtsprechung bereits das bloße Vorliegen einer Schmiergeldabrede einen

---

238 BGH vom 6.5.1999 – VII ZR 132/97 - WM 99, 1322 (1323).

239 BGH vom 6.5.1999 – VII ZR 132/97 - WM 99, 1322 (1323).

derartigen Anhaltspunkt für eine nachteilige Vertragsgestaltung zu Lasten des Geschäftsherrn dar.

Sollten die Ausführungen des BGH tatsächlich im Sinne einer Änderung der Voraussetzungen der Anwendung des Anscheinsbeweises hin zum Erfordernis eines tatsächlichen Anhaltspunktes verstanden werden, wären sie als *nicht interessengerecht* abzulehnen. Dies zum einen deshalb, weil andernfalls dem Geschäftsherrn die aus oben genannten Gründen erforderliche Beweiserleichterung durch die Notwendigkeit des Nachweises eines Anhaltspunktes für einen Nachteil wieder genommen würde. Diese notwendige Beweiserleichterung war jedoch Grund für die Anwendung der Grundsätze des Anscheinsbeweises in diesen Fällen. Zum anderen verkennt der VII. Senat in seiner Entscheidung offensichtlich die Bedeutung des hypothetischen Elements im Rahmen der Beurteilung, ob der Hauptvertrag einen nachteiligen Charakter aufweist. Entscheidend kann in diesem Zusammenhang nach der bisherigen ständigen Rechtsprechung, auf welche sich der Senat beruft, nicht sein, ob die Vergütung nach der HOAI eine angemessene Gegenleistung darstellt, sondern ob diese ohne vorangehende Schmiergeldzahlung günstiger ausgefallen wäre[240]. Dies erscheint bei einem tatsächlich gezahlten Schmiergeld in Höhe von mindestens 25.000,- EURO durchaus möglich und entspricht nach bisheriger Rechtsprechung sogar allgemeiner Lebenserfahrung. Das Erfordernis eines zusätzlichen Anhaltspunktes ist aus diesen Gründen als nicht sachgerecht und mit der bisherigen Rechtsprechung unvereinbar abzulehnen.

---

240 Vgl. beispielsweise BGH vom 26.3.1962 – II ZR 151/60 - NJW 62, 1099.

Es bleibt allerdings unklar, ob die Entscheidung des VII. Senats tatsächlich den Beginn einer Rechtsprechungsänderung markiert, da sich der Senat zum einen auf die ständige Rechtsprechung in dieser Frage beruft, zum anderen in den anschließenden Urteilen des IX. und XI. Senats zu diesem Themenkomplex keine Bezugnahme auf das Urteil erfolgt, vielmehr hinsichtlich der Sittenwidrigkeit des Hauptvertrages die herkömmliche Formel herangezogen wird[241]. Es wird somit die weitere Entwicklung der Rechtsprechung in dieser Frage abzuwarten sein. Bis zur endgültigen Klärung wird von der bisherigen Rechtsprechung einer Anwendung der Grundsätze des Anscheinsbeweises nach § 138 aufgrund der zu vermutenden nachteiligen Auswirkung der Schmiergeldabrede auszugehen sein.

3. Dispositionsbefugnis des Geschäftsherrn (Literatur)

Neben dem Ansatz der Rechtsprechung beitretenden Stimmen[242] werden im Schrifttum überwiegend abweichende Lösungen vertreten. Mehrheitlich wird eine pauschale Sittenwidrigkeit als nicht interessengerecht abgelehnt und statt dessen eine Genehmigungsmöglichkeit des Geschäftsherrn vorgeschlagen[243].

---

241 BGH vom 16.1.2001 – XI ZR 113/00 - WM 01, 457 (458); BGH vom 4.11.1999 – IX ZR 320/98 – WM 00, 21 (22).

242 Schlegelberger/*Schröder* § 59 Rd. 42a; Münchener Handbuch ArbR/*Blomeyer* § 53 Rd. 109; *Schaub* § 53 II 7.

243 Erman/*Palm* § 138 Rd. 85d; Staudinger/*Sack* § 138 Rd. 473; Palandt/*Heinrichs* § 138 Rd. 63; AK/*Damm* § 138 Rd. 176; *Köhler/Piper* (1. Auflage) § 12 Rd. 26; *Enneccerus/Nipperdey* AT § 191 II 1 Fn 14.

a) Mangelnde Flexibilität einer pauschalen Sittenwidrigkeit

Die Ansatzpunkte der am (bisherigen) Lösungsweg der Rechtsprechung vorgebrachten Kritik sind in diesem Zusammenhang ohne weiteres ersichtlich. Die starre Rechtsfolge des § 138 verhindert eine im Einzelfall erforderliche flexible Handhabung. Eine pauschale Nichtigkeit des Hauptvertrages wird den Interessen des Geschäftsherrn und damit der – zumindest auch[244] - intendierten Schutzrichtung des § 138 in diesen Fällen vielfach nicht gerecht. Insbesondere in der Konstellation des Vertragsabschlusses durch den Geschäftsherrn selbst ist evident, daß dieser das Rechtsgeschäft trotz vorhergehender – verdeckter oder offener – Schmiergeldabrede für abschließenswert hält; oder es ihm – mit anderen Worten – nicht nachteilig erscheint. Das von der Rechtsprechung vorgebrachte Argument des Schutzes des Geschäftsherrn vor hinter dessen Rücken abgeschlossenen schädigenden Rechtsgeschäften geht in diesen Fällen demnach ins Leere. Hinzu tritt die selbst in der Rechtsprechung vorhandene Unsicherheit, unter welchen Umständen eine zur Sittenwidrigkeit führende nachteilige Vertragsgestaltung im Einzelfall anzunehmen sei. Diese Unsicherheit erscheint vor dem Hintergrund der bisherigen ständigen Rechtsprechung des BGH zur Anwendung des Anscheinsbeweises unnötig, da durch diese Vermutung eine nachteilige Auswirkung vom korrumpierendem Geschäftspartner erst widerlegt werden muß, was in der Praxis nur selten der Fall sein wird. Sie führt aber in der Konsequenz tatsächlich zu einer gewissen Rechtsunsicherheit des Normempfängers die Wirksamkeit des Hauptvertrages betreffend. Dieser Aspekt wird noch verstärkt durch die Tatsache,

---

244 Dazu oben C II 2 a).

daß die Sittenwidrigkeit nach § 138 von Amts wegen zu berücksichtigen ist, daß heißt von jedermann geltend gemacht werden kann. Eine pauschale Sittenwidrigkeit des Hauptvertrages ist damit als nicht interessengerecht abzulehnen.

b) Disponibilität der Rechtsfolgen des § 138 über § 177 analog

aa) Dogmatische Konstruktion

Überwiegend wird in der Literatur ein *Genehmigungsrecht des Geschäftsherrn* analog den Vorschriften über den Vertreter ohne Vertretungsmacht angenommen[245]. In diesem Zusammenhang wird offensichtlich den Ausführungen der Rechtsprechung zur sittlichen Würdigung der Hauptverträge zugestimmt, dennoch soll dem Geschäftsherrn trotz Vorliegens der von der Rechtsprechung aufgestellten Voraussetzungen eine Option hinsichtlich der Wirksamkeit des Hauptvertrages zustehen. Die dogmatische Begründung dieser Konstruktion bleibt dabei zunächst unklar, Ausführungen hierzu sind kaum vorhanden. So ist auf Anhieb nicht exakt festzustellen, ob die Vertreter dieser Ansicht tatsächlich eine Dispositionsmöglichkeit des Geschäftsherrn bezüglich der Rechtsfolge des § 138 begründen wollen oder lediglich eine analoge Anwendung des § 177 auf die Fälle des Mißbrauchs der Vertretungsmacht durch den Stellvertreter[246] meinen. Bei näherer

---

[245] Erman/*Palm* § 138 Rd. 85d; Staudinger/*Sack* § 138 Rd. 473; Palandt/*Heinrichs* § 138 Rd. 63; AK/*Damm* § 138 Rd. 176; *Köhler/Piper* (1. Auflage) § 12 Rd. 26; *Enneccerus/Nipperdey* AT § 191 II 1 Fn 14.

[246] Zu dieser mittlerweile allgemein anerkannten Konstruktion MüKo/*Schramm* § 164 Rd. 106 ff.

Betrachtung der spärlichen Anmerkungen hierzu in der Literatur muß man allerdings zu dem Schluß kommen, daßársteres gemeint ist. Dies insbesondere deshalb, da teilweise zwischen den beiden Alternativen differenziert wird. So führt *Palm*[247] dazu nach Darstellung der Lösung der Rechtsprechung aus: „". Sowohl *Eher möchte ich dem (allerdings mit der strikten Rechtsfolge des § 138 nur schwer vereinbaren) Gedanken zustimmen, daß in solchen Fällen dem hintergangenen Geschäftsherrn analog § 177 die Möglichkeit gegeben werden sollte, das Geschäft gelten zu lassen [...]. Im Einzelfall ist § 177 ohnehin anwendbar, wenn nämlich der Bestochene als Vertreter des Geschäftsherrn seine Vertretungsmacht mißbraucht und deshalb ohne Vertretungsmacht gehandelt hat [...]* der Hinweis auf das problematische Verhältnis der §§ 138, 177 als auch der letzte Satz zeigen, daß hier von einer grundsätzlichen analogen Anwendung des § 177 auf die Rechtsfolge des § 138 ausgegangen wird. Andernfalls wäre der Zusatz, daß § 177 in Einzelfällen – nämlich in denen des Mißbrauchs der Vertretungsmacht – ohnehin anwendbar sei, ohne Sinn. Für diese Interpretation spricht auch, daß von den Vertretern dieser Auffassung teilweise eine Genehmigungsmöglichkeit analog § 177 eingeräumt wird ohne dabei zwischen dem Vertragsschluß durch den Geschäftsherrn selbst oder den Angestellten zu differenzieren[248]. Eine exakte Differenzierung zwischen diesen beiden denkbaren Interpretationen ist insbesondere deshalb erforderlich, weil sich der herausgearbeitete Ansatz in seiner dogmatischen Konstruktion ungleich angreifbarer und unschärfer darstellt, vor allem vor dem

247 In Erman § 138 Rd. 85d.

248 So Palandt/*Heinrichs* in der 58. Auflage, § 138 Rd. 63; Anders dagegen in der aktuellen Auflage an gleicher Stelle.

Hintergrund der starren Rechtsfolgendogmatik des § 138. Dies wird im Anschluß ausführlich dargelegt werden.

Inhaltlich begründet wird die Ansicht unter anderem mit den *praktischen Problemen beim Nachweis einer nachteiligen Auswirkung* der Schmiergeldabrede auf den Hauptvertrag[249], welche von der Rechtsprechung über die Grundsätze des Anscheinsbeweises zu lösen versucht werden. Eine solche Benachteiligung des Geschäftsherrn sei zum Teil aus praktischen Gründen kaum nachweisbar, teilweise hänge sie zudem von subjektiven Vorstellungen des Geschäftsherrn ab. Wenn aber bereits bei der für die Annahme einer Sittenwidrigkeit entscheidenden Voraussetzung subjektive Momente von Bedeutung seien, wäre eine Genehmigungsoption letztlich die konsequentere Lösung. So würde ein Zustand der Rechtsunsicherheit vermieden, der ansonsten durch die Unklarheit darüber entstünde, ob der Vertrag nachteilig und damit unwirksam sei oder nicht. Diese Argumentation übersieht allerdings die Bedeutung der *prima facie* Rechtsprechung des BGH, welche ein geeignetes Mittel zur Behebung dieser Problematik darstellt. Es dürfte dem korrumpierendem Vertragspartner einige Mühe bereiten, die Auswirkung der Schmiergeldvereinbarung auf den Hauptvertrag zu widerlegen. Bislang gelang dies lediglich in Fällen, in welchen eine Kausalität bereits aus logischen Gründen unmöglich war, da die Abrede dem Hauptvertrag zeitlich nachfolgte[250].

Überzeugender ist in diesem Zusammenhang ein weiteres für eine Genehmigungsoption des Geschäftsherrn vorge-

---

249 Staudinger/*Sack* § 138 Rd. 473; Erman/*Palm* § 138 Rd. 85d.

250 BGH vom 10.1.1990 – VIII ZR 151/60 - NJW-RR 90, 442 (443).

brachtes Argument, welches auf die mit der Annahme der Sittenwidrigkeit *intendierte Schutzwirkung* abstellt. Ausgangspunkt sei in diesem Zusammenhang der Treubruch gegenüber dem Geschäftsherrn sowie die für diesen nachteilige Vertragsgestaltung. Der beabsichtigte Schutz des Geschäftsherrn führe in der Konsequenz dazu, daß es diesem überlassen sein müsse, letztlich über die Wirksamkeit des Rechtsgeschäftes zu entscheiden. Es wäre mit dieser Intention nicht zu vereinbaren, wenn dem hintergangenen Geschäftsherrn ein diesem unter Umständen dennoch günstig erscheinendes Geschäft genommen und durch einen möglicherweise nicht durchsetzbaren Kondiktionsanspruch ersetzt würde[251]. Diese Bereitschaft des Geschäftsherrn, den Hauptvertrag aufrecht zu erhalten, kann durchaus gegeben sein, da Ausgangspunkt der Annahme einer „nachteiligen" Vertragsgestaltung nach der Rechtsprechung nicht eine objektiv-ökonomische Bewertung des Rechtsgeschäftes, sondern lediglich der Vergleich mit der hypothetischen Vertragsgestaltung ohne vorhergehende Schmiergeldvereinbarung ist. Es ist also denkbar, daß das konkrete Rechtsgeschäft dem Geschäftsherrn immer noch günstig erscheint oder er es zur Aufrechterhaltung der Geschäftsbeziehungen erfüllen möchte. Diese Möglichkeit wäre ihm nach der bisherigen Rechtsprechung genommen, da die Sittenwidrigkeit von Amts wegen zu berücksichtigen ist und in den Grenzen des § 242 von jedermann, das heißt unter Umständen auch vom korrumpierenden Vertragspartner geltend gemacht werden kann[252]. Der Geschäftsherr hätte damit keine Sicherheit die Wirksamkeit des Hauptvertrages betreffend. Vor diesem Hintergrund wäre es in der Tat schwer nachvollziehbar, den hintergangenen Geschäftsherrn zusätzlich noch gegen dessen

---

251 Staudinger/*Sack* § 138 Rd. 473; *Sethe* in WM 98, 2309 (2313).

252 Palandt/*Heinrichs* § 138 Rd. 21; Soergel/*Hefermehl* § 138 Rd. 61.

Willen durch die Nichtigerklärung des Rechtsgeschäftes quasi zu sanktionieren. Interessengerechter ist nach dieser Ansicht deshalb eine Genehmigungsoption des Geschäftsherrn[253].

bb) Unvereinbarkeit mit der Dogmatik des § 138

Der Ansatz der herrschenden Lehre sieht sich bereits dogmatischen Bedenken ausgesetzt. Eine zur Disposition des Geschäftsherrn stehende Rechtsfolge ist mit der starren Systematik des § 138 kaum vereinbar[254]. So wird aus einem Vergleich der Wortlaute der §§ 134, 138 mehrheitlich der Grundsatz gefolgert, im Rahmen des § 138 sei von einer starren Rechtsfolgenbestimmung mit der Konsequenz vollständiger und unheilbarer Nichtigkeit des sittenwidrigen Rechtsgeschäfts auszugehen[255]. Im Gegensatz zu § 134 („*wenn sich nicht aus dem Gesetz ein anderes ergibt*“) enthält § 138 keinen Normzweckvorbehalt, welcher eine entsprechend flexible Handhabung der Rechtsfolge rechtfertigen könnte. Mit diesem Grundsatz ist eine disponible Rechtsfolgenlösung zugunsten des Geschäftsherrn nur schwer vereinbar. So wird zwar über eine geltungserhaltende Reduktion[256] oder eine Teilwirksamkeit abtrennba-

---

253 *Gsell* in EwiR 1/2000 § 134 BGB, 5 (6); *Schneider* in JbFSt 83/84, 165 (178).

254 Dazu auch Erman/*Palm* § 138 Rd. 85d.

255 MüKo/*Mayer-Maly/Armbrüster* § 138 Rd. 157; AK/*Damm* § 138 Rd. 87; *Ulmer* in NJW 81, 2025 (2028); a.A. Staudinger/*Sack* § 138 Rd. 92 ff.

256 Dafür Staudinger/*Sack* § 138 Rd. 34, 95; dagegen MüKo/*Mayer-Maly/Armbrüster* § 138 Rd. 157.

rer Bestandteile eines sittenwidrigen Rechtsgeschäfts[257] diskutiert, eine Genehmigungsmöglichkeit des Übervorteilten bei unverändertem Inhalt des Rechtsgeschäftes wird allerdings ansonsten an keiner Stelle angenommen. Dem Urteil der Sittenwidrigkeit liegt vielmehr die Annahme zugrunde, daß eine Aufrechterhaltung der sittenwidrigen Regelung für die Rechtsordnung aufgrund ihres dieser elementar widersprechenden Inhalts einen unerträglichen Zustand darstellt. Aus diesem Grund ist auch – solange die die Sittenwidrigkeit begründenden Umstände weiter bestehen – keine Bestätigung des sittenwidrigen Rechtsgeschäfts nach § 141 möglich[258], da *„ein unsittliches Geschäft durch bloße Bestätigung niemals zu einem sittlichen werden kann“*[259]. Nach Wortlaut und Verständnis des § 138 können von der Rechtsordnung als sittenwidrig eingestufte Rechtsgeschäfte nicht einseitig durch eine Vertragspartei aufrecht erhalten werden. Dies würde Sinn und Zweck der Vorschrift, solchen Vorgängen aus Präventionsgründen die Wirksamkeit zu versagen, widersprechen. Dem zur Begründung dieses Ansatzes vorgebrachten Argument, eine pauschale Nichtigkeit des Hauptvertrages würde unter Umständen den damit intendierten Schutzzweck – Schutz des Ge-

---

[257] So ebenfalls Staudinger/*Sack* § 138 Rd. 89; MüKo/*Mayer-Maly/Armbrüster* § 138 Rd. 159.

[258] BGH vom 25.1.1973 – II ZR 139/71 - BGHZ 60, 102 (108); RG vom 3.10.1906 – V 37/06 - RGZ 64, 146 (149); Erman/*Palm* § 138 Rd. 55a. A.A. offenbar das OLG Köln vom 13.2.1992 – 1 U 46/91 - NJW-RR 92, 623 (624), welches die Möglichkeit einer konkludenten Bestätigung durch Vertragserfüllung in Kenntnis der Sittenwidrigkeit prüft. Dabei übersieht es, daß Voraussetzung dafür ein Wegfall des Nichtigkeitsgrundes wäre, denn ein solcher ist im betreffenden Urteil nicht erkennbar; vgl. nur MüKo/*Mayer-Maly/Busche* § 141 Rd. 9, auf welche sich das OLG zu Unrecht zur Bestätigung seiner Ansicht beruft.

[259] RG vom 3.10.1906 – V 37/06 - RGZ 64, 146 (149).

schäftsherrn – sabotieren, kann in dieser Absolutheit nicht gefolgt werden. Neben diesen Schutzzweck tritt das Interesse der Allgemeinheit an der Verhinderung korrupter Geschäftspraktiken. Die Auswirkungen von Korruption in der Wirtschaft wurden oben[260] ausführlich dargestellt; ihr gesamtgesellschaftlicher Umfang läßt ein solches Interesse legitim erscheinen. Die Bedeutung dieses Schutzgutes wird auch in Rechtsprechung und Literatur stets hervorgehoben und ergibt sich bereits aus § 299 StGB, da dort der Kenntnis des Geschäftsherrn von der Schmiergeldabrede keine tatbestandsausschließende Wirkung zukommt, weil dieser nicht über das Rechtsgut eines fairen Wettbewerbs disponieren kann[261]. Dies vorausgesetzt würde es im Sinne einer konsequenten Korruptionsbekämpfung nahe liegen, sämtlichen im Zusammenhang mit der Schmiergeldvereinbarung stehenden Rechtsgeschäften, vor allem dem angestrebten Hauptvertrag, die Wirksamkeit zu versagen. Nur so könnte ein generalpräventiver Effekt erzielt werden. Es läßt sich damit festhalten, daß es nur die alternative Anwendung des Sittenwidrigkeitsverdikts und der Genehmigungsoption des Geschäftsherrn geben kann. Ein grundsätzliches Festhalten an der Sittenwidrigkeit derartiger Hauptverträge verbunden mit der Rechtsfolge des § 177 (analog) ist nicht zulässig. Soweit die oben genannten Stimmen in der Literatur ebenfalls von einer Anwendung des § 177 analog *anstelle* von § 138 ausgehen, so machen sie dies jedenfalls nicht hinreichend deutlich[262].

---

260 A II 1.

261 Dazu die Ausführungen unter B I 2 a); sowie *Nienstedt*, 9 m. w. N.

262 Eine Ausnahme davon ist nunmehr in der Neuauflage 2003 Staudinger/*Sack* § 138 Rd. 472 aE.

Teilweise wird in diesem Zusammenhang noch auf eine nur eingeschränkte Schutzwürdigkeit des Geschäftsherrn hingewiesen, da der sittenwidrig handelnde Vertreter aus dessen Risiko- und Verantwortungsbereich entstamme[263]. Dem kann jedoch nur eingeschränkt zugestimmt werden, da das Zusammenwirken von Vertreter und Geschäftspartner vielfach nahezu kollusive Züge annimmt und insofern kaum noch von einer Einflußmöglichkeit des Geschäftsherrn gesprochen werden kann.

cc) Kollision mit Drittinteressen

Bestimmten Konstellationen korrupter Beziehungen läßt sich allerdings ein weiteres Argument gegen eine Genehmigungsoption des Geschäftsherrn entnehmen. Bei *Vorliegen akzessorischer Sicherheiten*, welche die Verpflichtung des korrumpierenden Geschäftspartners sichern sollen, tritt ein weiterer Gesichtspunkt – nämlich die schützenswerten Interessen des Sicherungsgebers - hinzu[264]. Diese Interessen beispielsweise eines Bürgen werden dann tangiert, wenn Anlaß der Schmiergeldzahlung Probleme des Korrumpierenden bei der Abwicklung des Hauptvertrages sind, welche ansonsten den Geschäftsherrn beziehungsweise dessen Vertreter von einem Vertragsabschluß abgehalten hätten. In diesen Fällen trägt der Sicherungsgeber nicht nur das typische Sicherungs-, sondern ein erhöhtes Risiko, daß sich gerade die Umstände negativ auf die Erfüllungsfähigkeit auswirken, derentwegen das Schmiergeld gezahlt wurde[265]. Der Hinweis, der Sicherungsgeber si-

---

263 *Sethe* in WM 98, 2309 (2314).

264 Dazu erstmals *Sethe* in WM 98, 2309 (2316 ff.).

265 *Sethe* in WM 98, 2309 (2317).

chere nur eine bestimmte Schuld, deren Höhe unverändert bleibe, greift demnach zu kurz; entscheidend sind auch die Umstände des Zustandekommens der Schuld. Derartige Sicherheiten können zudem die Entscheidungsfindung des Geschäftsherrn bezüglich der Genehmigung des Hauptvertrages beeinflussen. So kann es für diesen durchaus vorteilhafter sein, einen grundsätzlich nachteiligen, aber mit Sicherheiten ausgestatteten Vertrag aufrechtzuerhalten, als die mit einer Rückabwicklung nach Bereicherungsrecht verbundenen Ausfallrisiken einzugehen. Eine zum Schutz des Geschäftsherrn eingeräumte Genehmigungsoption würde sich in diesen Fällen zu Lasten des Sicherungsgebers auswirken. Eingeschränkt wird die Bedeutung dieser Argumentation allerdings zum einen durch den relativ begrenzten praktischen Anwendungsbereich, da derartige Sicherheiten regelmäßig nur im Finanzierungswesen wie beispielsweise bei Darlehen von praktischer Relevanz sind. Im sonstigen alltäglichen Warenverkehr sind sie nicht in diesem Ausmaß üblich. Des weiteren ist es grundsätzlich Angelegenheit des Sicherungsgebers die finanziellen und sonstigen wirtschaftlichen Verhältnisse des Schuldners zu prüfen, bevor er dessen Schuld sichert, eine unzulässige Risikoverlagerung wird sich deshalb nur in Einzelfällen bejahen lassen. Zusammenfassend läßt sich damit feststellen, daß auch einer Genehmigungsoption des Geschäftsherrn gegenläufige Interessen entgegenstehen und es einer Abwägung dieser Interessen bedarf[266].

---

266 Dazu ausführlich unter C III 4.

c) § 177 analog wegen Mißbrauchs der Vertretungsmacht

aa) Dogmatische Konstruktion

Zum Teil wird im Schrifttum eine etwas differenziertere Lösung vertreten. Es wird darauf hingewiesen, daß in den Fällen des *Vertragsschlusses durch den korrumpierten Angestellten selbst* die Vorschrift des § 177 nach den Grundsätzen über den Mißbrauch der Vertretungsmacht ohnehin anwendbar wäre[267]. Dieser Ansatz geht auf die in der Literatur überwiegend vertretene Auffassung zurück, wonach auch bei einem Mißbrauch der Vertretungsmacht unter bestimmten Voraussetzungen die Vorschriften der §§ 177 ff. analog anzuwenden sind. Es ist eine Abwägung der Interessen des Geschäftsgegners und des Vertretenen vorzunehmen, was insbesondere bei Kenntnis des Vertragspartners vom Mißbrauch eine Unwirksamkeit des Vertreterhandels über § 242 rechtfertigt[268]. Dieser Ansatz erscheint auch gegenüber der Auffassung der BGH, wonach die nachteiligen Folgen des Rechtsgeschäftes in Anwendung des Rechtsgedankens des § 254 nach Maßgabe des beiderseitigen Verschuldens zwischen Vertretenem und Geschäftsgegner aufzuteilen seien[269]. Denn der Gedanke des § 254 kann nicht für den hier entscheidenden Erfüllungsanspruch herangezogen werden; er gilt lediglich für einen möglichen Schadensersatzanspruch, denn nur bei diesem ist ein Verschulden der Parteien Tatbestandsmerkmal.

---

267 Erman/*Palm* § 138 Rd. 85d; Palandt/*Heinrichs* § 138 Rd. 63.

268 Vgl. dazu die umfassende Darstellung bei MüKo/*Schramm* § 164 Rd. 106 ff.

269 BGH vom 25.3.1968 – II ZR 208/64 – BGHZ 50, 112 (114).

Bei derartigen Konstellationen würde sich ein Rückgriff auf die dogmatisch angreifbare Anwendung des § 177 auf die Rechtsfolge des § 138 erübrigen. Diese Konstellationen werden in der Praxis auch einen erheblichen Prozentsatz darstellen, da der korrumpierende Vertragspartner regelmäßig versuchen wird, einen Angestellten mit entsprechender Vertretungsmacht zu bestechen, um somit eine möglichst hohe Erfolgswahrscheinlichkeit des Vertragsabschlusses sicherzustellen.

bb) Begrenzter Anwendungsbereich

Der gleichen Kritik wie die herrschende Lehre sieht sich auch der Ansatz einer analogen Anwendung des § 177 über die Grundsätze des Mißbrauchs der Vertretungsmacht ausgesetzt. Dies gilt zumindest für die mit einer Genehmigungsoption des Geschäftsherrn verbundene Problematik. Dem Vorwurf dogmatischer Brüche muß sich dieses mittlerweile allgemein anerkannte Rechtsinstitut dagegen nicht aussetzen. An seine Grenzen stößt dieser Lösungsansatz allerdings in den Fällen, in welchen das Zusammenwirken von Vertreter und Vertragspartner kollusive Ausmaße annimmt, da hier nach überwiegender Meinung kein Raum für eine analoge Anwendung des § 177 bleibt[270]. Gleiches gilt für die Konstellation des Vertragsschlusses durch den Geschäftsherrn selbst, da hier mangels Stellvertretung eine Anwendung der Grundsätze über den Mißbrauch der Vertretungsmacht ebenfalls ausschei-

---

270 MüKo/*Schramm* § 164 Rd. 107 m. w. N.; a.A. nur *Schneider* in JbFSt 83/84, 165 (178).

det[271]. Diese Fälle mögen zwar den geringeren Prozentsatz derartiger Korruptionsbeziehungen bilden, für sich genommen ist dieser Ansatz aber dem nach nicht in der Lage, sämtliche auftretenden Konstellationen befriedigend zu lösen.

d) Alternativer Ansatz

Einen eigenständigen, von der Rechtsprechung des BGH losgelösten Ansatz vertritt *Schneider*[272]. Im Rahmen dieses Ansatzes wird differenziert nach dem Grad der Beteiligung des Angestellten am Abschluß des Hautvertrages. So soll dem Geschäftsherrn im Falle des eigenhändig vorgenommenen Vertragsschlusses ein Anfechtungsrecht wegen arglistiger Täuschung nach § 123 I zustehen. Dieses Ansicht kann sich auf die ständige Rechtsprechung des BGH berufen, wonach eine Aufklärungspflicht über solche Umstände besteht, welche den Vertragszweck vereiteln könnten und daher für den Entschluß des Vertragspartners von wesentlicher Bedeutung sind; sofern dieser eine Aufklärung nach der Verkehrssitte erwarten durfte[273]. Der korrumpierende Vertragspartner habe den Angestellten zum „*Instrument seiner Täuschung*“[274] gemacht und sei deshalb in bezug auf die erfolgte Schmiergeldzahlung aufklärungspflichtig. Da eine Aufklärungspflicht und damit eine Täuschung durch Unterlassen des Vertragspartners selbst vorliege, komme es auf die Frage, ob der korrumpierte

---

271 Zu dieser Konstellation und ihrer rechtlichen Bewertung sogleich unter c).

272 In JbFSt 83/84, 165 (177 ff).

273 BGH vom 8.12.1988 – VII ZR 83/88 - NJW 89, 1793 (1794); BGH vom 14.3.1991 – VII ZR 342/89 - NJW 91, 1819.

274 *Schneider* in JbFSt 83/84, 165 (178).

Angestellte Dritter im Sinne des § 123 sei, nicht an. Eine solche Pflicht des Vertragspartners in Korruptionsfällen wird in jüngerer und jüngster Zeit auch von der Rechtsprechung angenommen. Der BGH führt dazu aus: „*Eine derartige Provisionszusage kann schon im vorvertraglichen Bereich die Pflicht des Versprechenden begründen, seinem Verhandlungspartner diese offenzulegen. [...]. Dennoch kann der Verhandlungspartner redlicherweise auch vom Dritten Aufklärung erwarten, wenn der Dritte seinem Sachwalter eine Provision für den Fall des Vertragsschlusses zusagt und erkennbar die Gefahr besteht, der Sachwalter werde fortan seine Entscheidungen nicht mehr unbeeinflusst treffen. Andernfalls wäre das gesamte Vertragswerk nachhaltig gefährdet*“[275].

In den Fällen des Vertragsschlusses durch den stellvertretenden Angestellten räumt *Schneider* dem Geschäftsherrn ebenfalls ein Wahlrecht die Wirksamkeit des Hauptvertrages betreffend ein. Dieses soll allerdings nicht auf die Analogie zu § 177, sondern den Einwand unzulässiger Rechtsausübung nach § 242 gestützt werden, da das Verhalten des Angestellten kein Handeln ohne Vertretungsmacht, sondern einen Mißbrauch derselben darstelle[276]. *Schneider* betrachtet derartige Vertragsabschlüsse infolge von Schmiergeldzahlungen offensichtlich grundsätzlich als Kollusionsfälle, welche er jedoch abweichend von der allgemeinen Meinung nicht als per se sittenwidrig, sondern als disponibel betrachtet. Eine generelle Annahme der Sittenwidrigkeit wegen kollusiven Zusam-

---

275 BGH vom 14.3.1991 – VII ZR 342/89 - NJW 91, 1819 (1820); ebenso BGH vom 16.1.2001 – XI ZR 113/00 - WM 01, 457 (458); a.A. noch RG vom 29.10.1931 – VI 231/31 - RGZ 134, 43.

276 *Schneider* in JbFSt 83/84, 165 (178); aus diesem Grund stützt sich die hM auch auf eine *analoge* Anwendung des § 177.

menwirkens sei nicht interessengerecht, weshalb dem Geschäftsherrn eine Genehmigungsoption zuzubilligen sei.

e) Aktuelle Rechtsprechung des BGH

aa) Genehmigungsoption des Geschäftsherrn

Es stellt sich anläßlich der jüngsten Rechtsprechung des BGH die Frage, ob dieser eine Änderung seiner bisherigen Linie zur Sittenwidrigkeit aufgrund von Korruptionsabreden zustande gekommener Verträge beabsichtigt. Der BGH machte im Rahmen einer Zurückverweisung an das Berufungsgericht die Vorgabe, im Zusammenhang mit der Wirksamkeit des Hauptvertrages einen Mißbrauch der Vertretungsmacht zu prüfen: „*Ein Geschäftsführer ist im Zweifel ohne vorherige Information seines Geschäftsherrn nicht befugt, für diesen einen Vertrag mit dem Verhandlungspartner abzuschließen, der den Geschäftsführer gerade bestochen hat. Daraus kann sich ergeben, daß der Architektenvertrag entsprechend § 177 Abs. 1 BGB schwebend unwirksam ist und damit der Beklagten die Möglichkeit eröffnet ist, den Rechtsstreit zu genehmigen*“[277]. Diese Ausführungen des VII. Senats entsprechen der in der Literatur vertretenen Auffassung, wonach zumindest in den Fällen des Vertragsschlusses durch den Geschmierten selbst eine analoge Anwendung der §§ 177 ff. angezeigt wäre[278].

---

277 BGH vom 6.5.1999 – VII ZR 132/97 – WM 99, 1322; mit zust. Anm. von *Gsell* in EWiR 1/2000 § 134 BGB, 5 (6). Ebenfalls auf dieses Urteil Bezug nehmend BGH vom 16.1.2001 – XI ZR 113/00 - WM 01, 457 (459), allerdings zur Begründung der Sittenwidrigkeit des Vertreterhandelns.

278 Zu dieser Ansicht ausführlich unter C III 3 c).

Diese Rechtsprechung des BGH ist zunächst begrüßenswert, da sie im Vergleich zur bisherigen Rechtsprechung eine flexiblere Rechtsfolgenlösung ermöglicht, ohne den dogmatischen Bedenken einer Genehmigungsmöglichkeit des Geschäftsherrn hinsichtlich der Rechtsfolgen des § 138, wie sie teilweise im Schrifttum vertreten wird[279], ausgesetzt zu sein. Zudem würde sich damit ein Abstellen auf die nachteilige Auswirkung der Schmiergeldabrede auf den Hauptvertrag erübrigen, was auch die damit verbundenen Beweisschwierigkeiten beseitigen würde.

Dagegen sagt der BGH nicht – wie von *Sack*[280] fälschlich unterstellt – daß der Geschmierte *ohne* Vertretungsmacht handele und aus diesem Grund von einer direkten Anwendung des § 177 auszugehen sei. Die von Sack angegebenen Urteile – BGH vom 6.5.1999 – II ZR 132/97 – NJW 99, 2266 (2268) und BGH vom 16.1.2001 - XI ZR 113/00 - NJW 01, 1065 (1067) - sprechen wie bereits dargestellt von einem „*Mißbrauch*" der Vertretungsmacht, was dogmatisch das Vorhandensein von Vertretungsmacht voraussetzt. Auch will der BGH § 177 „*entsprechend*" angewendet wissen und verweist hierzu auf Literatur zum herrschenden Ansatz einer analogen Anwendung des § 177. Die von *Sack* unterstellte Aussage, der Vertreter handele ohne Vertretungsmacht findet sich dagegen nicht. Zudem spricht die von Sack nicht zitierte Entscheidung des BGH vom 4.11.1999 – IX ZR 320/98 – WM 00, 21 explizit von einer Anwendung von „*§ 177 analog*".

---

279 Dazu unter C III 3 b).

280 In der Neuauflage des Staudinger 2003, § 138 Rd. 472.

In einem weiteren jüngst ergangenen Urteil zieht der BGH ebenfalls eine Genehmigungsoption des Geschäftsherrn einer pauschalen Sittenwidrigkeit des Hauptvertrages vor. Wiederum im Rahmen einer Zurückverweisung macht der BGH die Vorgabe, das Berufungsgericht solle unter der Prämisse des Vorliegens einer Schmiergeldvereinbarung prüfen, ob nicht eine Billigung des Hauptvertrages durch den Geschäftsherrn analog § 177 vorliege: *„Die Nichtigkeit der Schmiergeldvereinbarung erstreckt sich auf den durch das Schmiergeld zustande gekommenen Hauptvertrag auch dann nicht, wenn der Vertretene das sittenwidrige Handeln des Vertreters im Nachhinein gebilligt hat (§ 177 BGB analog; vgl. dazu Damm, in AK-BGB § 138 Rdnr. 176; Staudinger/Sack, BGB, 13. Bearb., § 138 Rdnr. 473; Palandt/Heinrichs, BGB, 58. Aufl., § 138 Rdnr. 63; Erman/Brox, BGB, 9. Aufl., § 138 Rdnr. 68)"*[281]. Die angegebenen Verweise auf die Literatur könnten den Schluß nahe legen, der Senat wolle sich der Ansicht einer Anwendung des § 177 auf die Rechtsfolge des § 138 anschließen[282]. Die Nachweise beziehen sich auf Vertreter der herrschenden Ansicht beziehungsweise der vermittelnden Ansicht, welche zwar grundsätzlich die analoge Anwendung des § 177 auf § 138 bejaht, in den Fällen des Vertragsschlusses durch den Vertreter die Grundsätze vom Mißbrauch der Vertretungsmacht aber als vorzugswürdig ansieht. Dementsprechend sind in diesem Punkt auch teilweise die Kommentierungen zu diesem Urteil unklar. So wird das Urteil teilweise als Beleg für die Anwendung der Grundsätze des Mißbrauchs der Vertretungsmacht herangezogen[283]; zum Teil wird diese doch

---

281 BGH vom 4.11.1999 – IX ZR 320/98 – WM 00, 21.

282 Ausführlich zu dieser Ansicht oben C III.

283 Palandt/*Heinrichs* § 138 Rd. 63.

nicht unerhebliche Aussage der Entscheidung in den Kommentierungen übergangen[284].

Meines Erachtens liegt es nahe, daß der Senat lediglich nicht zwischen den beiden Ansätzen getrennt hat und sich der zuvor ergangenen Entscheidung des VII. Senats hinsichtlich einer Anwendung der Grundsätze des Mißbrauchs der Vertretungsmacht anschließen wollte. Andernfalls, das heißt hätte der Senat von der Rechtsprechung des VII. Senats zumindest in der Begründung abweichen wollen, wäre wohl eine ausführlichere Auseinandersetzung mit diesem Punkt erfolgt. Dennoch wäre es verfrüht, bereits zu diesem Zeitpunkt von einer gefestigten Rechtsprechung auszugehen. Dies liegt vor allem an der *fehlenden Bezugnahme nachfolgender Urteile*; die einzige in diesem Zusammenhang relevante Entscheidung des XI. Senats nimmt zwar Bezug auf das Urteil des IX. Senats, allerdings nur als Beleg, dafür, „*daß eine Schmiergeldvereinbarung grundsätzlich sittenwidrig ist und sich die daraus folgende Nichtigkeit regelmäßig auch auf den durch das Schmiergeld zustande gekommenen Hauptvertrag erstreckt*“[285]. Es könnte somit der Schluß nahe liegen, in der fehlenden Bezugnahme auf die wesentlich bedeutungsvollere Aussage des IX. Senats bezüglich der analogen Anwendung des § 177 eine Ablehnung dieser Rechtsprechungsänderung zu sehen. Dies wäre allerdings Spekulation, auch hier wird die weitere Entwicklung abzuwarten sein. Es wird allerdings deutlich, daß eine pauschale Sittenwidrigkeit des Hauptvertrages nach § 138 so vom BGH in Zukunft wohl nicht mehr vertreten wird.

---

284 Vgl. *Schmitz* in EWiR 1/2000 § 767 BGB, 1147 (1148).

285 BGH vom 16.1.2001 – XI ZR 113/00 - WM 01, 457 (458).

bb) Vertragsaufhebung gemäß §§ 280 I, 241 II, 311 II Nr.1

Vereinzelt zieht der BGH in jüngerer Zeit auch das früher gewohnheitsrechtlich anerkannte Rechtsinstitut der *culpa in contrahendo* (c.i.c.), welches mittlerweile in § 311 II Nr. 1 kodifiziert ist, im Zusammenhang mit Schmiergeldzahlungen heran[286]. Das Rechtsinstitut der c.i.c. gewährt einen Anspruch auf Aufhebung des Vertrages, wenn aufgrund des pflichtwidrigen Verhaltens des zukünftigen Vertragspartners ein Vertrag zustande gekommen ist[287]. Demnach soll der Geschäftsherr, wenn er den Hauptvertrag eigenhändig abgeschlossen hat, nach den Grundsätzen der c.i.c. Vertragsaufhebung verlangen können[288]. Dies ist Ausdruck des Grundsatzes, daß der Geschädigte so zu stellen ist, wie er ohne das schädigende Ereignis stünde. Dieser Gedanke kann auch in den Fällen von Schmiergeldzahlungen zur Anwendung kommen, da diese regelmäßig dem Abschluß eines für den Geschäftsherrn nachteiligen Vertrages dienen sollen, der andernfalls so nicht geschlossen worden wäre. Die Zahlungen stellen auch bereits im vorvertraglichen Bereich eine Pflichtverletzung dar, da sie die Rechtsgüter des Vertragspartners gefährden. Der BGH führt dazu aus: „*Eine derartige Provisionszusage kann schon im vorvertraglichen Bereich die Pflicht des Versprechenden begründen, seinem Verhandlungspartner diese offenzulegen. [...]. Dennoch kann der Verhandlungspartner redlicherweise*

---

286 BGH vom 16.1.2002 – XI ZR 113/00 – ZIP 01, 406 (407 f.) mit abl. Anm. *Benedict* in EWiR 01 § 276, 801 f.; BGH vom 19.12.2000 – XI ZR 349/99 – ZIP 01, 230 (231) mit abl. Anm. *Balzer* in ZIP 01, 232 ff.; BGH vom 14.3.1991 – VII ZR 342/89 – NJW 91, 1819 (1820).

287 BGH vom 26.3.1962 – II ZR 151/60 - NJW 62, 1196.

288 So auch Palandt/*Heinrichs* § 138 Rd. 63.

auch vom Dritten Aufklärung erwarten, wenn der Dritte seinem Sachwalter eine Provision für den Fall des Vertragsschlusses zusagt und erkennbar die Gefahr besteht, der Sachwalter werde fortan seine Entscheidungen nicht mehr unbeeinflusst treffen. Andernfalls wäre das gesamte Vertragswerk nachhaltig gefährdet"[289]. In den genannten Entscheidungen stellt der BGH nicht auf die Zahlungen selbst, sondern auf die mangelnde Aufklärung des Geschäftsherrn durch den Korrumpierenden hinsichtlich der Zuwendungen an den Vertreter als Pflichtverletzung ab. Dieser Umstand liegt in den konkreten Sachverhalten begründet, da die Schmiergeldzahlungen jeweils aufgrund der besonderen Umstände nicht ursächlich für den geltend gemachten Schaden waren[290]. Aus diesem Grund ist auch eine eindeutige Bewertung dieser Rechtsprechung schwierig, insbesondere äußert sich der XI. Senat weder zur Frage des Verhältnisses der c.i.c. zur Sittenwidrigkeit des Hauptvertrages noch zur vorangegangenen Rechtsprechung des VII. und IX. Senats zur Anwendung der §§ 177 ff. analog. Dadurch trägt er zu einer weiteren Uneinheitlichkeit der Rechtsprechung des BGH zur Behandlung infolge von Schmiergeldabreden abgeschlossener Verträge bei.

---

289 BGH vom 14.3.1991 – VII ZR 342/89 - NJW 91, 1819 (1820); ebenso BGH vom 16.1.2001 – XI ZR 113/00 - WM 01, 457 (458); a.A. noch RG vom 29.10.1931 – VI 231/31 - RGZ 134, 43.

290 Dazu im einzelnen unter D I 2 b) aa).

4. Eigener Lösungsansatz

a) Dogmatische Konstruktion über § 177 analog und § 123 I

Ziel eines überzeugenden Ansatzes zur Behandlung aufgrund von Schmiergeldabreden zustande gekommener Verträge muß nach soeben Gesagtem sein, eine Lösung ohne dogmatische Brüche zu finden, welche den schützenswerten Interessen der Beteiligten am ehesten gerecht wird. Aus erstgenanntem Erfordernis ergibt sich bereits die Vorgabe, eine Lösung mittels dogmatisch anerkannter Rechtsfiguren zu suchen. Hierbei bietet sich zum einen das Institut des Mißbrauchs der Vertretungsmacht an, welches eine *analoge Anwendung des § 177*[291] auf die Fälle des Vertragsschlusses durch den bestochenen Angestellten ermöglicht. Als notwendige Ergänzung für die Konstellationen des Abschlusses durch den Geschäftsherrn selbst kommt ein *Anfechtungsrecht nach § 123 I* wegen arglistiger Täuschung in Betracht. Beide Rechtsfiguren überlassen demnach dem Geschäftsherrn die Entscheidung über die Wirksamkeit des Hauptvertrages. Sie sehen sich somit dem Vorwurf der *Nichtberücksichtigung des Interesses der Allgemeinheit* an der Unwirksamkeit korruptionsbeeinflusster Rechtsgeschäfte sowie der Interessen potentieller Sicherungsgeber ausgesetzt. Dieses Allgemeininteresse muß hier jedoch hinter den Interessen des Geschäftsherrn zurücktreten. Ansatzpunkt für die Annahme der Sittenwidrigkeit des Haupt-

291 Ein Eingehen auf das Vorliegen der Voraussetzungen einer analogen Anwendung erübrigen sich an dieser Stelle. Die analoge Anwendung des § 177 auf die Fälle des Mißbrauchs der Vertretungsmacht ist allgemeine Meinung. Es sei auf die umfassende Darstellung bei MüKo/*Schramm* § 164 Rd. 106 ff. verwiesen. Um nichts anderes handelt es sich auch in den Korruptionsfällen.

vertrages ist nicht das Beruhen auf der sittenwidrigen Schmiergeldabrede[292], sondern der Treubruch des Angestellten gegenüber dem Geschäftsherrn sowie der Abschluß eines für diesen nachteiligen Vertrages zum eigenen Vorteil[293]. Dies wird auch daraus ersichtlich, daß nach einhelliger Meinung eine Sittenwidrigkeit dann zu verneinen ist, wenn die Schmiergeldabrede keinen Einfluß auf den Hauptvertrag gehabt haben kann. Wenn sowohl nach der herrschenden Lehre als auch nach der Rechtsprechung das Zusammenwirken gegenüber dem Geschäftsherrn in erster Linie die Sittenwidrigkeit begründet, dann muß dieses konkrete Interesse des Geschäftsherrn im Rahmen einer Abwägung dem abstrakten Allgemeininteresse vorgehen. Dieser stellt sich in den Korruptionskonstellationen auch als primär und am unmittelbarsten Geschädigter dar. Aus diesem Grund verdient er einen erhöhten Schutz gegenüber dem Präventionsgedanken. Dem könnte entgegnet werden, daß dem Geschäftsherrn mit der Nichtigerklärung des nachteiligen Vertrages bereits ausreichend gedient sei. Von entscheidender Bedeutung ist in diesem Zusammenhang jedoch, daß es sich bei der hier favorisierten Lösung um gesetzlich verankerte Rechte des Geschäftsherrn beziehungsweise deren analoge Anwendung handelt. Eine Ablehnung der Genehmigungsoption beziehungsweise des Anfechtungsrechtes wäre in der Konsequenz eine Verkürzung der Rechte des Geschäftsherrn. Stehen dem Geschäftsherrn diese Rechte jedoch nach allgemeinen Grundsätzen zu, können sie ihm nur schwerlich mit der Begründung des bereits ausreichenden Schutzes seiner eigenen Interessen versagt werden. Dies führt zu dem Schluß, daß die Anwendung der starren Rechtsfolge

---

292 Staudinger/*Sack* § 138 Rd. 472; *Schneider* in JbFSt 83/84, 165 (177).

293 Palandt/*Heinrichs* § 138 Rd. 63; MüKo/*Mayer-Maly/Armbrüster* § 138 Rd. 128.

des § 138 auf den Hauptvertrag nicht erforderlich und nicht interessengerecht wäre. Beruht das Urteil der Sittenwidrigkeit primär auf einer Verletzung der Interessen des Geschäftsherrn und stehen diesem Rechte zur Wahrung seiner Interessen zur Verfügung, dann wäre diesem Urteil die Grundlage und der intendierte Schutzzweck entzogen. Aus diesen Gründen muß das Interesse des Geschäftsherrn an einer Wahrung der ihm gesetzlich zustehenden Rechte den Vorzug verdienen vor dem abstrakten Allgemeininteresse an einer generalpräventiven Wirkung der Nichtigerklärung derartiger Rechtsgeschäfte.

Gleiches muß im Ergebnis auch für eventuell *gegenläufige Interessen von Sicherungsgebern* gelten. Eine Überprüfung der Bonität des Schuldners, das heißt in diesen Fällen des korrumpierenden Vertragspartners, obliegt in erster Linie dem Sicherungsgeber selbst, da eine solche primär seinen Interessen dient. Wer es unterläßt, die persönlichen und wirtschaftlichen Verhältnisse des Schuldners exakt zu prüfen, verdient in dieser Hinsicht auch keinen besonderen Schutz. In diesem Fall verwirklicht sich bei einer Inanspruchnahme des Sicherungsgebers nur das typische Risiko einer Sicherheit. Hierbei können die Grundsätze zum Anfechtungsrecht eines Bürgen nach § 123 herangezogen werden[294]. Diese Rechte der Sicherungsgeber wie beispielsweise das Anfechtungsrecht nach § 123 sind hierbei auch als ausreichend zur Wahrung der Interessen der Sicherungsgeber anzusehen. Im Falle der Realisierung eines atypischen Risikos beziehungsweise einer Täuschung über die tatsächlichen Verhältnisse stehen mit diesen Instituten bereits ausreichende Gegenrechte der Sicherungsgeber zur Verfügung. Zudem ist diese Problematik vor allem auf die Fälle

---

294 Dazu Soergel/*Hefermehl* § 123 Rd. 34.

des Bank- und Darlehensrechts begrenzt und kann auch deshalb einer grundsätzlichen Genehmigungsoption nicht entgegenstehen.

Eine Lösung der Problematik der Behandlung des Hauptvertrages über die Rechtsinstitute des Mißbrauchs der Vertretungsmacht sowie eines Anfechtungsrechtes nach § 123 findet auch – zumindest in ihren Voraussetzungen – *Bestätigung von seiten der Rechtsprechung*. So wurde bereits oben angedeutet, daß der BGH in neueren Entscheidungen eine schwebende Unwirksamkeit des Hauptvertrages mit einer Genehmigungsoption des Geschäftsherrn nach § 177 analog annimmt: „*Ein Geschäftsführer ist im Zweifel ohne vorherige Information seines Geschäftsherrn nicht befugt, für diesen einen Vertrag mit dem Verhandlungspartner abzuschließen, der den Geschäftsführer gerade bestochen hat*"[295]. Dies sei für den Verhandlungspartner auch erkennbar gewesen. Diesen Ausführungen des BGH ist zuzustimmen, auch wenn er in seinen Urteilen eine eindeutige Stellungnahme zur Angemessenheit der Nichtigkeitsfolge des § 138 in diesen Fällen vermissen läßt. Auch das Vorliegen einer Aufklärungspflicht, welche für eine Anfechtung wegen einer Täuschung durch Unterlassen erforderlich ist, wird von der Rechtsprechung des BGH bejaht: „*Eine derartige Provisionszusage kann [...] die Pflicht des Versprechenden begründen, seinem Verhandlungspartner diese offenzulegen. [...] Andernfalls wäre das gesamte Vertragswerk nachhaltig gefährdet*"[296]. Eine Lösung über §§ 177 a-

---

295 BGH vom 6.5.1999 – VII ZR 132/97 – WM 99, 1322 (1324); BGH vom 16.1.2001 – XI ZR 113/00 - WM 01, 457 (458).

296 BGH vom 14.3.1991 – VII ZR 342/89 - NJW 91, 1819 (1820); BGH vom 16.1.2001 – XI ZR 113/00 - WM 01, 457 (458).

nalog, § 123 I kann sich somit in ihren Voraussetzungen auf höchstrichterliche Rechtsprechung stützen.

Diese Lösung bietet zudem den entscheidenden Vorteil, daß sie unabhängig ist vom Nachweis einer auf der Schmiergeldabrede beruhenden nachteiligen Vertragsgestaltung. Es entfallen somit die praktischen Beweisschwierigkeiten, welche von der Rechtsprechung mittels der Anwendung der Grundsätze des Anscheinsbeweises zu lösen versucht wurden. Sowohl für eine analoge Anwendung des § 177 als auch für ein Anfechtungsrecht nach § 123 ist ein tatsächlich eingetretener Nachteil nicht erforderlich[297].

b) Verhältnis zu § 138

Es wurde bereits oben ausführlich dargelegt, daß eine Anwendung des § 177 bei gleichzeitiger Aufrechterhaltung des Vorwurfs der Sittenwidrigkeit hinsichtlich des Hauptvertrages – und damit eine Genehmigungsoption bezüglich der Rechtsfolge des § 138 – mit der Systematik des § 138 nicht in Einklang zu bringen ist[298]. Ein Nebeneinander der beiden Vorschriften ist demnach nicht möglich, was unter Umständen die Regelung des Konkurrenzverhältnisses – etwa mittels einer Spezialität des § 177 – erforderlich machen würde. Eine solche ist mE allerdings nicht erforderlich, da bei Annahme der hier vorgestellten Lösung ein solches Konkurrenzverhältnis gar nicht entsteht. Wie soeben ausgeführt, beruht das Urteil der Sittenwidrigkeit primär auf dem mit dem Anstandsgefühl der billig und gerecht Denkenden nicht zu vereinbarenden

---

297 Palandt/*Heinrichs* § 138 Rd. 63.

298 C III 3 b) bb).

Verhalten dem Geschäftsherrn gegenüber. Erst in zweiter Linie tritt der generalpräventive Zweck einer Verhinderung gemeinschädlicher Korruptionsgeschäfte hinzu. Stehen dem Geschäftsherrn mit den §§ 123, 177 jedoch Rechtsinstitute zur Sicherung seiner Rechte zur Verfügung, so wird diesem Sittenwidrigkeitsurteil der entscheidende Teil seiner Bewertungsgrundlage entzogen. Der verbleibende Aspekt der Generalprävention begründet für sich allein keine Sittenwidrigkeit des Hauptvertrages. Es ist anerkannt, daß das bloße Beruhen des Hauptvertrages auf der Schmiergeldvereinbarung für sich noch nicht zur Sittenwidrigkeit führt, sondern daß dazu eine nachteilige Vertragsgestaltung zu Lasten des Geschäftsherrn erforderlich ist[299].

Dies darf nicht verwechselt werden mit der sittlichen Bewertung des Handelns von Schmierer und Geschmiertem; die Schmiergeldvereinbarung ist fraglos sittenwidrig. Wie bereits ausgeführt hat dies jedoch keine unmittelbaren Auswirkungen auf den Hauptvertrag, dieser erfährt eine davon unabhängige Beurteilung. Berücksichtigt man bei der sittlichen Bewertung des Hauptvertrages primär die schutzwürdigen Interessen des Geschäftsherrn, dann führt dies unter Zugrundelegung der hier vorgestellten Lösung nicht zu einer Sittenwidrigkeit des Hauptvertrages. Denn es obliegt dem Geschäftsherrn selbst, den Vertrag aufrecht zu erhalten beziehungsweise ihn für unwirksam zu erklären[300]. Bei dieser Vorgehensweise ist eine

---

299 Siehe dazu die Angaben in Fn. 221.

300 Dies ist natürlich nicht so zu verstehen, daß die subjektive Sicht des Geschäftsherrn über die Sittenwidrigkeit des Hauptvertrages entscheidet. Der Hauptvertrag ist bei Zugrundelegung der hier favorisierten Lösung über die §§ 123, 177 analog in keinem Fall sittenwidrig. Weder im Fall

- Fortsetzung: siehe nächste Seite -

ausreichende Berücksichtigung der Interessen des in erster Linie vor Schmiergeldzahlungen zu Schützenden - des Geschäftsherrn - gewährleistet. Ist dies aber der Fall, so verringert sich in gleichem Maße das Allgemeininteresse an der Unwirksamkeit von aufgrund von Schmiergeldzahlungen zustande gekommener Hauptverträge. Das Allgemeininteresse besteht nur noch in der Verhinderung gesamtwirtschaftlicher Schäden durch Wirtschaftskorruption. Dieser verbleibende Aspekt führt für sich jedoch nicht zur Sittenwidrigkeit des Hauptvertrages, wie oben ausgeführt. Auch in der zumindest teilweise vergleichbaren Konstellation einer arglistigen Täuschung durch den Vertreters Geschäftspartners über einen Mangel nach § 463 S.2 a. F. wird nicht vertreten, ein derartig zustande gekommener Kaufvertrag sei nach § 138 sittenwidrig und nichtig.

Die mangelnde Sittenwidrigkeit führt umgekehrt aber nicht zu einer Unanwendbarkeit des § 177 auf das Handeln des Vertreters. Denn die fehlende Vertretungsmacht beruht in den Korruptionsfällen nicht auf der Sittenwidrigkeit des abzuschließenden Hauptvertrages. Sie beruht auf dem Treubruch des Geschäftsführers gegenüber dem Geschäftsherrn durch die Zurückstellung von dessen Interessen. Aus diesem Grund fehlt es dem Vertreter ohne vorige Information des Vertretenen an der erforderlichen Befugnis zum Abschluß eines Rechtsgeschäftes mit dem Schmierer[301]. Eine Genehmigung des Geschäftsherrn nach § 177 analog bleibt somit möglich. Das Verhältnis der §§ 123, 177 zu § 138 ist somit dahingehend zu

---

der Genehmigung durch den Geschäftsherrn, noch im Fall der Verweigerung der Genehmigung beziehungsweise Anfechtung des Hauptvertrages.

301 BGH vom 6.5.1999 – VII ZR 132/97 – WM 99, 1322 (1324); BGH vom 16.1.2001 – XI ZR 113/00 - WM 01, 457 (458).

lösen, dass im Rahmen der Prüfung des § 138 keine Sittenwidrigkeit des Hauptvertrages vorliegt. Dies aus dem Grund, dass der Geschäftsherr durch seine Rechte aus §§ 123, 177 analog ausreichenden Schutz erfährt. Das verbleibende Allgemeininteresse an der Verhinderung von auf diese Weise zustande gekommenen Rechtsgeschäften vermag für sich eine Sittenwidrigkeit nicht zu begründen. Der Tatbestand des § 138 ist also nicht erfüllt. Die Problematik einer Konkurrenz der Vorschriften stellt sich damit erst gar nicht[302].

Die vorgeschlagene Lösung hat nach dem soeben Gesagten folgende Vorzüge gegenüber den bisherigen Ansätzen:

- Sie ist frei von dogmatischen Bedenken, da sie auf anerkannten Rechtsinstituten beruht. Diese sind auch für diesen Anwendungsbereich sowohl in der Rechtsprechung als auch im Schrifttum anerkannt.
- Sie schafft einen möglichst gerechten Ausgleich zwischen den gegenläufigen Interessen von Geschäftsherr, Sicherungsgebern und Allgemeinheit.
- Sie umgeht die Problematik des Nachweises einer nachteiligen Auswirkung der Schmiergeldvereinbarung auf den Hauptvertrag.

5. Zwischenergebnis

Die Wirksamkeit eines infolge einer Schmiergeldvereinbarung geschlossenen Hauptvertrages steht zur Disposition des

---

302 Somit erübrigt sich auch ein Eingehen auf das umstrittene Konkurrenzverhältnis der §§ 123, 138 in den Fällen der Einschlägigkeit beider Vorschriften. Dazu Staudinger/*Sack* § 138 Rd. 149; MüKo/*Mayer-Maly/Armbrüster* § 138 Rd. 5; Soergel/*Hefermehl* § 123 Rd. 60.

Geschäftsherrn. Dabei ist hinsichtlich der Art des Vertragsschlusses zu unterscheiden: Wird der Vertrag vom bestochenen Angestellten als Stellvertreter abgeschlossen hat der Geschäftsherr eine Genehmigungsoption bezüglich des schwebend unwirksamen Vertrages analog § 177 nach den Grundsätzen vom Mißbrauch der Vertretungsmacht. In der Konstellation des Vertragsschlusses durch den Geschäftsherrn selbst steht diesem ein Anfechtungsrecht nach § 123 I zu.

IV. Auswirkungen auf nachfolgende Rechtsgeschäfte

Insbesondere im wirtschaftlichen Bereich stellen Verträge wie die soeben behandelten Hauptverträge oftmals nur einen Teil eines ganzen Geflechtes von vertraglichen Beziehungen dar. Diese verschiedenen Rechtsgeschäfte bestehen teilweise zum selben Vertragspartner, teilweise bestehen sie zu anderen Unternehmen, stehen aber dennoch in einer gewissen Verbindung zum Hauptvertrag. Diese Verknüpfung kann entweder rein wirtschaftlicher Natur, wie beispielsweise bei dem Weiterverkauf von Gütern durch Zwischenhändler, oder auch rechtlicher Natur sein wie bei einheitlichen Rechtsgeschäften oder akzessorischen Sicherheiten. Es stellt sich damit die Frage, welche Auswirkungen die nichtige Schmiergeldvereinbarung auf diese verbundenen Rechtsgeschäfte hat. Diese Frage stellt sich insbesondere dann, wenn man entgegen dem soeben Gesagten mit der (bisherigen) Rechtsprechung eine Nichtigkeit des Hauptvertrages nach § 138 annimmt[303].

---

303 Wegen der hier vertretenen vorzugswürdigen Lösung über §§ 123, 177 fällt die Darstellung dieser Problematik relativ knapp aus, da sich

- Fortsetzung: siehe nächste Seite -

1. Wirtschaftlich verbundene Rechtsgeschäfte

Lediglich wirtschaftlich miteinander verbundene Verträge stellen grundsätzlich eigenständige Rechtsgeschäfte dar und müssen dementsprechend gesondert rechtlich gewürdigt werden. Als Beispiel solcher Vertragsgeflechte kann die oben bereits erwähnte Absatzkette von Hersteller, Zwischenhändler und Händler genannt werden. Die Nichtigkeit einer vorhergehenden Schmiergeldabrede beziehungsweise eines damit in Zusammenhang stehenden Hauptvertrages hat somit keine unmittelbaren Auswirkungen auf die Wirksamkeit derartiger wirtschaftlich verbundener Folgeverträge. Ebenso gewähren diese kein unmittelbares Anfechtungsrecht hinsichtlich der Folgeverträge, da die Wirksamkeit der vorangehenden Rechtsgeschäfte grundsätzlich nur ein unbeachtliches Motiv darstellt.

Eine Ausnahme von diesem Grundsatz und damit eine Gesamtnichtigkeit der verbundenen Rechtsgeschäfte kann sich nur dann ergeben, wenn ein entsprechender Wille der beteiligten Vertragsparteien vorliegt. Ein solcher Wille kann sich durch einen Vertragsschluß unter einer auflösenden Bedingung nach § 158 II, bezogen auf die Wirksamkeit des vorhergehenden Rechtsgeschäftes, nach außen manifestieren. In diesem Fall ist die Nichtigkeit der Folgeverträge unproblematisch. Aber auch bei Fehlen einer derartigen ausdrücklichen Verknüpfung kann ein entsprechender Wille und damit eine Gesamtnichtigkeit vorliegen. Voraussetzung ist die Einheit-

---

diese bei Anwendung der §§ 123, 177 nicht in dem Maße stellt. Die Darstellung erfolgt nur der Vollständigkeit halber und wegen der (bisherigen) Linie der Rechtsprechung zu dieser Thematik.

lichkeit der Rechtsgeschäfte[304]. Für die Annahme eines einheitlichen Rechtsgeschäftes bei Vorliegen mehrerer Verträge ist ein bloßer wirtschaftlicher Zusammenhang wie derjenige im Rahmen einer Lieferkette für sich nicht ausreichend. Notwendig ist vielmehr der dahingehende Wille der Parteien, die grundsätzlich selbständigen Rechtsgeschäfte zu einer wirtschaftlichen Einheit zusammenzufassen, die miteinander *„stehen und fallen“*[305] soll. Ausreichend ist dabei auch ein nur bei einer Partei vorhandener derartiger Wille, wenn dieser für die Vertragspartner erkennbar war und von ihnen widerspruchslos gebilligt wurde. Ebenso unschädlich hinsichtlich der Annahme einer wirtschaftlichen und damit rechtlichen Einheit ist eine Beteiligung teilweise verschiedener Personen an den einzelnen Rechtsgeschäften[306], wie in den vorliegenden Fällen die Konstellationen Schmierer – Geschäftsherr und Dritter - Geschäftsherr. Ausreichend ist auch die bloße Zweckmäßigkeit eines einheitlichen Rechtsgeschäftes, das heißt, wenn die Teilverträge für sich genommen keine wirtschaftlich vernünftige Regelung darstellen. Wenn nach diesen Grundsätzen ein einheitliches Rechtsgeschäft in bezug auf Haupt- und Folgeverträge vorliegt, ist festzustellen, ob die beteiligten Parteien bei Kenntnis der Nichtigkeit des Hauptvertrages die Nichtigkeit der Folgeverträge ebenfalls gewollt hätten. Ein solch hypothetischer Parteiwille wird sich in der Praxis regelmäßig

---

304 In diesem Zusammenhang kann auf die zu § 139 entwickelten Grundsätze zurückgegriffen werden; dazu nur Soergel/*Hefermehl* § 139 Rd. 15 ff.

305 St. Rspr. des BGH zur Einheitlichkeit an sich selbständiger Rechtsgeschäfte, vgl. nur BGH vom 6.12.1989 – VIII ZR 176/89 - BGHZ 109, 314 (320); BGH vom 8.10.1990 – VIII ZR 176/89 - BGHZ 112, 288 (293).

306 AllgM, dazu nur Soergel/*Hefermehl* § 139 Rd. 22.

aber nicht feststellen lassen, da die an den verschiedenen Rechtsgeschäften Beteiligten nicht das Risiko von Vorgängen innerhalb vorgelagerter Verträge werden tragen wollen. Dies insbesondere deshalb, da die Beteiligten an derartigen Vertragsgeflechten wie beispielsweise einer Lieferkette sich oftmals nicht kennen werden und bereits aus diesem Grund die Wirksamkeit ihres Rechtsgeschäftes nicht in dieser Weise aus der Hand geben werden wollen. Ein entsprechender hypothetischer Parteiwille wird sich demnach kaum feststellen lassen. Dies führt dazu, daß selbständige Folgeverträge in ihrer Wirksamkeit grundsätzlich unabhängig sind von einer möglichen Nichtigkeit des Hauptvertrages.

2. Sicherungsrechte

Sicherungsrechte[307] weisen im Vergleich mit den lediglich wirtschaftlich verbundenen Rechtsgeschäften in der Regel eine enge rechtliche Verknüpfung mit dem Hauptvertrag auf. Im Fall akzessorischer Sicherheiten setzen diese sogar das Bestehen einer wirksamen Hauptschuld - in diesen Fällen der Schuld aus dem Hauptvertrag - als Voraussetzung eigener Wirksamkeit voraus. Es stellt sich bei Nichtigkeit des Hauptvertrages somit das Problem der Erstreckung dieser Siche-

---

307 Auch die Problematik der Wirksamkeit möglicher mit dem Hauptvertrag verbundener Sicherungsrechte wird hier nur knapp behandelt, da solche wie bereits oben erwähnt im alltäglichen Warenverkehr nicht von derartiger Bedeutung sind wie im Banken- und Kreditrecht. Zudem handelt es sich bei der Frage der Erstreckung von Sicherungsrechten auf Kondiktionsansprüche um ein allgemeines Problem, welches keinen spezifischen Bezug zu Korruptionssachverhalten aufweist. Eine ausführliche Darstellung derartiger Probleme würde den Rahmen dieser Untersuchung sprengen.

rungsrechte auf an die Stelle des Erfüllungsanspruches tretende Kondiktionsansprüche. Diese entstehen, wenn die vermeintlich geschuldeten Leistungen bereits ausgetauscht wurden.

a) Insbesondere akzessorische Sicherheiten

Bei den insbesondere im Bank- und Darlehensrecht praxisrelevanten Sicherungsmitteln Bürgschaft, Hypothek sowie dem Pfandrecht an beweglichen Sachen handelt es sich jeweils um akzessorische Sicherheiten. Eine derartige Abhängigkeit von der gesicherten Forderung führt zur Unwirksamkeit dieser Sicherungsmittel im Fall der Nichtigkeit beziehungsweise Unwirksamkeit der Hauptschuld[308]. Etwas anderes kann sich nur dann ergeben, wenn die Auslegung des Sicherungsvertrages ergibt, daß etwaige Bereicherungs- oder Schadensersatzansprüche mitumfaßt sein sollen[309]. Eine automatische Erstreckung auf derartige Ansprüche findet nicht statt; dies folgt unter anderem auch aus den strukturellen Unterschieden der Rechtsnatur dieser Ansprüche[310]. Maßgeblich für eine Anwendung der Sicherungsrechte auf diese Ansprüche ist somit der Inhalt des Sicherungsvertrages beziehungsweise dessen Auslegung. Welche Anforderungen an den Inhalt in diesem Zusammenhang zu stellen sind ist umstritten: Teilweise wird an dieser Stelle im Schrifttum eine ausdrückliche dahin-

---

308 AllgM, vgl. nur MüKo/*Habersack* § 765 Rd. 62; *Reinicke/Tiedtke*, 25.

309 HM, vgl. Palandt/*Sprau* § 765 Rd. 21; Soergel/*Mühl* § 765 Rd. 6, 16; MüKo/*Habersack* § 765 Rd. 62.

310 *Tiedtke* in JZ 87, 853 (856).

gehende Erklärung des Sicherungsgebers verlangt[311]. Der BGH erachtet eine dahingehende Auslegungsfähigkeit des Sicherungsvertrages, unter Umständen im Wege der ergänzenden Vertragsauslegung, als ausreichend[312]. Bei dieser Auslegung sei insbesondere im Rahmen von Bürgschaftserklärungen zu berücksichtigen, ob sich der Bürge aus eigenökonomischen Gründen oder gefälligkeitshalber verbürge, wobei ersteres für eine Erstreckung der Sicherheit auf Kondiktionsansprüche spreche. Nicht ausreichend zur Annahme einer Unwirksamkeit auch des Sicherungsvertrages ist dagegen der Gedanke, daß der Sicherungsgeber sein Risiko minimieren wolle. Die Gründe für die Unwirksamkeit der Hauptschuld müssen vielmehr im Rahmen einer Risikoverteilung bei der Auslegung herangezogen werden[313].

Übertragen auf Sachverhalte mit Korruptionsbezug bedeutet dies, daß in diesen Fällen die Verantwortlichkeit für die Unwirksamkeit des Hauptvertrages und damit für das Nichtentstehen der zu sichernden Forderung zum einen beim Hauptschuldner – dem korrumpierendem Geschäftspartner – und zum anderem beim Sicherungsnehmer – in Gestalt von dessen korrumpiertem Angestelltem – liegt. Daraus wird teilweise gefolgert, daß eine Belastung des Bürgen mit den Kondiktionsansprüchen nicht interessengerecht sei, da diesen keinerlei Verantwortlichkeit hinsichtlich des Nichtentstehens der

311 *Tiedtke* in JZ 87, 853 (856 ff.); *Reinicke/Tiedtke*, 25 ff (zur Bürgschaft).

312 BGH vom 12.2.1987 – III ZR 178/85 - JZ 87, 883 (885) m. w. N. (zur Bürgschaft).

313 BGH vom 12.2.1987 – III ZR 178/85 - JZ 87, 883 (885).

zu sichernden Forderung treffe[314]. Dem kann so nicht zugestimmt werden, da der Sicherungsgeber für den Hauptschuldner und dementsprechend auch für von diesem zu verantwortende Fehler des Hauptvertrages, welche zum Nichtentstehen der zu sichernden Forderung führen, gegenüber dem Gläubiger einsteht. So wird auch in der Rechtsprechung bei Entstehungs- und Wirksamkeitshindernissen, welche dem Verantwortungsbereich des Schuldners zuzuordnen sind, eine Erstreckung des Sicherungsmittels auf Kondiktionsansprüche angenommen[315].

Im Ergebnis ist in den Korruptionsfällen eine Ausdehnung des Sicherungsmittels auf Kondiktionsansprüche regelmäßig aber dennoch abzulehnen, da dem Sicherungsnehmer das die Nichtigkeit begründende Verhalten seines Angestellten nach den §§ 31 beziehungsweise 278 zuzurechnen ist. Aus diesem Grund wäre eine einseitige Belastung des Sicherungsgebers nicht interessengerecht, da der Sicherungsnehmer in diesen Fällen keinen Vertrauensschutz in bezug auf die Wirksamkeit der Hauptschuld und der damit verbundenen Sicherheit in Anspruch nehmen kann. Zudem wird sich auch im Wege einer ergänzenden Vertragsauslegung nicht annehmen lassen, der Sicherungsgeber habe für Kondiktionsansprüche einstehen wollen, von deren Entstehungsfaktoren – der Schmiergeldvereinbarung - er keine Kenntnis hatte[316]. Eine Ausnahme von der Unwirksamkeit der akzessorischen Sicherungsmittel in diesen Fällen und damit eine Erstreckung auch auf Kondikti-

314 So *Sethe* in WM 98, 2309 (2318): „[...] *gänzlich unbeteiligter Dritter* [...] “.

315 OLG Köln vom 5.11.1975 – 2 U 41/75 - OLGZ 76, 329 (331).

316 Vgl. auch *Reinicke/Tiedtke* 28 f.

onsansprüche kann demnach nur bei einer ausdrücklichen Vereinbarung und einer Beteiligung des Sicherungsgebers an dem korrupten Vorgehen gemacht werden[317].

b) Einwendungen gegen eine Inanspruchnahme

Wie soeben dargelegt sind insbesondere wirtschaftlich verbundene Folgeverträge aber auch Sicherheiten, welche der Sicherung einer Schuld aus dem Hauptvertrag dienen unter bestimmten Voraussetzungen, von einer Unwirksamkeit beziehungsweise Nichtigkeit der Schmiergeldabrede oder des Hauptvertrages unabhängig. Somit wären die Beteiligten weiterhin zur Erfüllung des Vertragsinhaltes verpflichtet. Es bleibt demnach offen, inwieweit der Vertragspartner des verbundenen Rechtsgeschäftes eine Inanspruchnahme mittels Einwendungen abwenden kann. Derartige Abwehrrechte insbesondere eines Sicherungsgebers könnten sich aus der Beteiligung des Vertragspartners an der Schmiergeldvereinbarung ergeben. Sie wären in diesem Bereich vor allem deshalb von Bedeutung, weil durch die Änderung der AGB der Banken eine Erstreckung der Sicherungsrechte auf Kondiktionsansprüche die Regel werden könnte.

---

317 Dies hat zu einer teilweisen Änderung der AGB der Banken geführt, welche nunmehr eine formularmäßige Erstreckung auf etwaige Kondiktionsansprüche enthalten. Diese Praxis wurde vom BGH als unbedenklich eingestuft, vgl. BGH vom 21.11.1991 – IX ZR 60/91 - WM 92, 135 ff; MüKo/*Habersack* § 765 Rd. 62 a. E.

aa) Einwand der unzulässigen Rechtsausübung gemäß § 242

Zunächst käme in diesem Zusammenhang im Fall einer Inanspruchnahme der Einwand einer unzulässigen Rechtsausübung gemäß § 242 in Betracht. Systematisch könnte dies durch das Fehlen eines schutzwürdigen Eigeninteresses beim Vertragspartner begründet werden. So wäre eine Inanspruchnahme des Sicherungsgebers nach dem *dolo agit* Grundsatz unzulässig, wenn diesem gleichfalls ein Anspruch gegen den Vertragspartner auf Rückgewähr der Leistung zustünde. Dies betrifft auch den Fall der Geltendmachung einer Forderung, wenn der Gläubiger das Geleistete als Schadensersatz zurückgewähren müsste[318]. Ein derartiger Schadensersatzanspruch des Sicherungsgebers könnte sich aus §§ 280 I i.V.m. 241 II sowie aus §§ 280 I i. V. m. 241 II, 311 II für den vorvertraglichen Bereich ergeben. Erforderlich wäre die Verletzung einer gegenüber dem Sicherungsgeber bestehenden Sorgfaltspflicht durch den Vertragspartner. Inwieweit derartige Pflichten des Sicherungsnehmers bestehen ist im einzelnen umstritten, da aufgrund der Funktion einer Sicherheit eine strukturelle Verlagerung des Liquiditätsrisikos des Hauptschuldners auf den Sicherungsgeber erfolgt, was nicht durch die Schaffung von zum Schadensersatz führenden Pflichten des Sicherungsnehmers wieder umgekehrt werden darf[319]. Mittlerweile anerkannt ist aber ein Mindestmaß an Schutz- und Sorgfaltspflichten gegenüber dem Sicherungsgeber, da ein solches jeder Vertragsbeziehung innewohnt; insbesondere eine arglisti-

318 BGH vom 3.12.1991 – IV ZR 378/90 - BGHZ 116, 200 .

319 Dazu Erman/*Seiler* § 765 Rd. 10, 11; Palandt/*Sprau* § 765 Rd. 33.

ge Beeinträchtigung der Interessen des Sicherungsgebers wäre demnach unzulässig[320].

Übertragen auf Sachverhalte mit Korruptionsbezug könnte eine Pflichtverletzung in einer durch die Zahlung eines Schmiergeldes verursachten unsachgemäßen oder sogar fehlenden *Prüfung der Bonität des Hauptschuldners* zu sehen sein. Wie bereits oben[321] dargestellt führt die Zahlung von Schmiergeldern zu einer Vernachlässigung im Allgemeinwohl beziehungsweise im Interesse des Geschäftsherrn liegender Pflichten, welche mit einer Berücksichtigung irrelevanter Drittinteressen – nämlich der des Schmierers - korrespondiert. Dies hat regelmäßig zur Folge, daß es zu Vertragsabschlüssen mit in irgendeiner Weise nicht ausreichend qualifizierten Vertragspartnern beziehungsweise zu unangemessenen Vertragsbedingungen kommt. In den Fällen der Stellung von Sicherheiten führt dies wiederum aufgrund der charakteristischen Verlagerung des Liquiditätsrisikos auf den Sicherungsgeber ebenfalls zu einer Abwälzung der erhöhten Risikofaktoren auf diesen. Dies wirkt sich durch eine Erhöhung des Risikos des Eintrittes des Sicherungsfalles zu Lasten des Sicherungsgebers aus. Dieses korruptionsbedingte Fehlverhalten des Angestellten wird dem Sicherungsnehmer über §§ 31, 278 zugerechnet, so daß eine Pflichtverletzung bei mangelnder Aufklärung des Sicherungsgebers über diese besonderen Umstände möglich wäre.

Es ist in diesem Zusammenhang allerdings zu beachten, daß eine Pflicht des Sicherungsnehmers zur Prüfung der Bo-

---

320 MüKo/*Habersack* § 765 Rd. 84f; Staudinger/*Horn* § 765 Rd. 128.

321 Teil C II 2 a).

nität des Hauptschuldners gegenüber dem Sicherungsgeber grundsätzlich nicht besteht[322]. Diese Überprüfung dient vielmehr dem eigenen Interesse des Sicherungsnehmers an einer ordnungsgemäßen Erfüllung des Vertrages mit dem Hauptschuldner. Bereits aus der Natur einer Sicherheit als Sicherung für den Gläubiger im Fall einer Illiquidität des Hauptschuldners ergibt sich, daß es dem Sicherungsgeber im eigenen Interesse obliegt, die persönlichen Verhältnisse des Hauptschuldners umfassend zu prüfen. Andernfalls würde eine Verlagerung der vorgegebenen Risikoverteilung zu Lasten des Sicherungsnehmers erfolgen. Eine Ausnahme von dieser Trennung der Prüfungspflichten kann nur dann angenommen werden, wenn bereits bei Abschluß des Hauptvertrages eine Inanspruchnahme des Sicherungsgebers beinahe unvermeidbar war. Dies wäre dann der Fall, wenn der Vertrag bei vernünftiger kaufmännischer Betrachtungsweise ohne entsprechende Provisionen aufgrund der persönlichen Verhältnisse des Hauptschuldners nicht geschlossen worden wäre. Hier würde sich nicht mehr das einer Sicherheit immanente Risiko, sondern ein aufgrund der Schmiergeldabrede um ein Vielfaches gesteigertes Risiko verwirklichen. Da die dieses Risiko begründenden Umstände zumindest auch aus dem Verantwortungsbereich des Sicherungsnehmers stammen, besteht für diesen insoweit eine Pflicht, solche Vorgänge zu verhindern beziehungsweise nachträglich über sie aufzuklären. An das Vorliegen der Voraussetzungen dieser Pflicht sind allerdings hohe Anforderungen zu stellen, um die vorgegebene Risikoverteilung nicht zu Lasten des Sicherungsnehmers zu verschieben[323].

---

322 Staudinger/*Horn* § 765 Rd. 128; Erman/*Seiler* § 765 Rd. 11.

323 Dazu auch Erman/*Seiler* § 765 Rd. 10 a. E.

bb) Arglisteinrede gemäß § 853

Als Spezialregelung des Einwandes unzulässiger Rechtsausübung könnte dem Sicherungsgeber die Einrede des § 853 zustehen, falls der Sicherungsnehmer den Anspruch gegen ihn durch eine unerlaubte Handlung erlangt hätte. Das Verhalten des Angestellten beziehungsweise Organs könnte dem Sicherungsgeber zumindest über §§ 831 I, 31 zugerechnet werden. Als verletzte Vorschrift käme § 826 in Betracht, falls man in dem oben geschilderten Verhalten des Angestellten eine *vorsätzliche sittenwidrige Schädigung* des Sicherungsgebers erblickt. Teilweise wird ein solcher Anspruch des Sicherungsgebers bejaht, da der Angestellte es billigend in Kauf nehme, daß der Sicherungsgeber in Anspruch genommen werde, dies sogar für höchst wahrscheinlich halte[324]. Dies erscheint allerdings zu weit, da die mögliche Inanspruchnahme ein vom Sicherungsgeber bewußt eingegangenes Risiko darstellt und es sich aus diesem Grund als schwierig darstellt, diese zugleich als sittenwidrige Schädigung anzusehen. Es muß vielmehr wie im Rahmen der Einwendung aus § 242 eine Inanspruchnahme des Sicherungsgebers nahezu unausweichlich sein. Dieser besondere Umstand muß auf der Schmiergeldvereinbarung beruhen und dem Angestellten auch bekannt sein beziehungsweise sich ihm aufdrängen. Nur in diesen Fällen kann tatsächlich von einer sittenwidrigen Schädigung gesprochen werden, da andernfalls der Aspekt einer freiwilligen Preisgabe von Vermögenswerten durch den Sicherungsgeber überwiegt.

---

324 So *Sethe* in WM 98, 2309 (2319).

Ein Anspruch aus § 823 II i. V. m. §§ 1 UWG, 299 StGB scheidet ebenfalls aus, da der Schutzzweck dieser Normen nicht berührt ist. Die Vorschriften dienen dem Erhalt eines fairen Wettbewerbes, so daß ein Sicherungsgeber in dieser Eigenschaft nicht geschützt wird, da er in keinem Wettbewerbsverhältnis zu den Parteien des Hauptvertrages steht[325].

3. Zwischenergebnis

Mit dem Hauptvertrag wirtschaftlich verbundene Verträge werden in der Regel in ihrem Bestand von der Unwirksamkeit beziehungsweise Nichtigkeit des Hauptvertrages unberührt bleiben. Anders ist dies nur, wenn ausnahmsweise ein entsprechender Wille der Vertragsparteien festzustellen ist. Akzessorische Sicherheiten werden sich nur dann auf Kondiktionsansprüche erstrecken, wenn eine derartige Vereinbarung getroffen wurde oder der Sicherungsgeber an der Schmiergeldabsprache beteiligt war. Einwendungen gegen eine insbesondere formularmäßig vereinbarte Inanspruchnahme aus §§ 242, 853 stehen dem Sicherungsgeber nur in den seltenen Fällen zu, in welchen seine Inanspruchnahme bereits bei Abschluß des Hauptvertrages nahezu unvermeidbar war.

---

325 So auch *Sethe* in WM 98, 2309 (2319).

D Ansprüche der Beteiligten

I. Ansprüche des Geschäftsherrn

1. Herausgabe des Schmiergeldes

Die wohl umstrittenste und meistdiskutierte Frage im Zusammenhang mit den zivilrechtlichen Rechtsfolgen der Korruption dreht sich um den Herausgabeanspruch des Geschäftsherrn gegen seinen Angestellten bezüglich des Schmiermittels[326]. Inhaltlicher Ausgangspunkt des Streites ist hierbei die Wahl der richtigen Anspruchsgrundlage des Herausgabeanspruchs. Bei den Meinungsführern der jeweiligen Ansichten handelt es sich um zwei Bundesgerichte, zum einen den BGH, welcher eine Lösung über §§ 675, 667 vertritt[327], zum anderen das BAG, welches die §§ 687 II, 681 2, 667 aufgrund einer angemaßten Eigengeschäftsführung des Angestellten favorisiert[328]. Das Schrifttum ist in seiner Entscheidung für einen der beiden Lösungswege gespalten[329].

---

326 In der Regel wird es sich dabei um Geld handeln, denkbar sind jedoch sämtliche als Gegenstand einer Korruptionsvereinbarung möglichen Vermögensvorteile, dazu C II 2 b) bb). In der Folge wird allerdings wiederum aus Vereinfachungsgründen der Ausdruck „Schmiergeld“ gebraucht.

327 BGH vom 29.10.1962 – II ZR 194/60 - BGHZ 38, 171 (175).

328 BAG vom 14.7.1961 – 1 AZR 288/60 – NJW 61, 2036; BAG vom 22.8.1966 – 3 AZR 157/66 – RdA 67, 77; BAG vom 15.4.1970 - 3 AZR 259/69 – RdA 70, 256; BAG vom 26.2.1971 – 3 AZR 97/70 – RdA 71, 254.

- Fortsetzung: siehe nächste Seite -

Zum Teil wird behauptet, der BGH bejahe mittlerweile ebenfalls einen Anspruch aus §§ 687 II, 681 2, 667, beziehungsweise er sei der Ansicht, beide Anspruchsgrundlagen könnten kumulativ bestehen[330]. Das dieser Auffassung zugrunde liegende Urteil des BGH beschränkt sich in diesem Kontext auf den Satz: „*Im übrigen gelangt man im vorliegenden Fall auf dem Wege über den § 687 II i. V. mit den §§ 681 und 667 BGB zu demselben Ergebnis*“[331]. Aus dieser Bemerkung zu schließen, der BGH vertrete eine kumulative Anwendung beider Lösungswege, überdehnt meines Erachtens die Intention des Senats in diesem Zusammenhang. Eine solche Auffassung der BGH wäre sicherlich kritikwürdig, da das subjektive Moment bei Eigen- und Fremdgeschäftsführung genau entgegengesetzt ist und deshalb einander ausschließt. Die Anmerkung des BGH ist allerdings nicht in diesem Sinne zu verstehen, sondern resultiert aus dem Bestreben, eine argumentative Auseinandersetzung mit der Auffassung des BAG zu vermeiden. Da der BGH aber einen Herausgabeanspruch bejaht und somit letztlich zum gleichen (nicht demselben, wie der BGH inkorrekt annimmt) Ergebnis gelangt wie es das BAG würde, kann der Senat auf eine Diskussion verzich-

---

329 Für die Lösung über §§ 675, 667 Soergel/*Hefermehl* § 138 Rd. 182; Palandt/*Thomas* § 667 Rd. 3; Staudinger/*Wittmann* § 667 Rd. 9; Schlegelberger/*Schröder* § 59 Rd. 42; *Sethe* in WM 98, 2309 (2321 f.); *Kraft* in JuS 63, 473 (475); *Schulz* in RdA 71, 278 (281 f.). Für §§ 687 II, 681 2, 667 Staudinger/*Richardi* § 611 Rd. 428; Soergel/*Mühl* (11. Auflage) § 667 Rd. 13; *Baumbach/Hefermehl* (19. Auflage) § 12 Rd. 26; *Isele* in RdA 62, 52 (56 f.); *Koch*, 192; *Dilcher* in JZ 63, 510; unentschieden Soergel/*Beuthien* § 667 Rd. 14.

330 So das BAG – Urt. v. 26.2.1971 – 3 AZR 97/70 - DB 71, 1162; *Dilcher* in JZ 63, 510; differenzierend *Schulz* in RdA 71, 278 (279).

331 BGH – Urt. v. 7.1.1963 – VII ZR 149/61 – JZ 63, 509.

ten. Der Konjunktiv wäre demnach die geeignetere Verbform für die Formulierung des BGH gewesen; eine Beilegung der Kontroverse ist ihr aber dennoch nicht zu entnehmen.

Bereits auf den ersten Blick ist ersichtlich, daß beide Paragraphenketten auf die Vorschrift des § 667 enden, der Anspruch des Geschäftsherrn sich also jeweils unmittelbar aus dem Verweis auf den auftragsvertraglichen Herausgabeanspruch ergibt. Aus diesem Grund wird die dogmatische Kontroverse um die zutreffende Anspruchsgrundlage gelegentlich als praktisch nahezu irrelevant oder bedeutungslos bezeichnet[332]. Dieser Auffassung ist zu widersprechen, da zwischen den einzelnen anspruchs*begründenden* Tatbestandsmerkmalen durchaus Differenzen existieren, welche in Konsequenz zu einem – wenn auch in überschaubarem Rahmen – unterschiedlichen Anwendungsbereich der beiden Lösungswege führen[333]. So wirkt sich im Rahmen eines Anspruchs aus §§ 675, 667 das Erfordernis eines entgeltlichen Geschäftsbesorgungsverhältnisses einschränkend aus, da hierunter nach überwiegender Ansicht nur selbständige Tätigkeiten wirtschaftlicher Art zu verstehen sind[334]. Eine derartige Einschränkung besteht bei einem Anspruch aus angemaßter Eigengeschäftsführung nach den §§ 687 II, 681 2, 667 nicht, so daß hier auch die Fälle ei-

---

332 *Baumbach/Hefermehl* § 12 Rd. 26; *Rietschel* in Anm. 16 LM zu § 667; *Nienstedt*, 21.

333 Ebenso *Koch*, 189. Teilweise wird auch auf Unterschiede im Verjährungsrecht sowie hinsichtlich des Gerichtsstandes hingewiesen, König in FS v. Caemmerer, 179 (201). Solche sind m. E. aber nicht ersichtlich, insbesondere verjährt der Anspruch jeweils gemäß der gesetzlichen Regelverjährung der §§ 195, 199 nach nunmehr drei Jahren.

334 Für viele Palandt/*Sprau* § 675 Rd. 2; Staudinger/*Martinek* § 675 Rd. 17.

ner untergeordneten Tätigkeit des Angestellten sowie eines Handelns aufgrund unentgeltlicher Vertrauensverhältnisse erfaßt werden können. Zuzugeben ist die geringe tatsächliche Häufigkeit dieser Fälle, da naturgemäß nur Angestellte mit einer gewissen Entscheidungmacht einen derartigen Einfluß auf Vertragsabschlüsse werden ausüben können. Hinzu tritt jedoch das Erfordernis einer vorsätzlichen Rechtsverletzung im Rahmen des § 687 II[335]. Auch dieses wird in den Fällen mit Korruptionsbezug regelmäßig gegeben sein, da die Unzulässigkeit der Annahme von Schmiergeldern weithin bekannt ist. Anders wird es nur dann sein, wenn der Arbeitgeber über die Zahlungen informiert ist; in diesem seltenen Fall wäre es aber ohnehin fraglich, ob noch von einer *unerlaubten* Eigengeschäftsführung gesprochen werden könnte. Bedeutungslos ist der Streitstand damit aus den soeben genannten Gründen aber nicht.

a) Bedeutung des Herausgabeanspruchs

Die besondere Bedeutung des Herausgabeanspruchs für den Geschäftsherrn ergibt sich aus der Möglichkeit der Abschöpfung des gesamten Schmiergeldes. Im Vergleich mit den möglichen Schadensersatzansprüchen aus Vertragsverletzungen oder den §§ 823 I, II, 826, 1 UWG entfällt hier das Erfordernis des Nachweises eines konkreten Schadens des Geschäftsherrn durch das Handeln des Angestellten. Zwar gewährte die Rechtsprechung dem Geschäftsherrn aufgrund der praktischen Schwierigkeiten eines solchen Nachweises bisher einen Mindestschaden in Höhe des Schmiergeldes, da aufgrund einer tatsächlichen Vermutung davon auszugehen sei,

335 Ganz hM; Palandt/*Sprau* § 687 Rd. 2; MüKo/*Seiler* § 687 Rd. 8.

daß mindestens die Höhe der Provision vom korrumpierenden Vertragspartner auf dessen Angebot aufgeschlagen worden sei[336]. Fraglich ist jedoch, wie sich die mögliche Rechtsprechungsänderung des BGH zur Anwendung des *prima facie* Beweises auswirken wird[337]. Bei Annahme eines Herausgabeanspruchs erübrigen sich für den Geschäftsherrn diese rechtlichen Unwägbarkeiten; ein daneben stehender Schadensersatzanspruch wäre zudem weiterhin möglich, auf diesen wäre allerdings das Herausverlangte schadensmindernd anzurechnen[338].

Der Herausgabeanspruch findet zudem auch dann Anwendung, wenn die gewährten Vorteile *nicht unmittelbar dem Geschäftsführer selbst*, sondern einem Strohmann[339] oder einer dem Geschäftsführer gehörenden GmbH[340] zugeflossen sind. In diesem Zusammenhang schließt die Rechtsprechung bereits dann auf die Strohmanneigenschaft des Begünstigten, wenn der Beauftragte „*keine einleuchtende Erklärung für eine Zahlung an einen ihm nahestehenden Dritten zu geben vermag*“[341]. Entsprechendes gilt auch für Zuwendungen der Schmiergelder an nahe Angehörige des Angestellten, bei-

---

336 BGH vom 26.3.1962 – II ZR 151/60 - NJW 62, 1099; BGH vom 14.3.1991 – VII ZR 342/89 - NJW 91, 1819 (1820).

337 Dazu die Ausführungen unter C II 2 b) bb).

338 MüHdb ArbR/*Blomeyer* § 53 Rd. 113; Staudinger/*Wittmann* § 667 Rd. 9; *Sethe* in WM 98, 2309 (2322).

339 BGH vom 1.4.1987 – IVa ZR 211/85 - NJW-RR 87, 1380; BGH vom 18.12.1990 – XI ZR 176/89 - NJW 91, 1224.

340 Staudinger/*Wittmann* (1995) § 667 Rd. 9; *Coing* in NJW 77, 1793 (1794).

341 BGH vom 18.12.1990 – XI ZR 176/89 – NJW 91, 1224.

spielsweise dessen Ehefrau, soweit dies durch den Angestellten selbst veranlaßt wurde oder die Vorteile mittelbar oder unmittelbar an ihn weitergeflossen sind[342]. Dagegen *entfällt der Herausgabeanspruch*, wenn das erlangte Schmiergeld im Vermögen des Geschäftsführers nicht mehr vorhanden ist, insbesondere dieser es an den Schmierer hat zurückfließen lassen[343]. In diesem Fall fehlt es bereits an dem begrifflich in § 667 vorausgesetzten Vorhandensein des Erlangten. Zudem wäre es mit dem Gesetzeszweck unvereinbar, den Geschmierten einer doppelten Zahlung auszusetzen, da § 667 nur einer Abschöpfung des Erlangten dient, dagegen kein Schadensersatzanspruch ist.

Aufgrund der erheblichen Bedeutung des Herausgabeanspruchs für den Geschäftsherrn ist es zumindest bedenklich, weder einen Anspruch aus §§ 675, 667 noch aus §§ 687 II, 681 2, 667 zu gewähren, wie vereinzelt vertreten wird[344]. Inwieweit diese Bedenken tatsächlich zutreffen wird im folgenden zu klären sein.

b) Herausgabe über §§ 675, 667 (BGH)

Bereits das RG[345] gewährte dem Arbeitgeber einen Anspruch gegen seinen bestechlichen Angestellten auf Heraus-

---

342 *Baumbach/Hefermehl* § 12 UWG Rd. 23 (zum Verfall); *Kraft* in JuS 63, 473 (475).

343 BGH vom 2.4.2001 – II ZR 217/99 – DB 01, 1189 (1190).

344 MüKo/*Seiler* § 667 Rd. 17; MüHdb ArbR/*Blomeyer* § 53 Rd. 113.

345 RG vom 27.4.1920 – III 411/19 - RGZ 99,31 (33); RG vom 7.12.1934 – III 209/34 - RGZ 146, 194 (205); RG vom 30.5.1940 – V 204/39 - RGZ 164, 98.

gabe des Schmiergeldes nach den §§ 675, 667. Dieser wurde primär aufgrund von Billigkeitserwägungen sowie unter präventiven Aspekten zugestanden. Entscheidend war in diesem Zusammenhang zum einen die Abschreckung anderer Angestellter durch *Entzug der materiellen Vorteile* sowie insbesondere die *unternehmerische Risikoverteilung*, welche die Zuwendung des Vorteils an den Geschäftsherrn erfordere, da dieser umgekehrt auch das ökonomische Risiko des Geschäftes trage. Hierzu führt das RG aus, daß „[...] *es im Interesse der Aufrechterhaltung der Redlichkeit im Verkehr und zur Sicherung der Grundsätze von Treu und Glauben erforderlich sei, einem Besorger fremder Geschäfte, der lediglich auf den Vorteil des Auftraggebers zu achten hat, die rechtliche Möglichkeit, über die vereinbarte Vergütung hinaus aus dem fremden Geschäft für sich Nutzen zu ziehen, und damit die Versuchung zu nehmen, den eigenen oder gar den Interessen des Geschäftsgegners einen maßgebenden Einfluß auf seine Entschließungen einzuräumen. Sodann liegt ihr* [der Vorschrift des § 667] *der weitere Gedanke zugrunde , daß demjenigen, für dessen Rechnung ein anderer Geschäfte führt, die gesamten Vorteile der letzteren ebenso gebühren, wie er die gesamte Gefahr zu tragen hat*“[346]. Dieser Rechtsprechung schloß sich sowohl im Ergebnis als auch in der Begründung der BGH unter expliziter Bezugnahme an[347]. In diesen Urteilen des BGH werden auch bereits die beiden Tatbestandsmerkmale erörtert, welche im Rahmen der aktuellen Diskussion um die zutreffende Anspruchsgrundlage die meiste Beachtung finden. Hierbei handelt es sich zum einen um den Begriff der „*Geschäftsbesorgung*“ in § 675, zum anderen um

---

346 RG vom 27.4.1920 – III 411/19 - RGZ 99, 31 (32).

347 BGH vom 29.10.1962 – II ZR 194/60 - BGHZ 38, 171 (175); BGH vom 7.1.1963 – VII ZR 149/61 - JZ 63, 509.

die Frage, wann ein Vorteil „*aus der Geschäftsbesorgung erlangt*" ist im Sinne des § 667.

aa) Geschäftsbesorgung im Sinne des § 675

Wie bereits angedeutet wird ein Anspruch aus den §§ 675, 667 durch das Erfordernis eines Geschäftsbesorgungsvertrages - zumindest theoretisch - eingeschränkt. Das Maß dieser Einschränkung bestimmt sich durch die Auslegung des Merkmals der Geschäftsbesorgung. Einem Vertrag, der eine solche Geschäftsbesorgung zum Gegenstand hat, wird teilweise der weite Begriff der Geschäftsbesorgung der §§ 662 ff., 677 ff. zugrunde gelegt[348]. Demnach wäre hierunter jedes tatsächliche Handeln für einen anderen zu verstehen[349]. Überwiegend wird in diesem Zusammenhang jedoch eine selbständige Tätigkeit wirtschaftlichen Charakters in einer fremden wirtschaftlichen Interessensphäre verlangt[350], weshalb Tätigkeiten von untergeordneter Bedeutung ohne eigenen Entscheidungsspielraum hiervon nicht umfaßt wären. In der Praxis der Korruptionsfälle kommt dieser Differenzierung jedoch nur eine marginale Bedeutung zu, da aufgrund der tatsächlichen Struktur der Korruptionskonstellationen beide Auffassungen zu gleichen Ergebnissen gelangen werden. So wird kaum ein Fall denkbar sein, in welchem dem Angestellten kein entsprechender Entscheidungsspielraum gewährt sein wird, da dieser ansonsten nicht ausreichenden Einfluß auf die Vertragsges-

---

348 *Isele* in RdA 62, 52 (53); Staudinger/*Nipperdey* (11. Auflage) § 675 Rd. 2 ff., 16.

349 Für viele Soergel/*Beuthien* § 662 Rd. 8; Palandt/*Sprau* § 662 Rd. 6.

350 HM; für viele Palandt/*Sprau* § 675 Rd.2; Staudinger/ *Martinek* § 675 Rd. 17.

taltung nehmen könnte. Auf dieses Faktum wird der korrumpierende Vertragspartner aber in besonderem Maße Wert legen, so daß im Ergebnis auch über die §§ 675, 667 alle relevanten Konstellationen erfaßt werden können.

bb) „Aus der Geschäftsbesorgung erlangt" im Sinne des § 667

Die Kontroverse bezüglich der Frage, wann ein Vorteil „aus der Geschäftsbesorgung erlangt" ist, ist demgegenüber von ungleich größerer Bedeutung. An diesem Punkt setzt die überwiegende Kritik an der Rechtsprechung des BGH an, welche über die Ablehnung der Lösung über §§ 675, 667 zu einem Anspruch nach §§ 687 II, 681 2, 667[351] oder sogar zu einer völligen Verneinung eines Herausgabeanspruchs des Geschäftsherrn[352] gelangt. Keineswegs ist es aber so, wie teilweise dargestellt[353], daß die Vertreter einer Anwendung der §§ 687 II, 681 2, 667 gerade aufgrund dieser Kritik zu einer unterschiedlichen Lösung gelangen. Im Vordergrund stehen vielmehr andere Aspekte, wie im folgenden noch gezeigt wird.

Ansatzpunkt ist hierbei die Auffassung der Kritik, das Schmiergeld sei nicht *„aus"*, sondern nur *anläßlich* der Geschäftsbesorgung, sozusagen bei deren Gelegenheit, er-

---

351 *Baumbach/Hefermehl* (19. Auflage) § 12 Rd. 26; Staudinger/*Richardi* § 611 Rd. 428; im Ergebnis ebenso *Isele* in RdA 62, 52 (56).

352 MüKo/*Seiler* § 667 Rd. 17; MüHdb ArbR/*Blomeyer* § 53 Rd. 113.

353 So *Sethe* in WM 98, 2309 (2321).

langt[354]. Der Angestellte nutze lediglich die Gelegenheit des Vertragsabschlusses für den Geschäftsherrn dazu, ein eigenes Geschäft zu führen, welches in der Vereinbarung der Schmiergeldabrede bestehe. Teilweise wird hier ein Vergleich zu der Auslegung des Merkmals „*in Ausführung der Verrichtung*" des § 831 I gezogen, welches nach überwiegender Ansicht gerade nicht Schädigungshandlungen, welche sich nur gelegentlich der Verrichtung ereignen, umfasse[355].

Diesem Vorwurf wird zumindest in seiner Pauschalität zu recht entgegengetreten. *Der Gesetzesbegründung und Entstehungsgeschichte des § 667* ist zu entnehmen, daß von der Herausgabepflicht der Vorschrift diejenigen Vorteile umfaßt sein sollen, welche dem Auftragnehmer aus irgendeinem mit der Geschäftsführung in innerem Zusammenhang stehenden Grund zugewendet werden, und welche die Besorgnis rechtfertigen, die Entscheidungen des Geschäftsführers abweichend von den Interessen des Geschäftsherrn zu beeinflussen. So kann den Protokollen die unwidersprochene Bemerkung entnommen werden, „*der Beauftragte müsse auch Extraprovisionen und Geschenke herausgeben, die er wegen des Abschlusses des Geschäfts von Dritten erhalten habe*" [356]. Daraus schloß bereits das RG, daß ein Vorteil dann „*aus der Geschäftsbesorgung erlangt* [sei], *wenn er in ihr seinen wirtschaftlichen Grund, seine wirtschaftliche Rechtfertigung und*

354 *Baumbach/Hefermehl* (19.Auflage) § 12 Rd. 26; Staub/*Würdinger* § 59 Rd. 40; MüHdb ArbR/*Blomeyer* § 53 Rd. 113.

355 So *Schulz* in RdA 71, 278 (280 f.), welcher aber im Ergebnis diese Ansicht ablehnt.

356 Mot. II, 539; Prot. II, 360.

Erklärung" finde[357]. Ebenso zu Entstehungsgeschichte und Zweck des § 667 äußert sich auch der BGH[358] und diesem folgend *Medicus*: „*§ 667 verlangt ja für die Herausgabepflicht nicht, der Erwerb des Beauftragten müsse gerade für den Auftraggeber erfolgt sein. Daher läßt sich auch gegenüber der Schmiergeldannahme der Grundsatz des Auftragsrechts durchführen, der Auftrag solle dem Beauftragten weder Vorteile noch Nachteile bringen*"[359].

Diese Auslegung verdient vor allem in den Fällen von Schmiergeldzahlungen Zustimmung, da hier ein geradezu unverzichtbarer Zusammenhang zwischen dem Vorliegen eines Auftragsverhältnisses und der Zahlung von Schmiergeldern besteht. Aufgrund der grundsätzlichen Struktur der Korruptionskonstellationen, welche das Vorliegen der Wahrnehmung fremder Interessen durch einen Treunehmer erfordert, läßt sich die Verbindung von Auftragsverhältnis und Schmiergeldzahlung nicht von der Hand weisen. Vielmehr kann für den umgekehrten Fall festgestellt werden, daß der Angestellte ohne das Vorliegen einer entsprechenden auftragsbedingten Handlungsvollmacht die Provision mit Sicherheit nicht erhalten hätte. Denn dies ist schließlich der Anlaß - und die Ausnutzung dieser Position der Zweck - der Schmiergeldzahlung. Schmiergeldzahlungen außerhalb solcher Konstellationen, nämlich der einer Wahrnehmung von Drittinteressen, werden in der Praxis nicht vorkommen.

---

357 RG vom 27.4.1920 – III 411/19 - RGZ 99, 31 (32).

358 BGH vom 7.1.1963 – VII ZR 149/61 - JZ 63, 509.

359 In JuS 85, 657 (662).

Demgegenüber suggeriert die Auffassung der Gegenansicht, das Schmiergeld sei lediglich *anläßlich* des Auftragsverhältnisses erlangt worden, eine gewissermaßen zufällige Verknüpfung zwischen Auftrag und Schmiergeldzahlung. Gerade so, als könnte es auch solche Zuwendungen außerhalb entsprechender Auftragsverhältnisse geben. Dies ist aber, wie soeben dargelegt, nicht der Fall. Die Richtigkeit dieser Auslegung kann auch anhand des bereits angesprochenen Vergleichs mit der Auslegung des § 831 1 gezeigt werden. Zwar wäre dort eine Schädigung, wie die Mitnahme von Eigentum des Auftraggebers durch den Verrichtungsgehilfen, ohne Vertragsverhältnis nicht in dieser konkreten Art und Weise geschehen, sie ist aber zumindest auch ohne das Bestehen einer solchen vertraglichen Beziehung theoretisch denkbar, wenn nämlich der Verrichtungsgehilfe einbricht, um zu stehlen. Das unterscheidet diese Konstellation von der Zahlung von Schmiergeldern an Angestellte. Denn in dem einen Fall stiehlt der Gehilfe eben zufällig gerade während der Verrichtung seiner Tätigkeit, wohingegen eine *zufällige* Schmiergeldzahlung ohne das Bestehen eines Geschäftsbesorgungsverhältnisses zwischen Bestochenem und Geschäftsherrn nicht vorkommen wird.

Dem ebenfalls in diesem Auslegungskontext zur Begründung einer Anwendung der §§ 675, 667 vorgebrachten Argument der Billigkeit eines Anspruches auf Herausgabe des Schmiermittels[360] kommt dagegen meines Erachtens keine größere Bedeutung zu. Sicherlich ist es zutreffend, daß dem unredlichen Angestellten nicht der erhaltene Vorteil verbleiben darf, dies schon aus Gründen der Prävention sowie der

360 So das RG vom 27.4.1920 – III 411/19 – RGZ 99, 31 (34).

unternehmerischen Risikoverteilung[361], dennoch könnte diese Überlegung nicht eine Ausdehnung der Vorschrift über den Wortlaut hinaus rechtfertigen. Eine solche ist aber wie vorstehend dargelegt auch nicht erforderlich. Der Wortlaut des § 667 steht einem Herausgabeanspruch aus §§ 675, 667 nicht entgegen[362].

cc) Zweckrichtung der Zuwendung

Gegen einen Herausgabeanspruch aus §§ 675, 667 wird darüber hinaus vorgebracht, ein solcher scheitere an der Zweckbestimmung des Zugewendeten durch den korrumpierenden Vertragspartner[363]. Entscheidend sei in diesem Zusammenhang ausschließlich das Rechtsverhältnis zwischen Geschäftsführer und Vertragspartner. Letzterer wolle die Provision ausschließlich dem Angestellten zukommen lassen, so daß bei Bejahung eines Herausgabeanspruches dem Geschäftsherrn Geld zufließen würde, welches ihm rechtlich nicht zustehe[364]. Eine Herausgabe des Schmiergeldes an den Geschäftsherrn stelle demnach eine unzulässige Zufallsbereicherung dar: Der Geschäftsführer habe dem Geschäftsherrn

---

361 RG vom 27.4.1920 – III 411/19 – RGZ 99, 31 (32,34); *Koch*, 183.

362 So auch *Isele* in RdA 62, 52 (54); *Kraft* in JuS 63, 473 (474) sowie *Schulz* in RdA 71, 278 (281), welche aber zu Recht darauf hinweisen, daß dies letztlich eine reine Wertungsfrage sei und nicht der entscheidende Gesichtspunkt hinsichtlich der Frage, welcher Anspruchsgrundlage im Ergebnis der Vorzug zu geben ist.

363 Staudinger/*Nipperdey* (11. Auflage), § 667 Rd. 7; in der neuesten Auflage wird diese Ansicht allerdings explizit aufgegeben, vgl. Staudinger/*Wittmann* § 667 Rd. 9. Im Ergebnis zustimmend auch *Isele* in RdA 62, 52 (55).

364 Staudinger/*Nipperdey* (11. Auflage), § 667 Rd. 7.

lediglich das *auftragsgemäß* Empfangene herauszugeben. Begründet wird dies mit einem *systematischen Argument*: Aus dem Vergleich der §§ 662 ff. und 677 ff. ergebe sich, daß die Regeln über den Auftrag im Gegensatz zu denen der GoA ausschließlich die Rechte und Pflichten der Vertragsparteien *innerhalb* der durch den Auftrag gezogenen Grenzen zum Inhalt hätten, was insbesondere durch § 665 1 deutlich werde. Dementsprechend würden auch nur *insoweit* die Rechtsfolgen der §§ 662 ff. eintreten, was übertragen auf § 667 bedeute, daß das *außerhalb* des Auftrages erhaltene Schmiergeld nicht herauszugeben sei[365].

Dem ist jedoch in doppelter Hinsicht zu widersprechen: Zum einen können die Absichten des unredlichen Vertragspartners im Rahmen der Herausgabepflicht aus § 667 nach der oben dargestellten *ratio* der Vorschrift nicht von Bedeutung sein. Andernfalls würde der Zweck der Norm konterkariert. Die Vertragsfreiheit der Parteien der Schmiergeldvereinbarung ist vorliegend zudem bereits deshalb eingeschränkt, da die Vereinbarung nach den §§ 134, 138 nichtig ist. Letzteren Vorschriften sowie der des § 242 läßt sich auch entnehmen, daß vertraglichen Regelungen dort Grenzen gesetzt sind, wo sie gegen höherrangiges Recht verstoßen[366]. Das gesetzessystematische Argument ist dagegen nicht ohne weiteres von der Hand zu weisen, es kollidiert im Ergebnis aber dennoch mit der festgestellten Zweckrichtung des § 667, der eben gerade auch diejenigen Vorteile abschöpfen will, welche Interessenkollisionen beim Geschäftsführer erzeugen könnten. *Derartige Vorteile können aber gerade nur solche sein, welche*

---

365 *Isele* in RdA 62, 52 (55).

366 So auch *Schulz* in RdA 71, 278 (281).

dem Angestellten persönlich und damit außerhalb der Grenzen des Auftrages zugewendet werden. Auch der Wortlaut des § 667, wonach *„alles“* herauszugeben sei, spricht zumindest eher gegen diese Ansicht, zumal die Formulierung im Rahmen des Gesetzgebungsverfahrens explizit von *„dasjenige, was“* in *„alles, was“* geändert wurde[367].

dd) Pflichtwidrigkeit des Handelns

Stelle das angestrebte Handeln des Angestellten keine Pflichtwidrigkeit gegenüber dessen Arbeitgeber dar, das heißt wäre dieses ohne das Vorliegen der Schmiergeldzahlung nicht zu beanstanden, spräche dies ebenfalls gegen einen Herausgabeanspruch des Geschäftsherrn[368]. Hintergrund dieser Auffassung sind wohl Billigkeitserwägungen, welche in eine ähnliche Richtung deuten wie die zuvor dargelegte Ansicht, welche entscheidend auf das Rechtsverhältnis zwischen Geschäftsführer und Schmierer abstellt. Demnach bestehe kein Grund, dem Angestellten die Zuwendung zu entziehen, wenn das angestrebte Verhalten an sich ordnungsgemäß sei. Tatbestandliche Bedeutung kann diesem Aspekt in keinem Fall zukommen, da die Frage einer Pflichtwidrigkeit der Geschäftsführung in den Tatbeständen der §§ 675, 667 nicht aufgeworfen wird. Diese Ansicht verkennt aber darüber hinaus, daß es in den Fällen der

---

367 So das RG vom 27.4.1920 – III 411/19 – RGZ 99, 31 (33); allerdings ohne weiteren Nachweis.

368 In diese Richtung beispielsweise Isele in RdA 62, 52 (54), welcher der Auffassung ist, die Rspr. „münze die Vorschrift des § 667 zu einem „Redlichkeitsdruckmittel“ auf den Beauftragten um und lege ihr Sanktionscharakter bei“. Worauf sich dieser Vorwurf stützt bleibt unklar, jedenfalls spricht die Formulierung des § 667 – „alles, [...], herauszugeben“ - für die Rspr. von RG und BGH.

Zahlung von Schmiergeldern – zumindest hinsichtlich eines Herausgabeanspruches - nicht mehr von Bedeutung ist, ob sich der Angestellte ansonsten im Rahmen seiner arbeitsvertraglichen Pflichten bewegte. Ein pflichtwidriges Verhalten des Angestellten im Verhältnis zum Auftraggeber liegt in Korruptionsfällen immer vor. Bereits die Annahme einer Zuwendung ohne vorige Unterrichtung des Auftraggebers stellt eine vertragliche Treuepflichtverletzung dar, da hierdurch das Risiko einer Willensbeeinflussung des Treunehmers zum Nachteil des Geschäftsherrn begründet wird[369]. Ob das mit der Schmiergeldzahlung bezweckte Handeln des Geschäftsherrn für sich genommen ordnungsgemäß war oder nicht, ist für die Bewertung des Handelns als pflichtwidrig gegenüber dem Geschäftsherrn und damit für dessen Herausgabeanspruch somit - selbst unter dem Aspekt der Billigkeit - ohne Relevanz.

Der Wortlaut der §§ 675, 667 spricht demnach nicht gegen eine Anwendung der Vorschriften auf den Anspruch des Geschäftsherrn auf Herausgabe des Schmiergeldes. Ein Herausgabeanspruch des Geschäftsherrn auf das erlangte Schmiergeld ist somit über §§ 675, 667 grundsätzlich möglich. Inwieweit es sich dabei um die letztlich vorzugswürdige Anspruchsgrundlage handelt, kann sich erst im Vergleich mit der vom BAG favorisierten Lösung über §§ 687 II, 681 2, 667 zeigen.

---

369 RG vom 27.4.1920 – III 411/19 – RGZ 99, 31 (34); BGH vom 7.1.1963 – VII ZR 149/61 - JZ 63, 509; MüHdb ArbR/*Blomeyer* § 53 Rd. 98; Soergel/*Beuthien* § 667 Rd. 13; Schlegelberger/*Schröder* § 59 Rd. 42.

c) Keine Herausgabe über §§ 687 II, 681 2, 667 (BAG)

aa) Kritik an der Rechtsprechung des BGH

Anlaß für einen eigenständigen Lösungsansatz des BAG war die konstante Kritik an der Rechtsprechung des Bundesgerichtshofes. Zwar erfolgte in diesem Kontext zu keiner Zeit eine explizite Auseinandersetzung des BAG mit dem Standpunkt des BGH, da das BAG im Ergebnis ebenfalls einen Herausgabeanspruch des Geschäftsherrn annahm. Zudem gab das BAG – wie oben ausgeführt zu Unrecht[370] - vor, der BGH habe sich seiner Auffassung angeschlossen, beziehungsweise habe ein Subsidiaritätsverhältnis der beiden Anspruchsgrundlagen angenommen, so daß bei Fehlen eines Geschäftsbesorgungsverhältnisses die §§ 687 II, 681 2, 667 Anwendung fänden[371]. Durch die nicht erfolgte Übernahme der Lösung des BGH sowie der Entwicklung eines neuen Lösungsweges lehnt das BAG den Ansatz des BGH aber dennoch inzident ab. Im Kontext der Diskussion in Rechtsprechung und Literatur über die §§ 675, 667 als zutreffende Anspruchsgrundlage für den Herausgabeanspruch wählte das BAG frühzeitig eine Alternative: Einen Anspruch aus Eingriffserwerb nach den §§ 687 II, 681 2, 667[372]. Auch hier ist ein Schaden des Arbeitgebers nicht erforderlich; der Anspruch aus § 687 II ist seiner Natur nach gerade kein Schadensersatzanspruch. Vielmehr kann der Geschäftsherr verlangen, so gestellt zu werden, als wenn eine

---

370 D I 1 a).

371 So das BAG zu einem entsprechend gelagerten Fall, BAG vom 26.2.1971 – 3 AZR 97/70 – DB 71, 1162.

372 BAG vom 14.7.1961 – 1 AZR 288/60 – NJW 61, 2036 (2037); anschließend st. Rspr.: BAG vom 26.2.1971 – 3 AZR 97/70 – DB 71, 1162.

echte Geschäftsführung vorgelegen hätte. Der Arbeitgeber kann demnach auch den vom Arbeitnehmer erzielten Gewinn – hier das Schmiergeld – herausverlangen. Die Literatur ist dem BAG in dieser Frage teilweise gefolgt[373].

bb) Konstruktion eines „fremden Geschäft" i. S. des § 687 II

Entscheidender Ansatzpunkt der Konstruktion des BAG ist eine Aufspaltung des Korruptionsvorgangs in einen subjektiv fremden und einen subjektiv eigenen Teil bei gleichzeitiger Annahme umfassender objektiver Fremdheit des Geschehens. Es erfolgt eine Unterscheidung zwischen dem Vertragsschluß als Vertreter des Geschäftsherrn hinsichtlich des Hauptvertrages und dem Abschluß der Schmiergeldvereinbarung im eigenen Namen. Letzere stellt für sich eindeutig kein objektiv fremdes Geschäft dar, sie ist eher dem Geschäftsführer als dem Geschäftsherrn zuzurechnen. Voraussetzung für einen Anspruch aus § 687 II kann jedoch richtigerweise nur ein objektiv fremdes Geschäft sein[374]. Aus diesem Grund konstruiert das BAG eine Verknüpfung dieser Schmiergeldvereinbarung mit einem objektiv fremden Geschäft: Dem Abschluß des Hauptvertrages. Durch den gleichzeitigen Abschluß der Schmiergeldvereinbarung im Rahmen der Vertragsverhandlungen zum Hauptvertrag behandele der Ange-

---

373 *Baumbach/Hefermehl* (19. Auflage) § 12 Rd. 26; Staudinger/*Richardi* § 611 Rd. 428; Soergel/*Kraft* § 611 Rd. 151; besonders vehement *Isele* in RdA 62, 52 (55 ff.). Explizit gegen diese Lösung z.B. MünchHdb ArbR/*Blomeyer* § 53 Rd. 113.

374 HM, BGH vom 23.9.1999 – III ZR 322/98 - NJW 00, 72; Palandt/*Sprau* § 687 Rd. 2; Soergel/*Beuthien* § 687 Rd. 3; MüKo/*Seiler* § 687 Rd. 14.

stellte dieses objektiv fremde Geschäft *insoweit* als eigenes[375].

Insbesondere *Isele* bemüht sich in der Folge dieser recht einsilbigen Entscheidung um eine dogmatische Begründung der Verknüpfung. Diese erfolge durch den Geschäftsführer selbst, indem jener durch den Abschluß des Hauptvertrages, des objektiv fremden Geschäfts, seine Verpflichtung aus der Schmiergeldvereinbarung, dem objektiv eigenen Geschäft, erfülle[376]. Diese Formulierung erfaßt die tatsächlich zugrunde liegenden Sachverhalte besser als die Begründung des BAG. Der Senat begründet seine Annahme einer Verknüpfung von Hauptvertrag und Schmiergeldabrede dergestalt, daß der Angestellte *„dieses fremde Geschäft jedoch teilweise dadurch als sein eigenes Geschäft behandelt, daß er im Zusammenhang mit den Frachtverträgen gleichzeitig ihn selbst begünstigende Sondervereinbarungen abgeschlossen hat"*[377]. In der Praxis wird es sich dagegen regelmäßig nicht um gleichzeitig, sondern um *im Vorfeld* des Hauptvertrages vereinbarte Provisionsabreden handeln. Ein zeitgleicher Abschluß der beiden Verträge würde für den korrumpierenden Vertragspartner ein zu hohes Risiko des Scheiterns der gesamten Vertragsverhandlungen im Fall einer Ablehnung des Schmiergeldes beinhalten. Richtigerweise ist das Verhältnis der Rechtsgeschäfte zueinander demnach darin zu sehen, daß der zeitlich nachfolgende Hauptvertrag die Erfüllung des Schmiergeldvertrages darstellt. Diese funktionale Verbindung ist meines Erachtens noch eine stärkere als das vom BAG angenommene bloße

---

375 BAG vom 14.7.1961 – 1 AZR 288/60 – NJW 61, 2036 (2037).

376 In RdA 62, 52 (56).

377 BAG vom 14.7.1961 – 1 AZR 288/60 – NJW 61, 2036 (2037).

Ausnutzen der Situation des Abschlusses des Hauptvertrages zur Erlangung eigener Vorteile. Denn tatsächlich ist der Hauptvertrag sogar Bestandteil der Provisionsabrede: Er stellt die Hauptpflicht des Geschäftsführers dar und ist damit eines der *essentialia negotii*. Das BAG betrachtet demgegenüber und darüber hinausgehend die Schmiergeldvereinbarung offensichtlich als *Bestandteil* des Hauptvertrages als objektiv fremdem Geschäft[378]. Dieser Annahme stehe auch nicht der Abschluß der Abrede im eigenen Namen entgegen, da insoweit ausschließlich wirtschaftliche Erwägungen maßgebend seien. Nach Ansicht des Senats folgt diese wirtschaftliche Verbindung würde vorliegend aus der tatsächlichen Notwendigkeit einer Bevollmächtigung – durch den Geschäftsherrn - zum Abschluß der Schmiergeldvereinbarung.[379]. Die Konstruktion des BAG führt allerdings zu dem erstaunlichen Ergebnis, daß das grundsätzlich objektiv eigene Geschäft der Schmiergeldabrede, welches zwischen dem korrumpierenden Vertragspartner und dem Angestelltem in dessen eigenem Namen abgeschlossen wurde, zu einem Geschäft des Geschäftsherrn und damit zu einem für den Angestellten objektiv fremden wird.

---

378 BAG vom 14.7.1961 – 1 AZR 288/60 – NJW 61, 2036 (2037); diese Entscheidung ebenso interpretierend *Schulz* in RdA 71, 278 (279) und *Isele* in RdA 62, 52 (56), welcher sie in diesem Punkt allerdings ablehnt.

379 BAG vom 14.7.1961 – 1 AZR 288/60 – NJW 61, 2036 (2037); *Schulz* in RdA 71, 278 (279); allgemein Palandt/*Sprau* § 687 Rd. 2; Staudinger/*Wittmann* § 687 Rd. 13.

cc) Aufspaltung des subjektiven Tatbestandes

Die Begründung des BAG erfährt bereits aus diesem Grunde teilweise Kritik durch die Literatur[380]. Auch wird bezweifelt, ob die rein wirtschaftliche Verknüpfung von Schmiergeldvereinbarung und Hauptvertrag bereits dazu führen könne, den Abschluß des Hauptvertrages generell als angemaßte Eigengeschäftsführung zu definieren[381]. Diese Kritik leuchtet dahingehend ein, daß das Bewußtsein des Arbeitnehmers, mit der Führung des fremden Geschäfts zugleich seine eigene Verpflichtung zu erfüllen, nicht zwingend zu der Annahme führen muß, daß dieser das fremde Geschäft *subjektiv* vollständig als eigenes behandele. Die Lösung des BAG wirft damit in subjektiver Hinsicht die Frage auf, ob und inwiefern die Trennung eines objektiv fremden Geschäfts in einen subjektiv eigenen und einen subjektiv fremden Teil möglich sein kann. Das BAG bejaht diese Frage ohne weitere Auseinandersetzung, indem es die §§ 687 II, 681 2, 667 anwendet[382]. Um

---

380 *Isele* in RdA 62, 52 (56). Zustimmend dagegen *Schulz* in RdA 71, 278 (279).

381 So *Kraft* in JuS 63, 473 (475).

382 *Isele* in RdA 62, 55 (56) ist der Meinung, die Aussage des BAG im Urteil vom 14.7.1961 – 1 AZR 288/60 – NJW 61, 2036 (2037) - „*Diese Vorschriften finden auch dann Anwendung, wenn ein Geschäft z. T. ein fremdes, z. T. ein eigenes ist*" - beziehe sich auf den subjektiven Tatbestand. Dies ergibt sich allerdings erst aus dem Kontext der Entscheidung, da das BAG offensichtlich von einem *einheitlich objektiv* fremden Geschäft ausgeht: ‚*Daß der Beklagte das objektiv fremde Geschäft teilweise (soweit es sich um die Erlangung eigener Vorteile handelte) im eigenen Namen abgeschlossen hat, steht der Herausgabepflicht aus den §§ 687 II, 681, 667 BGB nicht entgegen*". Demnach kann sich die Aussage des Senats bezüglich einer fremden und einer eigenen Komponente des Geschäfts nur auf den subjektiven Tatbestand beziehen.

hier eine klare Abgrenzung vornehmen zu können, wird gegen die Rechtsprechung des BAG teilweise vertreten, § 687 II lediglich dann anzuwenden, wenn der Geschäftsführer das fremde Geschäft *ausschließlich* zu seinem eigenen Vorteil führe[383]. Dem kann so jedoch nicht gefolgt werden, da ansonsten einschlägige Fälle aus dem Anwendungsbereich des § 687 II ausgeschlossen würden. So ist der Fall der unberechtigten Veräußerung einer fremden Sache denkbar, in deren Rahmen der Geschäftsführer lediglich den Gewinn für sich verbuchen, den objektiven Wert dagegen dem Geschäftsherrn zukommen lassen will. Auch hier würde ein objektiv fremdes Geschäft subjektiv teilweise als fremdes, teilweise als eigenes geführt. Entsprechend dieser subjektiven Aufspaltung des Geschäfts finden auch die Rechtsfolgen der §§ 687 II, 681 2, 667 nach dem BAG nur dahingehend Anwendung, „*soweit*“[384] es sich um den in Eigengeschäftsführung abgeschlossenen Teil des Geschäfts handelt, nämlich auf die Schmiergeldvereinbarung und damit auf die Herausgabe des erlangten Schmiergeldes.

dd) Unvereinbarkeit der Rechtsprechung mit der Gesetzessystematik

Entscheidend gegen eine Anwendung der Regeln über die angemaßte Geschäftsführung auf die hier relevanten Konstel-

---

383 *Kraft* in JuS 63, 473 (475) und allgemein *Larenz* § 57 II, 452. *Isele* in RdA 62, 55 (56) Fn. 32 nimmt zu Unrecht an, *Larenz* beziehe sich auf die *objektive* Fremdheit des Geschäftes. Tatsächlich meint dieser jedoch den *subjektiven* Willen des Geschäftsführers, das objektiv fremde Geschäft ausschließlich zu seinem eigenen Vorteil zu führen.

384 BAG vom 14.7.1961 – 1 AZR 288/60 – NJW 61, 2036 (2037); ebenso *Isele* in RdA 62, 55 (56).

lationen sprechen jedoch zum einen *Entstehungsgeschichte und Zweck der Vorschrift* des § 687 II. Diese enthält einen Rechtsfolgenverweis auf Ansprüche aus Auftrag und GoA mit dem gesetzgeberischen Ziel einer Ergänzung und Verschärfung des Deliktsrechts[385]. Der Gesetzgeber hat bewußt darauf verzichtet, bloße Vertragsverletzungen im Zweipersonenverhältnis generell dem Deliktsrecht zu unterstellen. Infolgedessen setzt auch § 687 II, welcher besonders ausgestaltete Deliktsansprüche enthält, einen rechtswidrigen Eingriff in ein fremdes Vermögens– oder Persönlichkeitsrecht voraus[386]. Ein solcher ist aber in den Fällen von Schmiergeldzahlungen nicht gegeben, es handelt sich vielmehr um eine bloße arbeitsvertragliche Treuepflichtverletzung. Ein Rechtsgut des Geschäftsherrn wird durch das Handeln des Arbeitnehmers nicht verletzt; die bloße Verletzung lediglich schuldrechtlich begründeter Pflichten stellt aber für sich keinen Fall des § 687 II dar[387]. Der unter Umständen durch die Annahme des Schmiergeldes erfolgende Eingriff in den Gewerbebetrieb des Geschäftsherrn vermag an diesem Ergebnis nichts zu ändern. Eine Ausweitung des § 687 II auf derartige Rahmenrechte würde den Anwendungsbereich der Vorschrift ausufern lassen und war vom damaligen Gesetzgeber nicht beabsichtigt[388].

Hierunter ist auch die Annahme von Schmiergeldern zu fassen. Diese unterscheidet sich zwar von Pflichtverletzungen, welche erst *durch* die schuldrechtliche Vereinbarung zu sol-

---

385 Prot. II, 742 f.

386 Staudinger/*Wittmann* § 687 Rd. 5.

387 MüKo/*Seiler* § 687 Rd. 20; Staudinger/*Wittmann* § 687 Rd. 7; Palandt/*Sprau* § 687 Rd. 5.

388 Dazu ausführlich unter D I 2 a) cc) 2).

chen werden, wie ein Verstoß gegen eine Wettbewerbsabrede, dadurch, daß sie bereits aus anderen Gründen (§ 299 StGB, arbeitsvertragliche Treuepflichten) untersagt ist. Die gleiche rechtliche Zuordnung ergibt sich jedoch dadurch, daß sie ohne die schuldrechtliche Verbindung von Geschäftsherr und Geschäftsführer nicht entstünde[389]. Denn der Abschluß einer Schmiergeldabrede ohne eine entsprechende Vollmacht zur Wahrnehmung von Drittinteressen erfüllt zwar möglicherweise den Tatbestand des Betruges, stellt aber keine zivilrechtliche Pflichtverletzung und keine Korruption dar. Zu einer anderen Bewertung führt auch nicht der unter Umständen gleichzeitig vorliegende Verstoß gegen den Straftatbestand des § 299 StGB. Dieser kann zwar in Verbindung mit § 823 II einen deliktischen Anspruch begründen, es liegt in diesen Fällen aber dennoch keine Rechtsguts– sondern lediglich eine bloße Vermögensverletzung vor.

Für diese Auffassung streitet auch die Rechtsprechung des BGH zur Haftung des GmbH-Geschäftsführers im Fall der vorsätzlichen Verletzung des Gesellschaftsvertrages. Die angemaßte Eigengeschäftsführung unterscheidet sich nach dem BGH danach von der GoA als Rechtsinstitut lediglich durch das Fehlen des Fremdgeschäftsführungswillens, was dazu führe, daß bei Vorliegen eines Auftragsverhältnisses zwischen Geschäftsherr und Geschäftsführer eine Verletzung desselben keinen Fall des § 687 II darstelle, da es sich um eine beauftragte Geschäftsführung handele[390]: *„Der vertraglich gebun-*

---

389 Ebenso - explizit für Schmiergeldvereinbarungen - Staudinger/*Wittmann* § 687 Rd. 7 a. E.

390 BGH vom 12.6.1989 – II ZR 334/87 – NJW-RR 89, 1255 (1257); zustimmend MüKo/*Seiler* § 687 Rd. 20.

dene, wenn auch die Grenzen seiner Bindung überschreitende und damit gegen ein Unterlassungsgebot verstoßende Geschäftsführer handelt nicht ohne einen erteilten Auftrag wie der Geschäftsführer, der ein objektiv fremdes Geschäft ohne vertragliche Bindung führt, die er demzufolge auch nicht mißachten kann". Gleiches muß auch für den korrupten Arbeitnehmer gelten, der seine arbeitsvertraglichen Treuepflichten verletzt, indem er seine Vollmacht zur Erlangung eigener Vorteile mißbraucht. Dies umso mehr, als die gegen diese Rechtsprechung des BGH vorgebrachte Kritik in den Korruptionsfällen nicht greift. So wird in diesem Zusammenhang angeführt, § 687 II finde auf derartige innervertragliche Pflichtverletzungen deshalb Anwendung, weil neben der internen Vertragsverletzung noch ein Eingriff in ein fremdes absolutes Recht erfolge, was am Beispiel der Veräußerung GmbH-eigener Gegenstände deutlich werde[391]. In den Fällen von Schmiergeldzahlungen fehlt es jedoch gerade an einem solchen Eingriff mangels entsprechenden Rechtsguts des Geschäftsherrn. Der diesem in der Regel entstehende Schaden in Höhe des Schmiergeldes ist eben ein bloßer Vermögensschaden; ein darüber hinausgehendes Rechtsgut des Geschäftsherrn wird dadurch nicht verletzt.

Ein Herausgabeanspruch auf das Schmiergeld aus den §§ 687 II, 681 2, 667 begegnet darüber hinaus *gesetzessystematischen Bedenken*. Die Vorschrift des § 687 II stellt - zumindest aufgrund ihrer systematischen Stellung – einen Sonderfall einer Geschäftsführung ohne Auftrag dar und schließt die Lücke, welche in den Fällen der angemaßten Eigengeschäftsführung durch den fehlenden Fremdgeschäftsfüh-

---

391 Soergel/*Beuthien* § 687 Rd. 13; *Fleck* in ZIP 91, 1269 (1271 f.).

rungswillen ansonsten entstehen würde. Dementsprechend verweist sie in ihren Rechtsfolgen auch überwiegend auf die Vorschriften der GoA. Bei den Korruptionskonstellationen handelt es sich aber demgegenüber regelmäßig gerade nicht um eine Geschäftsführung *ohne* Auftrag, sondern Grundlage der Geschäftsführung wird überwiegend ein Arbeitsverhältnis oder eine entgeltliche Geschäftsbesorgung i. S. des § 675 sein. Eine Anwendung des § 687 II auf derartige entgeltliche Auftragsverhältnisse widerspricht demnach der systematischen Stellung der Vorschrift[392].

Gegen diese Argumentation wird – nicht ganz zu Unrecht – eingewandt, bei der angemaßten Geschäftsführung i. S. des § 687 II handele es sich gerade *nicht* um eine GoA, da ja bereits keine Geschäftsführung, welche schon begrifflich nur Geschäftsbesorgung *für einen anderen* sein könne, vorliege[393]. Voraussetzung sei lediglich die Behandlung eines fremden Geschäfts als eigenes, gleichgültig, woraus die fehlende Berechtigung zur Eigengeschäftsführung folge. Das Merkmal der fehlenden Beauftragung zur Geschäftsführung sei in § 687 II nicht enthalten und spiele demnach auch keine Rolle. Dem ist zuzugeben, daß § 687 II tatsächlich nicht unter den Begriff der *Rechtsfigur* der GoA zu fassen ist, sondern vielmehr eine Lücke in deren Regelungswerk schließt. Dennoch wird aus der gesetzlichen Gesamtsystematik deutlich, daß die Vorschrift nur auf Eigengeschäftsführungen angewendet werden soll, welchen kein Vertragsverhältnis zwischen

392 So auch BGH vom 12.6.1989 – II ZR 334/87 – ZIP 89, 1390 (1392); sowie explizit für Schmiergeldkonstellationen *Schulz* in RdA 71, 278 (280).

393 *Fleck* in ZIP 91, 1269 (1272); Palandt/*Sprau* § 687 Rd. 1,2.

Geschäftsherr und Geschäftsführer zugrunde liegt. Es liegt zwar bei angemaßter Eigengeschäftsführung keine GoA im rechtstechnischen Sinn vor, dennoch ergibt sich aus der Stellung des § 687 II sowie seines Rechtsfolgenverweises, daß *ausschließlich auftragslose Eigengeschäftsführungen* davon erfaßt werden sollten. So verweist auch die einzige Vorschrift, welche entgeltliche Geschäftsführungen regelt, § 675, auf die Regeln der *vertraglichen* Geschäftsführung. Eine Anwendung des § 687 II und damit der Rechtsfolgen der GoA auf derartige vertragliche Geschäftsführungen wäre demnach systemwidrig.

Verstöße gegen Unterlassungspflichten innerhalb schuldrechtlicher Vertragsbeziehungen – wie die Annahme von Schmiergeldern durch einen Arbeitnehmer – stellen vielmehr originäre Anwendungsfälle der früheren pVV, heute des § 280 I, dar[394]. Ansonsten wäre diese Rechtsfigur im Bereich des Auftragsrechts weitgehend überflüssig; dies entspräche jedoch nicht der Funktion des § 687 II[395]. Eine Anwendung der §§ 687 II, 681 2, 667 auf den Herausgabeanspruch des Geschäftsherrn ist damit sowohl aus Gründen der gesetzlichen Systematik als auch aus normzweckorientierten Erwägungen abzulehnen. Etwas anderes ergibt sich auch nicht deshalb, weil andernfalls derjenige Geschäftsherr, welcher in schuldrechtlicher Beziehung zu dem Geschäftsführer steht, schlechter stünde als ohne vertragliche Beziehung. Denn wie oben gezeigt steht mit den §§ 675, 667 eine ebenso effektive Anspruchsgrundlage auf Herausgabe des Erlangten zur Verfü-

---

394 So auch explizit für die vorliegenden Fälle *Sethe* in WM 98, 2309 (2321).

395 So auch MüKo/*Seiler* § 687 Rd. 19; *König* in FS v. Caemmerer, 179 (200).

gung, so daß der Geschäftsherr nicht auf Schadensersatzansprüche angewiesen ist. Ein Herausgabeanspruch des Geschäftsherrn auf das Schmiergeld ist demnach über die §§ 687 II, 681 2, 667 nicht zu begründen.

d) Kein Herausgabeanspruch aus § 812 I 1 2. Var.

Es könnte neben dem auftragsrechtlichen noch ein bereicherungsrechtlicher Herausgabeanspruch aufgrund einer Eingriffskondiktion gegeben sein. Die Annahme des Schmiergeldes und der damit verbundene Vermögensschaden des Geschäftsherrn aufgrund entgangenen Gewinns könnte einen Eingriff in dessen *eingerichteten und ausgeübten Gewerbebetrieb* darstellen. Der Angestellte bereichert sich zumindest auf Kosten des Geschäftsherrn, da diesem eine Mindereinnahme in entsprechender Höhe entsteht. So wird teilweise angenommen, zumindest der Korrumpierende greife durch das Schmieren des Angestellten in den Gewerbetrieb des Geschäftsherrn ein[396]. Ob diesbezüglich auch hinsichtlich des Handelns des Angestellten selbst die erforderliche Betriebsbezogenheit des Eingriffs gegeben ist[397], kann an dieser Stelle allerdings dahinstehen. Denn selbst wenn dies der Fall wäre, würde es nach ganz überwiegender Ansicht nicht zu einem Bereicherungsanspruch des Arbeitgebers führen, da es dem Recht am Gewerbebetrieb insoweit am erforderlichen Zuweisungsgehalt man-

396 *Baumbach/Hefermehl* (19. Auflage) § 12 Rd. 24; *Sethe* in WM 98, 2309 (2320).

397 Dies wird wohl bejaht werden müssen; vgl. dazu die Ausführungen unter D I 2 a) cc) 2).

gelt[398]. Das Recht am eingerichteten und ausgeübten Gewerbebetrieb soll vielmehr einen bloßen Freiheitsschutz gewähren, nicht dagegen eine verwertungsfähige Schutzposition. Ein Schutz vor Beeinträchtigung dieses Rechts wird über das Deliktsrecht ausreichend gewährleistet. Ein Anspruch auf das Schmiergeld aus § 812 I 1 2. Var. scheidet demnach in zweifacher Hinsicht aus.

e) Kein Herausgabeanspruch aus § 61 I HGB

Ein Herausgabeanspruch des Geschäftsherrn auf das Schmiergeld ergibt sich auch nicht aus § 61 I HGB. Die Vorschrift statuiert einen Anspruch des Arbeitgebers wahlweise auf Schadensersatz oder auf Herausgabe desjenigen, was der Handlungsgehilfe[399] unter *Verletzung des Wettbewerbsverbotes* aus § 60 HGB erlangt hat. Inhaltlich umfaßt das Wettbewerbsverbot als Ausfluß der Treuepflicht des Arbeitnehmers die Pflicht, im Geschäftszweig des Arbeitgebers keine Geschäfte für eigene oder fremde Rechnung zu machen. Unter Geschäftemachen wird dabei jede auf Gewinn gerichtete Teilnahme am Geschäftsverkehr verstanden, die nicht nur zur Befriedigung der eigenen privaten Bedürfnisse des Handlungs-

---

398 BGH vom 14.2.1978 – X ZR 19/76 – BGHZ 71, 86 (98); Soergel/*Mühl* § 812 Rd. 149; differenzierend Staudinger/*Lorenz* Vor § 812 Rd. 72; *Reuter/Martinek* § 7 IV, 268 f.; a.A. *Kleinheyer* in JZ 70, 471 (476).

399 Die hL erweitert die Passivlegitimation des Anspruchs in analoger Anwendung des § 61 HGB auch auf alle nichtkaufmännischen Arbeitnehmer, so daß die Vorschrift grds. eine für die vorliegenden Sachverhalte geeignete Anspruchsgrundlage darstellen würde, vgl. MüKo/*v. Hoyningen-Huene* § 61 Rd. 4 ff.; *Schaub* § 57 V 4.

gehilfen erfolgt[400]. Voraussetzung ist demnach ein Wettbewerbsverhältnis zwischen Arbeitgeber und –nehmer. Daran fehlt es jedoch in den Fällen der Annahme von Schmiergeldern. Ein Bedürfnis, den Arbeitgeber vor Konkurrenz aus den eigenen Reihen zu schützen, besteht hier nicht, da der Arbeitnehmer nicht die Konkurrenz fördert, sondern einem Kunden des Arbeitgebers – in unlauterer Weise – entgegenkommt. Vielmehr schließt der Geschäftsführer ja gerade für den Arbeitgeber ab, allerdings zu ungünstigeren Konditionen. Eine Verletzung des Wettbewerbsverbotes liegt in dieser unlauteren Vorteilsnahme jedoch nicht.

Hierfür spricht auch die Rechtsprechung des BGH zur Anwendbarkeit der vergleichbaren Vorschrift des *§ 88 II AktG* in diesen Konstellationen. Diese statuiert ebenfalls ein Wettbewerbsverbot für Vorstandsmitglieder einer AG. In den vorliegend einschlägigen Konstellationen käme lediglich die Variante des Geschäftemachens in Betracht; der BGH führt dazu aus: „*Der Beklagte hat vielmehr in Ausübung seines Vorstandsamtes der Gemeinschuldnerin eine Erwerbschance dadurch zugeführt, dass er [...]. Soweit der Beklagte für diese [...] erfolgreiche Abwicklung des Geschäfts nach den Feststellungen des Berufungsgerichts eine „Provision" des Zeugen S. als beherrschendem Gesellschafter des Veräußerers erhalten hat, kann darin keine Vergütung für eine unter Wettbewerbsaspekten gegenüber der Gesellschaft verbotene Konkurrenztätigkeit gesehen werden*"[401]. Dieser Auffassung des BGH ist zuzustimmen, da das Vorstandsmitglied in Korrupti-

---

400 BAG vom 11.4.2000 – 9 AZR 131/99 – AP Nr. 3 zu § 61 HGB.

401 BGH vom 2.4.2001 – II ZR 217/99 – DB 2001, 1189 (1190); ausführlich zu § 88 II AktG unter D I 2 a) bb) β).

onsfällen zumindest grundsätzlich die Führung der Geschäfte der AG betreibt, wenn auch zu für diese ungünstigeren Konditionen. Eine Förderung der Konkurrenz ist damit jedoch nicht verbunden. Die bloße Annahme von Schmiergeldern stellt damit keine Verletzung des Wettbewerbsverbotes dar, weshalb ein Herausgabeanspruch aus § 61 I HGB ausscheidet.

f) Herausgabeanspruch und strafrechtlicher Verfall

Insbesondere vor der Neuregelung der strafrechtlichen Verfallsregeln der §§ 73ff. StGB durch das *2. Strafrechtsreformgesetz* vom 1.1.1975[402] war das Konkurrenzverhältnis von zivilrechtlichem Herausgabeanspruch und staatlichem Einzugsrecht im Falle einer gleichzeitigen Verwirklichung des Tatbestandes des § 12 UWG a. F. (heute § 299 StGB) heftig umstritten[403]. Teilweise wurde aus der Regelung des § 12 III UWG a. F., welche explizit für Schmiergelder ein staatliches Einziehungsrecht vorsah, sogar geschlossen, dem Geschäftsherr stünde erst gar kein Herausgabeanspruch gegen den Geschäftsführer zu[404], oder jener sei umgekehrt zur doppelten Zahlung verpflichtet[405]. In der höchstrichterlichen Rechtsprechung wurden in diesem Zusammenhang einige dogmatisch fragwürdige Konkurrenzmodelle vertreten[406], welche sich

---

402 Beratungen BT-Drs. V/4095.

403 Dazu *Dilcher* in JZ 63, 510; *Kraft* in JuS 63, 473 (475 f.); *Isele* in RdA 62, 52 (57 f.).

404 RG vom 8.6.1937 – III 223/36 - JW 37, 2516; MüHdb ArbR/*Blomeyer* § 53 Rd. 113.

405 So *Baumbach/Hefermehl* (19. Auflage) § 12 UWG Rd. 26.

406 So verneinte das RG vom 8.6.1937 – III 223/36 – JW 37, 2516 bereits die Entstehung des Anspruchs, wenn lediglich die abstrakte Mög-

- Fortsetzung: siehe nächste Seite -

mittlerweile durch die *Einfügung des § 73 I 2 StGB* erledigt haben. Dieser statuiert einen Vorrang des privatrechtlichen Anspruchs des Verletzten vor dem strafrechtlichen Verfall.

Dementsprechend wird mittlerweile allgemein davon ausgegangen, daß der zivilrechtliche Herausgabeanspruch auf das Schmiergeld nicht von der grundsätzlich bestehenden Möglichkeit einer Verfallsanordnung tangiert wird[407]. Teilweise wird allerdings – überwiegend in der strafrechtlichen Literatur[408] – vertreten, *gerade* in den Fällen von Schmiergeldzahlungen finde § 73 I 2 StGB keine Anwendung, da der Geschäftsherr als Inhaber des Herausgabeanspruchs nicht „*Verletzter*" im Sinne dieser Vorschrift sei. Geschütztes Rechtsgut des § 299 StGB sei lediglich die Lauterkeit des Wettbewerbes, weshalb Rechtsgüter des einzelnen Arbeitgebers nicht verletzt sein könnten. Dem ist jedoch zu widersprechen, da die Norm zumindest auch die Interessen des Geschäftsherrn schützt[409]. Dies umso mehr, als dieser durch das Handeln seines Ange-

---

lichkeit einer Verfallserklärung bestand. Das BAG vom 14.7.1961 – 1 AZR 288/60 – NJW 61, 2036 (2037) nahm dagegen ein *Subsidiaritätsverhältnis* von privatem und staatlichem Anspruch an; der Herausgabeanspruch sei „*zunächst belastet mit dem Einziehungsrecht des Staates im Strafverfahren. Kommt es nicht zur Durchführung des Strafverfahrens, [...], so steht die Einziehungsvorschrift des § 12 III UWG dem Herausgabeanspruch des Arbeitgebers nicht entgegen*". Dieser Auffassung des BAG schloß sich in der Folge auch der BGH explizit an, vgl. BGH vom 7.1.1963 – VII ZR 149/61 – JZ 63, 509.

407 AllgM; *Zöllner/Loritz*, 173; *Baumbach/Hefermehl* § 12 (19. Auflage) Rd. 32; MüKo/*Seiler* § 667 Rd. 17; *Sethe* in WM 98, 2309 (2321) Fn. 113.

408 So beispielsweise *Tröndle/Fischer* § 73 Rd. 13.

409 Dazu ausführlich *Mayer* in NJW 83, 1300 (1301 f.); i. Erg. ebenso Schönke/Schröder/*Eser* § 73 Rd. 26.

stellten am unmittelbarsten geschädigt wird, da die Zahlung des Schmiergeldes kalkulatorisch im Angebot des Schmierenden berücksichtigt ist. § 73 I 2 StGB findet demnach in den Fällen des Strafantrages durch den Geschäftsherrn nach § 301 StGB Anwendung, mit der Folge des Vorranges des zivilrechtlichen Herausgabeanspruches aus §§ 675, 667 vor dem staatlichen Einziehungsanspruch.

Etwas anderes kann sich nur in den Fällen des *erweiterten Verfalls* ergeben, welcher gemäß §§ 302 I, 73d StGB im Bereich der organisierten Kriminalität auch im Rahmen des § 299 I StGB angeordnet werden kann. Hier fehlt es an einer § 73 I 2 StGB vergleichbaren Regelung, weshalb der Herausgabeanspruch des Geschäftsherrn nicht durchsetzbar ist.

g) Zwischenergebnis

Der Herausgabeanspruch des Geschäftsherrn kann nur über die §§ 675, 667 erfolgen. Dies steht auch weder in Widerspruch zum Wortlaut der beiden Vorschriften noch kollidiert es mit deren Grundgedanken. Er steht vielmehr im Einklang mit der gesetzgeberischen Intention einer vollständigen Herausgabe des aufgrund der Geschäftsführung Erlangten. Der Ansatz des BAG über §§ 687 II, 681 2, 667 stößt dagegen auf erhebliche grundlegende Bedenken hinsichtlich systematischer Stellung und Zweck des § 687 II.

Eine Konkurrenz zum staatlichen Einziehungsrecht der §§ 73ff. StGB besteht nur in den Fällen des erweiterten Verfalls.

2. Schadensersatzansprüche

Neben dem für den Geschäftsherrn effektivsten Anspruch, dem Herausgabeanspruch aus §§ 675, 667[410], kommen Schadensersatzansprüche sowohl gegen den korrumpierenden Vertragspartner als auch gegen den Geschmierten in Betracht. Hierbei ist zwischen vertraglichen und deliktischen Ansprüchen zu unterscheiden.

a) Ansprüche gegen den Geschmierten

aa) Vertragliche Ansprüche

Zwischen Geschmiertem und Geschädigtem werden regelmäßig schuldrechtliche Beziehungen bestehen. Diese Tatsache resultiert aus der prinzipiellen Struktur der Korruptionskonstellationen, welche die berechtigte Wahrnehmung von Drittinteressen als grundlegende Bedingung für das Funktionieren von Korruption voraussetzt[411]. Dementsprechend sind Geschäftsherr und Geschäftsführer in der überwiegenden Zahl der Fälle durch arbeitsvertragliche Schuldverhältnisse miteinander verbunden, teilweise auch durch entgeltliche Geschäftsbesorgungsverhältnisse, seltener durch unentgeltliche Aufträge. Interessenwahrnehmungen, welche lediglich auf einer Vertrauensbasis ohne vertragliche Bindung beruhen, wird es in der Praxis kaum einmal geben.

---

410 Zu den Vorzügen dieses Anspruchs gegenüber den Schadensersatzansprüchen unter D I 1 a).

411 Dazu A I 2.

Die Vorschrift des *§ 280 I n. F.* umfaßt unter anderem auch die *Fälle der Schlechtleistung*, welche bisher in den Anwendungsbereich der pVV fielen[412]. Eine Änderung der materiellen Rechtslage ist damit jedoch nicht verbunden, so daß der Meinungsstand zur früheren pVV in diesem Zusammenhang herangezogen werden kann. Entscheidendes Anspruchsmerkmal ist vorliegend die Pflichtverletzung des Geschmierten. In diesem Kontext hat sich durch das Schuldrechtsmodernisierungsgesetz vom 1.1.2002 zumindest in den Fällen eines bestehenden Arbeitsverhältnisses eine geringfügige Änderung ergeben. So fiel die Annahme von Schmiergeldern früher unter die aus § 242 abgeleitete Loyalitätspflicht des Arbeitnehmers, mittlerweile ist diese als allgemeine *„Nebenpflicht auf Rücksichtnahme"*[413] in § 241 II gesetzlich normiert. Auch dies hat aber soweit ersichtlich keine materielle Rechtsänderung zur Folge.

Insbesondere innerhalb bestehender *Arbeitsverhältnisse* wird eine Verletzung dieser Nebenpflicht regelmäßig zu bejahen sein. Die Annahme von Schmiergeldern[414] stellt bereits für sich einen Verstoß gegen das Rücksichtnahmegebot dar, da hierdurch die Gefahr einer Verdrängung der Interessen des Arbeitgebers zugunsten einer stärkeren Berücksichtigung derjenigen des Schmierers begründet wird[415]. Dabei ist es be-

---

412 *Mayerhöfer* in MDR 02, 549 (551); Palandt/*Heinrichs* § 280 Rd. 5.

413 Palandt/*Heinrichs* § 611 Rd. 39.

414 Zum Begriff C II 2. b) bb).

415 MüHdb ArbR/*Blomeyer* § 53 Rd. 99 ff.; *Zöllner/Loritz*, 173; *Schaub* § 53 II 7; Schlegelberger/*Schröder* § 59 Rd. 42; Staudinger/*Richardi* § 611 Rd. 425; Palandt/*Heinrichs* § 611 Rd. 44. Dazu im einzelnen auch C II 2. a).

züglich des Merkmals der *Pflichtverletzung* unerheblich, ob es tatsächlich zu einer Schädigung des Arbeitgebers kommt[416]. Ebenso ist die Erfüllung des Straftatbestandes des § 299 StGB keine Voraussetzung für die Annahme einer Vertragsverletzung[417]. Die arbeitsvertraglichen Nebenpflichten sind in dieser Beziehung weiter als das Strafrecht, so daß auch Schmiergeldzahlungen außerhalb des Wettbewerbes sowie an Angestellte von Privatpersonen darunter zu fassen sind. Dies ist Ausdruck des besonderen arbeitsvertraglichen Loyalitätsverhältnisses, welches mit einer erhöhten Pflicht zum Schutz der Interessen und Rechtsgüter des Vertragspartners einhergeht. Aus diesem Grund ist auch ein über die Annahme des Schmiergeldes hinausgehendes pflichtwidriges Verhalten des Angestellten zur Begründung einer Treuepflichtverletzung nicht erforderlich[418]. Es ist ohne Bedeutung, ob das vom Schmierenden abgegebene Angebot tatsächlich unter marktwirtschaftlichen Gesichtspunkten vorzugswürdig war und auch ein redlicher Arbeitnehmer es ausgewählt hätte oder ob das Gegenteil der Fall war. Letzteres würde insofern lediglich einen weiteren Verstoß gegen arbeitsvertragliche Pflichten darstellen; die eigentliche Pflichtverletzung liegt jedoch bereits im Abschluß der Schmiergeldvereinbarung. Diese Beurteilung ändert sich auch nicht durch das Erfordernis eines Schadens des Arbeitgebers, denn auch im Fall eines an sich ordnungsgemäßen Handelns des Arbeitnehmers kann dennoch ein solcher Schaden vorliegen, denn dieser ergibt sich aus der

---

416 Soergel/*Kraft* § 611 Rd. 151; Staudinger/*Richardi* § 611 Rd. 425.

417 Für alle *Zöllner/Loritz*, 173; Schlegelberger/*Schröder* § 59 Rd. 42.

418 So auch MüHdb ArbR/*Blomeyer* § 53 Rd. 99; a.A. offenbar Soergel/*Kraft* § 611 Rd. 151; Staudinger/*Richardi* § 611 Rd. 425, welche jeweils ungenau von einem „*pflichtwidrigen Handeln*“ sprechen.

hypothetischen Differenz zu einem Vertragsabschluß ohne vorangegangene Schmiergeldvereinbarung[419].

Teilweise wird darüber hinaus noch eine generelle Pflicht des Arbeitnehmers angenommen, den Arbeitgeber über das Angebot des korrumpierenden Geschäftspartners zu unterrichten[420]. Überwiegend wird diese *Informationspflicht* dagegen von einer Einzelfallbetrachtung abhängig gemacht[421]. Entscheidend soll dabei sein, inwiefern die Gefahr einer Bestechung weiterer Arbeitnehmer besteht. Vorzugswürdig ist jedoch die restriktive Ansicht, da diese eine klare Abgrenzung ermöglicht. Keine Informationspflicht besteht demnach lediglich bei vollkommen unbedeutenden Zuwendungen, welche gar nicht erst unter das Schmiergeldverbot fallen.

Gleiches muß in Bezug auf die Pflichtverletzung auch für die Annahme von Schmiergeldern innerhalb von *Geschäftsbesorgungsverhältnissen i. S. des § 675 sowie von unentgeltlichen Aufträgen i S. der §§ 662 ff.* gelten. Diese weisen zwar im Gegensatz zu arbeitsvertraglichen Beziehungen kein derartig ausgeprägtes Loyalitätsverhältnis zwischen den Vertragsparteien auf. Demgegenüber ergeben sich hier die im vorliegenden Zusammenhang relevanten Pflichten des Geschäftsführers stärker als im Rahmen von Arbeitsverhältnissen jedoch aus den Vereinbarungen selbst, da diese als primäre Leistungspflicht eine Geschäftsführung für einen anderen enthalten. Mit dieser Leistungspflicht korrespondiert die *unselb-*

---

419 Dazu C III 2 b).

420 Schlegelberger/*Schröder* § 59 Rd. 42; *Schaub* § 53 II 7.

421 Staudinger/*Richardi* § 611 Rd. 427; MüHdb ArbR/*Blomeyer* § 53 Rd. 104; Soergel/*Kraft* § 611 Rd. 151.

ständige Unterlassungspflicht, jegliche Handlungen zu unterlassen, welche den Vertragsinhalt beseitigen oder gefährden könnten[422]. Die Annahme von Schmiergeldern beziehungsweise der Abschluß einer entsprechenden Vereinbarung verstößt gegen diese Vorgabe in grober Weise, da die vertragliche Übernahme einer Fremdgeschäftsführung die Pflicht begründet, während dieser Geschäftsführung ausschließlich die Interessen des Geschäftsherrn zu berücksichtigen. Bereits der Abschluß einer Schmiergeldvereinbarung gefährdet die Erfüllung dieser Pflicht jedoch aufgrund der Gefahr einer Verquickung mit Drittinteressen des Schmierenden sowie Eigeninteressen des Geschäftsführers, wie oben ausführlich dargestellt[423], elementar. Demnach stellt ein solches Handeln des Geschäftsführers auch bei Vorliegen eines Geschäftsbesorgungs- oder Auftragsverhältnisses eine zum Schadensersatz verpflichtende Vertragsverletzung i. S. des § 280 I dar.

bb) Haftung von Gesellschaftsorganen

1) § 43 II GmbHG – Haftung des Geschäftsführers

Zusätzliche Haftungsgrundlagen ergeben sich in den Fällen der Schmiergeldannahme durch Organe von Kapitalgesellschaften. Die Annahme von Schmiergeldern durch den *Geschäftsführer einer GmbH* stellt neben der soeben dargestellten möglichen Verletzung der Pflichten aus dem Anstellungsvertrag einen Verstoß gegen die in § 43 GmbHG positivierten

---

422 Dazu allgemein Erman/*Werner* § 241 Rd. 10; Palandt/*Heinrichs* § 241 Rd. 4; ausführlich zu den Unterlassungspflichten *Köhler* in AcP 190, 497 (504).

423 C II 2 a).

Pflichten dar. Diese ergeben sich nicht aus der vertraglichen Verbindung von Gesellschaft und Geschäftsführer, sondern *aus der Organstellung selbst*, so daß eine Haftung aus § 43 II GmbHG auch in den Fällen nichtiger Anstellungsverträge greift[424]. Die Vorschrift verlangt in Abs. I die Einhaltung der Sorgfalt eines ordentlichen Geschäftsmannes, worunter auch die *Treuepflicht des Geschäftsführers* gegenüber der Gesellschaft verstanden wird. Diese ist Pendant zu den weitreichenden Befugnissen und faktischen Einwirkungsmöglichkeiten des Geschäftsführers auf das Gesellschaftsvermögen; zu dessen Sicherung wird der Geschäftsführer durch die Treubindung in die Pflicht genommen[425]. Konsequenz dieser Treuepflicht ist unter anderem das Verbot, persönlichen Nutzen aus Geschäftsvorgängen der GmbH zu ziehen, sogenanntes *Ankoppelungsverbot*[426] oder *Verbot der eigennützigen Ausnutzung der Organstellung*[427].

Unter diese systematische Ausprägung der Treuepflicht des GmbH-Geschäftsführers fällt nach allgemeiner Meinung auch die Annahme von Schmiergeldern[428]. Das OLG Düsseldorf führt in diesem Zusammenhang aus: *„Dem Geschäftsführer einer GmbH ist es aufgrund seiner Pflicht zu loyalem Verhalten untersagt, persönliche Vorteile aus der geschäftlichen Tätigkeit der Gesellschaft für sich abzuleiten. Er darf sich beim*

---

424 *Baumbach*/Hueck/*Zöllner* § 43 Rd. 4; *Lutter/Hommelhoff* § 43 Rd. 2, 3.

425 *Roth/Altmeppen* § 42 Rd. 10; Baumbach/Hueck/*Zöllner* § 35 Rd. 20.

426 Scholz/*Schneider* § 43 Rd. 148.

427 Hachenburg/*Mertens* § 42 Rd. 41; Michalski/*Haas* § 43 Rd. 115.

428 OLG Düsseldorf vom 25.11.1999 – 6 U 146/98 – GmbHR 00, 666 (669); Scholz/*Schneider* § 43 Rd. 148 ; Michalski/*Haas* § 43 Rd. 115.

Abschluß von Rechtsgeschäften zwischen der Gesellschaft und Dritten insbesondere keine Provisionen versprechen lassen oder Schmiergelder entgegennehmen“[429]. Erforderlich ist demnach lediglich ein innerer Zusammenhang mit der Geschäftsführertätigkeit. Dieser wird dann gegeben sein, wenn die Gefährdung einer interessenkonfliktfreien Ausübung der Geschäftsführung zu befürchten ist. Mit dieser Schadensersatzpflicht korrespondiert auch eine Informationspflicht des Geschäftsführers gegenüber der Gesellschaft in bezug auf die Annahme der Schmiergelder, diese folgt ebenfalls aus seiner Treuepflicht beziehungsweise aus § 41 GmbHG[430]. Der Grundgedanke der Vorschrift entspricht im wesentlichen dem des § 667[431], mit der Folge, daß die dort angesprochenen Grundsätze sowie die im Rahmen des § 280 gemachten Ausführungen bezüglich des Nachweises eines Schadens hier ebenfalls gelten. Insbesondere finden hinsichtlich der Höhe des Schadens die Grundsätze des Anscheinsbeweises Anwendung. Es ist demnach von der widerlegbaren Vermutung auszugehen, der GmbH sei durch den Pflichtverstoß des Geschäftsführers ein Schaden in Höhe des geleisteten Schmiergeldes entstanden. Die Nichtgeltendmachung dieses Anspruchs durch die GmbH kann darüber hinaus eine verdeckte Gewinnausschüttung darstellen[432].

---

429 OLG Düsseldorf vom 25.11.99 – 6 U 146/98 – GmbHR 00, 666 (669).

430 BFH vom 29.4.1987 – I R 176/83 – FR 87, 456.

431 So auch BFH vom 29.4.1987 – I R 176/83 – FR 87, 456; OLG Düsseldorf vom 25.11.99 – 6 U 146/98 – GmbHR 00, 666 (669).

432 BFH vom 29.4.1987 – I R 176/83 – FR 87, 456 (457).

2) Haftung des Vorstandmitgliedes

α) § 93 II AktG

§ 93 II AktG entspricht in Bezug auf die Haftung von *Vorstandsmitgliedern einer AG* im wesentlichen der vergleichbaren Vorschrift des § 43 II GmbHG. Es handelt sich hier ebenfalls um eine unmittelbar an die Organstellung des Vorstandes anknüpfende gesetzliche Haftung[433]. Dies hat die Unabhängigkeit dieser Haftung vom Anstellungsvertrag des Vorstandsmitgliedes hinsichtlich dessen Wirksamkeit sowie Verschuldensmaßstab zur Folge, lediglich eine quantitative Erweiterung der Pflichten ist auf diesem Wege möglich[434].

Inhaltlich begründet § 93 AktG die umfassende Pflicht, die geführte Gesellschaft nicht durch aktives Verhalten zu schädigen, sondern vielmehr den Vorteil der AG zu wahren und von Dritten drohende Schädigungen abzuwehren[435]. Die Annahme von Schmiergeldern durch Vorstandsmitglieder stellt in diesem Zusammenhang einen Verstoß gegen das bereits im Rahmen des § 43 GmbHG erwähnte Verbot einer eigennützigen Ausnutzung der Organstellung dar und verpflichtet den Korrumpierten zum Schadensersatz[436]. Dieses ist in systematischer Hinsicht eine Ausprägung der Treuepflicht des Vorstan-

---

433 BGH vom 10.2.1992 – II ZR 23/91 - WM 92, 691 (692); Großkomm/*Hopt* § 93 Rd. 11, 225 ff.

434 KK/*Mertens* § 76 Rd. 45; Geßler/*Hefermehl* § 93 Rd. 14.

435 Dazu BGH vom 27.9.1956 – II ZR 144/55 - BGHZ 21, 354 (357); KK/*Mertens* § 93 Rd. 29; Geßler/*Hefermehl* § 93 Rd. 13.

436 KK/*Mertens* § 93 Rd. 62; Großkomm/*Hopt* § 93 Rd. 181; *Sethe* in WM 98, 2309 (2320).

des der Gesellschaft gegenüber. Wie bereits dargelegt entsteht der Gesellschaft durch das illoyale Verhalten ihres Organs auch ein entsprechender Schaden. Hinsichtlich der Beweislast in bezug auf den Schaden gilt das zu §§ 280 BGB, 43 GmbHG Gesagte entsprechend.

β) § 88 II AktG

Dagegen begründet die bloße Annahme von Schmiergeldern durch Vorstandsmitglieder einer AG keine H*aftung nach § 88 II AktG*[437]. Zweck dieser Vorschrift ist der Schutz der Gesellschaft vor dem anderweitigen Einsatz der Arbeitskraft ihres Vorstandes sowie vor Wettbewerbshandlungen. In den vorliegend einschlägigen Konstellationen käme lediglich die Variante des Geschäftemachens in Betracht, diese dient allerdings ausschließlich der Verhinderung von Konkurrenz. Der BGH führt dazu aus: „*Der Beklagte hat vielmehr in Ausübung seines Vorstandsamtes der Gemeinschuldnerin eine Erwerbschance dadurch zugeführt, dass er [...]. Soweit der Beklagte für diese [...] erfolgreiche Abwicklung des Geschäfts nach den Feststellungen des Berufungsgerichts eine „Provision" des Zeugen S. als beherrschendem Gesellschafter des Veräußerers erhalten hat, kann darin keine Vergütung für eine unter Wettbewerbsaspekten gegenüber der Gesellschaft verbotene Konkurrenztätigkeit gesehen werden*"[438]. Dieser Auffassung des BGH ist zuzustimmen, da das Vorstandsmitglied in Korruptionsfällen zumindest grundsätzlich die Führung der Geschäfte der AG betreibt, wenn auch zu für diese ungünstigeren Kon-

---

437 BGH vom 2.4.2001 – II ZR 217/99 – DB 01, 1189, 1190; insoweit zustimmend *Sethe* in WuB IV A § 667 BGB 1.02.

438 BGH vom 2.4.2001 – II ZR 217/99 – DB 01, 1189 (1190).

ditionen. Eine Förderung der Konkurrenz ist damit jedoch nicht verbunden.

3) §§ 116, 93 II AktG – Haftung des Aufsichtsratmitgliedes

Auch Aufsichtsratsmitglieder unterliegen kraft ihrer Bestellung organschaftlichen Treubindungen; dementsprechend ordnet § 116 AktG eine sinngemäße Anwendung der Haftungsgrundsätze des § 93 AktG an. Eine pauschale Übernahme dieser Maßstäbe ist angesichts der strukturellen Unterschiede der beiden Organe allerdings nicht angezeigt, insbesondere der grundsätzliche Charakter des Aufsichtsratsmandates als Nebentätigkeit führt zu gewissen Modifizierungen[439]. In den vorliegend relevanten Fallgestaltungen sind diese allerdings nicht von Bedeutung; die Annahme von Schmiergeldern stellt auch für Mitglieder des Aufsichtsrates einen Verstoß gegen die Pflicht zur Wahrung des Gesellschaftsinteresses dar. Diese sind gehalten, die Organstellung nicht zu eigenen Vorteilen und zum Nachteil der AG auszunutzen. In der Praxis werden derartige Pflichtverstöße von Aufsichtsratsmitgliedern im Vergleich zu denen von Vorständen und insbesondere Geschäftsführern allerdings einen verhältnismäßig geringen Anteil ausmachen. Dies liegt zum einen im Charakter der den Aufsichtsrat primär treffenden Pflichten begründet; hierbei handelt es sich überwiegend um bloße Überwachungspflichten Entscheidungen des Vorstandes betreffend. Zudem stellt der Aufsichtsrat ein Kollektivorgan dar, das heißt es wäre eine Korrumpierung aller oder zumindest mehrerer Mitglieder erforderlich. Aus diesem Grund wird regelmä-

---

439 *Hüffer* (3. Auflage) § 116 Rd. 4.

ßig die Bestechung eines Organs der Unternehmensführung gewählt werden.

4) Deutscher Corporate Governance Kodex

Im Zuge der verstärkten Kodifizierung der Grundsätze einer effizienten und ordnungsgemäßen Unternehmensordnung und -kontrolle (*corporate governance*) werden auch die Pflichten der Gesellschaftsorgane bei der Eindämmung der Wirtschaftskorruption einbezogen. Vorläufiger Höhepunkt dieser Entwicklung ist die Bekanntmachung des *Deutschen Corporate Governance Kodex* (DCGK) am 26.11.2002 im elektronischen Bundesanzeiger[440]. Der Kodex soll dabei zwei Aufgaben erfüllen, zum einen soll das deutsche Corporate Governance-Modell angesichts seiner Besonderheiten im internationalen Vergleich informatorisch dargestellt werden, zum anderen sollen in Ergänzung des geltenden Rechts Standards guter und verantwortungsbewußter Unternehmensführung für Kapitalgesellschaften gesetzt werden[441]. Im Rahmen der vorliegenden Untersuchung relevant sind dabei insbesondere die Ziffern 4.3.2 DCGK sowie 5.5.1 DCGK:

„4.3.2 Vorstandsmitglieder und Mitarbeiter dürfen im Zusammenhang mit ihrer Tätigkeit weder für sich noch für andere Personen von Dritten Zuwendungen oder sonstige Vorteile

---

440 www.ebundesanzeiger.de/research/banzservlet/event_redirect/page_research_publication /sessionid-ad1f592db1010e9f60f3779511dcd817 (zuletzt abgerufen am 22.5.2003).

441 Dazu *Seibt* in AG 02; 249 (250); *Ulmer* in ZHR 166 (2002), 150 (151).

fordern oder annehmen oder Dritten ungerechtfertigte Vorteile gewähren.

5.5.1 Jedes Mitglied des Aufsichtsrates ist dem Unternehmensinteresse verpflichtet. Es darf bei seinen Entscheidungen weder persönliche Interessen verfolgen noch Geschäftschancen, die dem Unternehmen zustehen, für sich nutzen."

Eine *zusätzliche Haftungsgrundlage* ergibt sich aus diesen Vorschriften des DCGK jedoch *nicht.* Wie an vielen Stellen, so gibt der Kodex auch hier lediglich die bestehende Rechtslage wieder. Die in Ziffern 4.3.2, 5.5.1 DCGK beschriebenen Pflichten werden bereits von den §§ 43 GmbHG, 93, 116 AktG umfaßt und begründen somit keine eigenständige Haftung. Zudem beruht die Übernahme der Regelungen des DCGK, welche über das geltende Recht hinausgehen, durch die Gesellschaft auf freiwilliger Basis. In § 161 AktG wird lediglich die Verpflichtung statuiert, jährlich öffentlich zu erklären, ob dem Kodex gefolgt werde oder nicht. Der Kodex ist demnach als Wiedergabe der im Kontext der Wirtschaftskorruption bestehenden, im Rahmen der Anspruchsgrundlagen soeben dargestellten, Pflichten der Gesellschaftsorgane anzusehen. Eine Änderung oder Verschärfung der bisherigen Haftungssituation ist damit nicht verbunden. Dennoch werden die Anforderungen an ein ordnungsgemäßes Verhalten damit noch einmal unterstrichen und publiziert.

cc) Deliktische Ansprüche

1) § 1 UWG

§ 1 UWG als wettbewerbsrechtliche Generalklausel gewährt ebenfalls einen Schadensersatzanspruch für den Fall gegen die guten Sitten verstoßender Wettbewerbshandlungen. Wie bereits oben ausführlich dargelegt, bilden Schmiergeldvereinbarungen einen derartigen Verstoß gegen die Grundsätze lauteren Wettbewerbs[442]. Systematisch handelt es sich dabei um einen unlauteren *Vorsprung durch Rechtsbruch*[443]. Dies gilt dabei nicht lediglich für den Schmierenden, sondern auch für die *bloße Annahme des Schmiergeldes*. Der Geschmierte handelt ebenfalls zu Wettbewerbszwecken, da er den unlauteren Wettbewerb des Korrumpierenden fördern will[444]. Dieses Verhalten wird dem in § 1 UWG statuierten Gebot fairen Wettbewerbs nicht gerecht; Schmiergeldvereinbarungen stellen durch ihre Aufforderung zur Berücksichtigung nicht-marktwirtschaftlicher Gesichtspunkte vielmehr das Gegenstück echten Leistungswettbewerbes dar. Bei Schmiergeldzahlungen außerhalb des Wettbewerbes ist § 1 UWG demzufolge nicht einschlägig, hier kann ein Anspruch nach §§ 823, 826 gegeben sein[445].

In den Korruptionskonstellationen wird es regelmäßig an einem *unmittelbaren Wettbewerbsverhältnis* zwischen Geschmiertem und Geschäftsherr fehlen. Vielfach werden die Korruptionsbeteiligten Mitglieder einer Lieferkette sein, das heißt im Verhältnis von Lieferant und Abnehmer stehen. Es könnte demnach fraglich sein, ob dem Geschäftsherrn überhaupt ein wettbewerbsrechtlicher Anspruch zustehen kann oder ob es insoweit an der *Aktivlegitimation* fehlt. Die Rechtsprechung verlangt hierfür das Vorliegen eines konkreten

---

442 C II 1 b).

443 *Baumbach/Hefermehl* Einl UWG Rd. 164, § 1 Rd. 608 ff.

444 *Baumbach/Hefermehl* Vor § 12 Rd. 2.

445 Dazu sogleich unter D I 2 a) cc) 2), 3) und 4).

Wettbewerbsverhältnisses zwischen Gläubiger und Schuldner des Anspruches. Ein solches sei dann gegeben, wenn beide Parteien gleichartige Waren innerhalb desselben Endverbraucherkreises abzusetzen versuchen, so daß das konkret beanstandete Wettbewerbsverhalten den anderen beeinträchtigen, das heißt im Absatz behindern oder stören könne[446]. Ein derartiges Verhältnis wird nach soeben Gesagtem zwischen Schmierer und Geschmiertem regelmäßig fehlen.

Ganz überwiegend wird jedoch angenommen, daß das UWG nicht nur den Mitbewerber, sondern auch die sonstigen Marktbeteiligten wie beispielsweise Abnehmer oder Lieferanten gegen unlauteres Verhalten im Wettbewerb schützt[447]. Das UWG hat in diesem Zusammenhang auch eine soziale Schutzfunktion. Zur Sicherung dieser Interessen ist es dann aber auch erforderlich, den Geschützten eigene zivilrechtliche Unterlassungs- und Ersatzansprüche zu gewähren[448]. Die Gewährung eines eigenen wettbewerbsrechtlichen Abwehranspruches auch für Abnehmer und Lieferanten, das heißt ohne konkretes Wettbewerbsverhältnis, rechtfertigt sich durch Sinn und Zweck des § 1 UWG. Das UWG knüpft in diesem Rahmen an das allgemeine zivilrechtliche Prinzip an, daß der Anspruch dem durch die der Norm zuwiderlaufende Handlung Verletzten zusteht[449]. Das Schmieren eines Angestellten ist

---

446 So bspw. BGH vom 24.5.2000 – I ZR 222/97 – GRUR 01, 78 m.w.N.; dem folgend *Teplitzky* § 13 Rd. 4.

447 *Köhler/Piper* Einf Rd. 23 ff.; *Godin/Hoth* UWG Einl Vorb 4; *Baumbach/Hefermehl* Einl UWG Rd. 42 m. w. N.

448 *Sack* in FS v. Gamm, 161(180); *Beater* § 30 Rd. 108; *Baumbach/Hefermehl* Einl UWG Rd. 43.

449 *Beater* § 30 Rd. 106.

zweifelsfrei wettbewerbswidrig, da sich der Schmierer durch Rechtsbruch einen unlauteren Vorsprung zu verschaffen versucht. Durch dieses Verhalten werden sowohl die Mitbewerber des Korrumpierenden als auch der Geschäftsherr geschädigt. Wenn dem so ist, dann stellt sich die Frage, warum letzterer aus dem Kreis der Anspruchsberechtigten herausgenommen werden sollte. Dies ließe sich nur dann rechtfertigen, wenn es der Wortlaut des § 1 UWG vorgeben würde, da nach Sinn und Zweck auch die sonstigen Marktbeteiligten geschützt werden sollen. Überwiegend wird das Erfordernis eines konkreten Wettbewerbsverhältnisses dementsprechend auch am Tatbestandsmerkmal „*Handeln zu Zwecken des Wettbewerbes*" festgemacht. Ein solches liegt jedoch auch in den Korruptionskonstellationen unstreitig vor; der Schmierer will sich im Wettbewerb mit seinen Konkurrenten einen Vorteil verschaffen. Dem Wortlaut des § 1 UWG ist dagegen nicht zu entnehmen, daß gerade zwischen den Parteien des Anspruches ein Wettbewerbsverhältnis bestehen müsse[450]. Vielmehr würde eine solche Annahme dem Schutzzweck der Vorschrift entgegen laufen, da das UWG und insbesondere § 1 UWG nach richtiger und herrschender Auffassung einen Schutz sämtlicher am Markt beteiligter Gewerbetreibender und damit auch der nicht in einem konkreten Wettbewerbsverhältnis zum Verletzer Stehenden bezweckt. Ein derartiges Wettbewerbsverhältnis ist aus diesem Grund für eine Aktivlegitimation des Geschäftsherrn nicht erforderlich.

Voraussetzung ist aber ein Schaden des Anspruchstellers. Anspruchsberechtigt ist somit lediglich der verletzte Arbeit-

---

450 Ebenso *Sack* in FS v. Gamm, 161 (174), welcher auch aufzeigt, warum eine Beschränkung der Aktivlegitimation auf das konkrete Wettbewerbsverhältnis im Widerspruch zur bisherigen Rechtsprechung steht.

geber selbst, die Erweiterung der Aktivlegitimation in § 13 UWG bezieht sich hinsichtlich § 1 UWG nur auf Abwehransprüche, nicht dagegen auf Schadensersatzansprüche. Um Wiederholungen zu vermeiden, wird der Schaden des Geschäftsherrn abschließend nach Darstellung der einzelnen Anspruchsgrundlagen unter c) erörtert.

2) § 823 I – Eingriff in das Recht am Unternehmen

Der Abschluß der Schmiergeldvereinbarung sowie insbesondere der sich anschließende Abschluß des Hauptvertrages durch den Empfänger des Schmiergeldes können einen *Eingriff in das Unternehmen* beziehungsweise den eingerichteten und ausgeübten Gewerbebetrieb des Geschäftsherrn darstellen. So wird überwiegend angenommen, das Ausnutzen der Geschäftsführerstellung und der damit verbundene für den Arbeitgeber nachteilige Vertragsabschluß greife rechtswidrig in die Führung des Unternehmens ein, da es zu einer Interessenverschiebung hin zu einer Verdrängung der Unternehmensinteressen komme[451]. Teilweise wird dagegen vertreten, lediglich der Abschluß des Hauptvertrages, nicht dagegen bereits die bloße Annahme des Schmiergeldes stelle einen derartigen Eingriff dar, da es in letzterem Fall *an einer Beeinflussung des Geschäftsablaufes fehle*[452]. Diese Differenzierung kann so jedoch nicht getroffen werden. Sieht man das Verhalten des Angestellten als Eingriff in das Unternehmen an, dann muß dies auch bereits für die Schmiergeldvereinbarung an

---

451 In diesem Sinne *Baumbach/Hefermehl* (19. Auflage) § 12 Rd. 24; *Sethe* in WM 98, 2309 (2320); *Koch*, 117 f.; MüHdb ArbR/*Blomeyer* § 53 Rd. 112.

452 *Koch*, 181 Fn. 3.

sich gelten. Diese verstößt gegen §§ 134, 138 und stellt sich als gegenüber dem Geschäftsherrn sittenwidrige Abrede dar[453]. Sie zielt unmittelbar darauf ab, in unzulässiger Weise in die Führung des betroffenen Unternehmens einzugreifen und ist aus diesem Grund für sich ein Eingriff in den Gewerbebetrieb. Bleibt es allerdings bei der bloßen Schmiergeldabrede, das heißt kommt der angestrebte Hauptvertrag nicht zustande, so wird es für einen Anspruch aus § 823 I am erforderlichen Schaden fehlen, da dem Arbeitgeber in diesem Fall keine Mindereinnahmen durch eine nachteilige Vertragsgestaltung entstehen werden.

Es stellt sich hier allerdings das *Problem der Subsidiarität des Rechts am eingerichteten und ausgeübten Gewerbebetrieb*. Dies insbesondere vor dem Hintergrund, daß das Verhalten des Korrumpierten in Wettbewerbsabsicht erfolgt, nämlich um den unlauteren Wettbewerb des Schmierers zu fördern. Aus diesem Grund wird teilweise explizit für die Fälle von Schmiergeldzahlungen vertreten, ein Anspruch aus § 823 I wegen eines Eingriffs in den Gewerbebetrieb müsse hier ausscheiden, da die Beurteilung sowie die Folgen derartiger Verhaltensweisen dem Wettbewerbsrecht vorbehalten sei[454]. Zur Begründung wird unter anderem die Rechtsprechung des BGH zum Vorrang des Wettbewerbsrechts vor den allgemeinen deliktischen Ansprüchen bei Handlungen in Wettbewerbsabsicht angeführt[455]. Dem ist zuzustimmen, da

---

453 Dazu C II.

454 RGRK/*Steffen* § 823 Rd. 37; Staudinger/*Hager* § 823 Rd. D 22; *Köhler/Piper* Einf Rd. 41.

455 So beispielsweise BGH vom 5.11.1962 – I ZR 39/61 - BGHZ 38, 200 (204); BGH vom 28.9.1973 – I ZR 136/71 - NJW 73, 2285.

das Recht am Gewerbebetrieb lediglich einen Auffangtatbestand mit subsidiärer, lückenfüllender Funktion darstellt. Steht dem Verletzten ein Anspruch aus wettbewerbsrechtlichen Vorschriften zu, dann ist er auf diesen beschränkt, weshalb auch die Tatsache, daß zwischen Geschmiertem und Geschäftsherr selbst kein Wettbewerbsverhältnis besteht, an dieser Stelle ohne Bedeutung ist. Denn der Schutz des Unternehmens über § 823 I kann nur dort gewährt werden, wo der kodifizierte Unternehmensschutz lückenhaft und unzureichend ist. Das ist er an dieser Stelle aber nicht. Ein Anspruch aus § 823 I wird deshalb regelmäßig nicht gegeben sein.

3) §§ 823 II i. V. mit §§ 263, 266, 299 StGB, 1 UWG

In den Fällen einer Erfüllung der Tatbestände der §§ 263, 266 StGB durch den korrumpierten Angestellten ergibt sich weiterhin ein Schadensersatzanspruch aus § 823 II in Verbindung mit diesen Normen, da diese Schutzgesetze im Sinne der Vorschrift darstellen[456]. Gleiches muß auch für den Tatbestand des § 299 StGB gelten, da dieser neben dem Allgemeininteresse an einem freien lauteren Wettbewerb auch das Interesse des Geschäftsherrn an Schutz vor einer Benachteiligung sichern soll[457], weshalb letzterer dem persönlichen und sachlichen Schutzbereich der Norm unterliegt. § 1 UWG ist ebenfalls Schutzgesetz im Sinne des § 823 II[458], so daß bei ei-

[456] Zu § 263 StGB BGH vom4.5.1993 – VI ZR 81/92 - NJW 93, 2992; zu § 266 StGB BGH vom 17.3.1987 – VI ZR 282/85 - BGHZ 100, 190.

[457] BGH vom 18.1.1983 – 1 StR 490/82 - BGHSt 31, 207 (211) zu § 12 UWG; *Lackner/Kühl* § 299 Rd.1.

[458] MüKo/*Mertens* § 823 Rd. 195 m. w. N. aus der Rechtsprechung.

ner Verwirklichung des Tatbestandes zugleich ein Schadensersatzanspruch aus § 823 II besteht.

4) § 826

Die Annahme von Schmiergeldern durch den Geschäftsführer wird regelmäßig eine vorsätzliche sittenwidrige Schädigung des Geschäftsherrn im Sinne des § 826 darstellen[459]. Das Verhalten erfüllt nach Ansicht des BGH die Voraussetzungen einer unerlaubten Handlung, da es *„gegen die einfachsten und grundlegenden Gesetze des geschäftlichen Anstandes und kaufmännischer guter Sitte"*[460] verstößt. § 826 eröffnet in den relevanten Fällen eine Art Abschöpfungsanspruch gegenüber dem Geschäftsführer, da das empfangene Schmiergeld nach der Lebenserfahrung mit einer entsprechenden Mindereinnahme des Verletzten korrespondiert. Auch spricht ein Erfahrungssatz dafür, daß dem Geschäftsherrn die Schmiergeldzahlung verborgen geblieben ist[461]. Hinsichtlich des subjektiven Tatbestandes reicht grundsätzlich bedingt vorsätzliches Handeln, dieses wird in der Regel auch in Bezug auf den Schadenseintritt nachweisbar sein, da die Unzulässigkeit und nachteiligen Auswirkungen der Wirtschaftskorruption mittlerweile durch die Fokussierung in der Öffentlichkeit hinlänglich bekannt sind. Grundsätzlich wird § 826 jedoch neben den Ansprüchen aus §§ 1 UWG, 823 II insbesondere dann Anwendung finden, wenn es sich um Zahlungen *außerhalb des Wettbewerbes* handeln wird, da jene in diesen Kons-

---

459 MüKo/*Mertens* § 826 Rd. 189; Staudinger/*Oechsler* § 826 Rd. 120, 387.

460 BGH vom 26.3.1962 – II ZR 151/60 – NJW 62, 1099.

461 RG vom 1.6.1932 – V 63/32 - RGZ 136, 359 (361).

tellationen zum Teil nicht greifen. Das Urteil des Wettbewerbsrechts in Bezug auf die Sittenwidrigkeit derartiger Verhaltensweisen ist hier auch dann von Bedeutung, wenn diese sich nicht im Rahmen von Wettbewerbsverhältnissen abspielen. Eine Erfüllung der Tatbestände der §§ 1 UWG, 299 StGB ist demnach für einen Anspruch aus § 826 nicht erforderlich[462].

dd) Konkurrenzverhältnis der Anspruchsgrundlagen

Umstritten ist das *Konkurrenzverhältnis* einer Haftung aus §§ 93 I, AktG, 43 II GmbHG zu den Ansprüchen aus einer Verletzung der Pflichten aus dem Anstellungsvertrag des jeweiligen Organs. Überwiegend wird in diesem Zusammenhang vertreten, die Haftung aus §§ 93 I AktG, 43 II GmbHG nehme als Spezialregelung die Ansprüche der Gesellschaft aus dem schuldrechtlichen Vertrag, §§ 667, 280 I, in sich auf, mit der Folge, daß eine Anspruchskonkurrenz gar nicht entstehe[463]. Dem kann nicht zugestimmt werden. Zwar trifft es zu, daß sich gesetzlicher und vertraglicher Anspruch regelmäßig inhaltlich decken werden, daraus kann jedoch nicht auf eine Verdrängung der vertraglichen durch die gesetzliche Haftung geschlossen werden. Vielmehr ist regelmäßig und üblicherweise von einer Selbständigkeit der Anspruchsgrundlagen auszugehen, wenn sich ein Anspruch unter mehreren rechtlichen Gesichtspunkten begründen läßt. Nur ausnahmsweise be-

---

462 BGH vom 26.3.1962 – II ZR 151/60 – NJW 62, 1099; MüKo/*Mertens* § 826 Rd. 189; Staudinger/*Oechsler* § 826 Rd. 120, 387.

463 BGH vom 9.12.1996 – II ZR 240/95 – GmbHR 97, 163 (164); Baumbach/Hueck/*Zöllner* § 43 Rd. 4; *Lutter/Hommelhoff* § 43 Rd. 3; a.A. Scholz/*Schneider* § 43 Rd. 13; *K. Schmidt*, 1078; *Fleck* in ZIP 91, 1269 (1270).

steht in diesen Fällen ein Vorrang der gesetzlichen Regelung, nämlich wenn der Zweck der Vorschrift ein Nebeneinander der Anspruchsgrundlagen untersagt[464]. Dies ist in den Fällen einer Annahme von Schmiergeldern aber nicht der Fall; vielmehr ergänzen gesetzliche und vertragliche Haftung sich, da letztere die Möglichkeit eröffnet, die Pflichten des Organs noch detaillierter zu regeln[465]. Die Ansprüche aus §§ 675, 667 sowie 280 I und §§ 93 I AktG, 43 II GmbHG stehen somit in Anspruchskonkurrenz nebeneinander.

Anders als im Verhältnis von gesetzlicher und vertraglicher Haftung wird beim Zusammentreffen von gesetzlichen Ansprüchen wie §§ 43 II GmbHG, 93 II AktG mit deliktischen Ansprüchen allgemein Anspruchs- und nicht Gesetzeskonkurrenz angenommen[466]. Diese Ansprüche stehen somit grundsätzlich ebenfalls in freier Anspruchskonkurrenz nebeneinander.

b) Ansprüche gegen den Korrumpierenden

aa) Vertragliche und quasivertragliche Ansprüche

Auch gegen den korrumpierenden Geschäftspartner können dem Geschäftsherrn unter Umständen vertragliche Scha-

---

464 BGH vom 17.3.1987 – VI ZR 282/85 - BGHZ 100, 190 (201); RG vom 23.6.1938 – 1 Wx 222/38 - JW 38, 2413 (2414).

465 So auch Scholz/*Schneider* § 43 Rd. 13; *Fleck* in ZIP 91, 1269 (1270).

466 BGH vom 12.6.1989 – II ZR 344/87 – ZIP 89, 1390; BGH vom 17.3.1987 – VI ZR 282/85 - BGHZ 100, 190 (199 ff.); zu den damit in Zusammenhang stehenden Fragen der Verjährungsproblematik *Fleck* in ZIP 91, 1269 (1271).

densersatzansprüche zustehen. Hierbei ist in zeitlicher Hinsicht zwischen dem Zeitraum bis zum Abschluß des Hauptvertrages und danach zu unterscheiden. Die Schmiergeldvereinbarung beziehungsweise die Annahme des Schmiergeldes wird regelmäßig im *vorvertraglichen Bereich* erfolgen, um so eine entsprechende Einflußnahme auf den Hauptvertrag sicherzustellen. Dieses Verhalten des zukünftigen Vertragspartners stellt eine schuldhafte Pflichtverletzung im vorvertraglichen Bereich dar, welche nach früherem Recht in den Anwendungsbereich der *culpa in contrahendo* fiel. Nach heutigem Recht werden diese Fälle von der *Anspruchsgrundlage der §§ 311 II, 241 II, 280 I erfaßt*. Danach besteht schon zu diesem Zeitpunkt die Pflicht des Verhandlungspartners, sich so zu verhalten, daß Rechtsgüter und das Vermögen des Gegenüber nicht geschädigt werden. Diese Pflicht verletzt der Schmierer bereits mit dem Abschluß der Schmiergeldabrede, da hierdurch die Gefahr einer Verdrängung der Interessen des Geschäftsherrn und damit eines Vermögensnachteils in Form einer nachteiligen Vertragsgestaltung begründet wird.

In diesem Sinne nutzt noch die jüngste Rechtsprechung des BGH das Institut der c.i.c., um dem geschädigten Geschäftsherrn einen Schadensersatzanspruch zubilligen zu können[467].

---

467 BGH vom 16.1.2001 – XI ZR 113/00 – ZIP 01, 406 (407 f.); kritisch zur Ausdehnung der c.i.c. auf diesen Anwendungsbereich die Anm. von *Benedict* in EWiR 01 § 276, 801 f. In diese Richtung geht auch das Urteil des BGH vom 19.12.200 – XI ZR 349/99 – ZIP 01, 230 (231), wobei es sich bei dem der Entscheidung zugrunde liegenden Sachverhalt nicht um Schmiergeld im eigentlichen Sinn handelt, da die „Schmiergeldabrede" vor Abschluß des Treueverhältnisses zwischen Geschäftsherr und „Geschmiertem" erfolgte; dazu auch die abl. Anm. von *Balzer* in ZIP 01, 232 ff.

Der BGH stützt den Schadensersatzanspruch aus c.i.c. in dieser, ebenso wie in einer früheren Entscheidung des VII. Senats allerdings nicht auf die Zahlung des Schmiergeldes selbst, sondern vielmehr auf die *mangelnde Aufklärung des Verhandlungspartners* über die Schmiergeldabrede[468]. Nach dem VII. Senat kann „*eine derartige Provisionszusage schon im vorvertraglichen Bereich die Pflicht des Versprechenden begründen, seinem Verhandlungspartner diese offenzulegen. [...] Dennoch kann der Verhandlungspartner redlicherweise auch vom Dritten Aufklärung erwarten, wenn der Dritte seinem Sachwalter eine Provision für den des Fall des Vertragsschlusses zusagt und erkennbar die Gefahr besteht, der Sachwalter werde fortan seine Entscheidungen nicht mehr unbeeinflußt treffen. Andernfalls wäre das gesamte Vertragswerk nachhaltig gefährdet*". Hintergrund dieser Konstruktion des BGH sind offensichtlich Kausalitätserwägungen bezüglich des Verhältnisses der Schmiergeldzahlung zum geltend gemachten Schaden. In beiden den Entscheidungen zugrunde liegenden Sachverhalten beruhte der begehrte Schadensersatzanspruch jeweils nicht unmittelbar auf der Zuwendung. So machte einer der Kläger nicht Ersatz des zuviel gezahlten Schmiergeldes, sondern Aufhebung des Vertrages beziehungsweise Ersatz des durch den Vertragsabschluß entstandenen Schadens geltend. Dieser resultierte jedoch nicht unmittelbar aus der Schmiergeldzahlung, sondern aus der mangelnden Aufklärung über die erfolgte Provisionszahlung; zumindest nach den nicht widerlegten Ausführungen des Klägers[469].

---

468 BGH vom 14.3.1991 – VII ZR 342/89 – NJW 91, 1819 f.; a.A. *Baumbach/Hefermehl* Vor § 12 UWG Rd. 3.

469 Auch bei BGH vom 14.3.1991 – VII ZR 342/89 – NJW 91, 1819 f. war die Schmiergeldzahlung nicht ursächlich für den erhöhten Werklohn,

- Fortsetzung: siehe nächste Seite -

Grundsätzlich ist jedoch davon auszugehen, daß die Schmiergeldzahlung selbst die zum Schaden führende Pflichtverletzung darstellt. Der dem Geschäftsherrn entstandene *Schaden* liegt dabei in dem Betrag, um den die Leistung aufgrund der Provisionsabrede zu teuer bezahlt wird. Diese Pflichtverletzung führt nach allgemeiner Lebenserfahrung zu einem Schaden in Höhe des gezahlten oder versprochenen Schmiergeldes durch entsprechende Mindereinnahmen, was eine Anwendung der Grundsätze des Anscheinsbeweises rechtfertigt[470]. Geht man von der mangelhaften Aufklärung als entscheidende Pflichtverletzung aus, gelangt man ebenfalls zu diesem Ergebnis. Denn bei Kenntnis der Provision hätte der Geschäftsherr nach aller Wahrscheinlichkeit weniger aufgewendet, als er es letztlich tatsächlich tat[471].

Der Schadensersatzanspruch aus §§ 311 II, 241 II, 280 I ist darüber hinaus auch in den Fällen einschlägig, in welchen der Hauptvertrag aufgrund der vorausgehenden Schmiergeldvereinbarung nichtig ist[472]. Ein *Anspruch aus § 280 I* kommt dagegen dann in Betracht, wenn die Zahlung beziehungsweise das Versprechen des Schmiergeldes während bereits bestehender Vertragsbeziehungen zwischen Korrumpierendem und Geschäftsherrn erfolgt[473]. Dies wird seltener der Fall sein, denkbar ist diese Konstellation insbesondere im Rahmen von *Dauerschuldverhältnissen*. Hinsichtlich der Pflichtverletzung

---

da dieser bereits vor Abschluß der entscheidenden Schmiergeldvereinbarung feststand.

470 Dazu im einzelnen unter C III 2 b) bb) 1).

471 BGH vom 14.3.1991 – VII ZR 342/89 – NJW 91, 1819 (1820).

472 Dazu eingehend unter C III.

473 *Sethe* in WM 98, 2309 (2320).

des Schmierers kann hier auf die soeben gemachten Ausführungen verwiesen werden, denn im vertraglichen Bereich bestehen die oben genannten Pflichten zum Schutz der Rechtsgüter des Vertragspartners noch in erhöhtem Maße. Erfolgt die Schmiergeldzahlung durch einen Angestellten des korrumpierenden Unternehmens, so wird dessen Verschulden über § 278 ohne Exkulpationsmöglichkeit zugerechnet. Gleiches gilt für das Schmieren *durch* Organe über § 31.

bb) Deliktische Ansprüche

Insbesondere gegen den Korrumpierenden werden für den Geschäftsherrn deliktische Ansprüche von Bedeutung sein, da eine vertragliche oder vorvertragliche Beziehung hier zum Zeitpunkt der Schmiergeldzahlung oftmals noch nicht vorliegen beziehungsweise nicht nachzuweisen sein wird. Grundsätzlich kann hierbei auf die zu den Ansprüchen gegen den Geschäftsführer gemachten Ausführungen verwiesen werden, diese werden sich regelmäßig, zumindest im Ergebnis, mit denen gegen den Korrumpierenden decken. Für den Anspruchsteller nachteilig ist im Rahmen der deliktischen Ansprüche allerdings der mögliche Entlastungsbeweis des Betriebsinhabers im Rahmen des § 831, falls die Zahlung ohne sein Wissen durch einen Angestellten erfolgte. In diesen Fällen steht dem Geschäftsherrn aber zumindest ein erweiterter Unterlassungs- und Beseitigungsanspruch auch gegen den Betriebsinhaber aus §§ 13 IV, II, 1 UWG zu[474].

---

474 Dazu ausführlich unten D I 3 a).

1) § 1 UWG

Das Schmieren des Angestellten eines Unternehmens stellt ein *wettbewerbswidriges Verhalten* dar, es handelt sich um das Verschaffen eines unlauteren Vorteils gegenüber den Mitbewerbern[475]. Im Hinblick auf die Systematik des Wettbewerbsrechts handelt es sich dabei um einen *Vorsprung durch Rechtsbruch*; die Zahlung von Schmiergeldern, Provisionen oder ähnlichem verstößt gegen das in § 1 UWG statuierte Gebot fairen Wettbewerbes. Der Korrumpierende setzt sich zur Erlangung von Wettbewerbsvorteilen bewußt über Standes- und Berufsanschauungen hinweg und handelt aus diesem Grund wettbewerbswidrig. Der Vorteilsgedanke bei seinem Vorgehen begründet dabei die erforderliche wettbewerbliche Relevanz. Die Ungehörigkeit dieses Vorsprungs begründet weiterhin die Unlauterkeit gegenüber den gesetzestreuen Mitbewerbern. Der Geschäftsherr kann somit gegen den Korrumpierenden einen Schadensersatzanspruch aus § 1 UWG geltend machen. Hinsichtlich seiner Aktivlegitimation als sonstiger Marktteilnehmer, der nicht in einem Wettbewerbsverhältnis zum Verletzter steht, gilt das oben Gesagte[476], wonach das UWG auch diese Gruppe schützen will. In Bezug auf die Höhe des Schadens sowie die Anwendung der Grundsätze des Anscheinsbeweises gilt das allgemein zu den Schadensersatzansprüchen Gesagte, wonach nach der Lebenserfahrung von einer Mindereinnahme in Höhe des gezahlten Schmiergeldes auszugehen ist[477].

---

475 *Baumbach/Hefermehl* Vor § 12 UWG Rd. 2.

476 D I 2 a) cc) 1).

477 Zum Schaden des Geschäftsherrn wird unter c) ausführlich Stellung genommen.

2) § 823 I – Eingriff in das Recht am Unternehmen

Hinsichtlich einer Erfüllung der Tatbestandsmerkmale des § 823 I wird in Bezug auf den Korrumpierenden in noch stärkerem Maße als beim Geschmierten ein Eingriff in das Unternehmen des Geschäftsherrn zu bejahen sein. Hier geschieht die Einflußnahme von außen und greift somit deutlicher als im Falle des Angestellten nachteilig in die Geschäftsführung des Betriebes ein[478]. Wie bereits oben im Rahmen der Ansprüche gegen den Korrumpierten angedeutet, stellt sich an dieser stelle ebenfalls das *Problem der Subsidiarität des Rechts am eingerichteten und ausgeübten Gewerbebetrieb*[479]. Der Anspruch aus § 823 I wird demnach auch hier aufgrund der Subsidiarität des Rechts am Unternehmen in den vorliegend relevanten Fällen regelmäßig scheitern. Das Erfordernis einer Lücke wird insbesondere in den Konstellationen mit Wettbewerbsbezug nicht gegeben sein, da die Normen des Wettbewerbsrechts hier als vorrangig anzusehen sind[480]. Auch den §§ 823 II, 826 muß in diesem Zusammenhang der Vorrang eingeräumt werden, da der gesetzliche Unternehmensschutz an diesen Stellen ausreichend und nicht ausfüllungsbedürftig ist[481].

---

478 *Baumbach/Hefermehl* (19. Auflage) § 12 Rd. 24; *Sethe* in WM 98, 2309 (2320); *Koch*, 117 f.; MüHdb ArbR/*Blomeyer* § 53 Rd. 112.

479 Dazu D I 2 a) cc) 2).

480 BGH vom 2.2.1984 – 1 ZR 4/82 - NJW 85, 60 (61); BGH vom 24.11.1983 – 1 ZR 192/81 - NJW 85, 62 (63); Erman/*Schiemann* § 823 Rd. 61; MüKo/*Mertens* § 823 Rd. 484.

481 Erman/*Schiemann* § 823 Rd. 62; Staudinger/*Hager* § 823 Rd. D 22.

3) § 823 II i. V. mit §§ 263, 299 StGB, 1 UWG

Verwirklicht der Korrumpierende gleichzeitig die Straftatbestände der §§ 263, 299 StGB[482] so steht dem Geschäftsherrn aus §§ 823 II in Verbindung mit diesen Vorschriften ein Schadensersatzanspruch gegen den Schmierer zu. Die Normen stellen Schutzgesetze im Sinne des § 823 II dar, da der geschädigte Unternehmer von ihrem Schutzbereich umfasst ist[483]. Hinsichtlich der Höhe des Schadens sowie der Anwendung der Grundsätze des *prima facie* Beweises gelten wiederum die allgemeinen Ausführungen[484]. § 1 UWG ist ebenfalls Schutzgesetz im Sinne des § 823 II[485], so daß bei einer Verwirklichung des Tatbestandes zugleich ein Schadensersatzanspruch aus § 823 II besteht.

4) § 826

Die Zahlung von Schmiergeldern an einen Angestellten wird in der Regel eine vorsätzliche sittenwidrige Schädigung des Geschäftsherrn darstellen[486]. An dieser Stelle kann vollständig auf die zur Haftung des Schmiergeldempfängers gemachten Ausführungen verwiesen werden, um unnötige Wiederholungen zu vermeiden[487].

---

482 Dazu oben B I 2.

483 Dazu schon unter D I 2 a) cc) 3).

484 Dazu nochmals unten D I 2 c).

485 MüKo/*Mertens* § 823 Rd. 195 m. w. N. aus der Rechtsprechung.

486 BGH vom 26.3.1962 – II ZR 151/60 – NJW 62, 1099; MüKo/*Mertens* § 826 Rd. 189; Staudinger/Oechsler § 826 Rd. 120, 387.

487 D I 2 a) cc) 4).

c) Schaden des Arbeitgebers – Anwendung des Anscheinsbeweises

Voraussetzung der vorstehenden Ansprüche ist jeweils ein *Schaden* des Arbeitgebers. Zum Nachweis eines solchen Schadens sind nach bisheriger Rechtsprechung ebenso wie im Rahmen der Beurteilung der Wirksamkeit des Hauptvertrages die *Grundsätze des Anscheinsbeweises* heranzuziehen[488]. Damit liegt die Beweislast für den Schaden zwar weiterhin beim Arbeitgeber, es spricht jedoch eine tatsächliche Vermutung dafür, daß diesem ein Schaden in Höhe des erlangten Schmiergeldes entstanden ist, da der Schmierer die Zahlung regelmäßig kalkulatorisch in seinem Angebot berücksichtigen wird[489]. Für eine prozessuale Anerkennung seines Schadens wird dem Arbeitgeber somit grundsätzlich der Nachweis einer Zahlung von Schmiergeldern an seine Angestellten genügen[490]. Dies auch deshalb, weil insoweit hohe Anforderungen an eine Widerlegung dieser Vermutung durch den Schmierer zu stellen sind. Das RG führt dazu aus: *„Dabei wird regelmäßig ein allgemeiner Beweis der Üblichkeit des Vertragsinhalts, namentlich der Üblichkeit der vereinbarten Preise nicht genügen, sondern der Nachweis zu fordern sein, daß nach den besonderen Umständen des Falls auch ohne das „Schmieren“*

---

488 BGH vom 26.3.1962 – II ZR 151/60 - GRUR 62, 466 (467): Danach sei nach der Lebenserfahrung davon auszugehen, daß dem Arbeitgeber, *„wenn er das Geschäft selbst geführt oder ein redlicher Vertreter für ihn gehandelt hätte, wertmäßig mindestens der dem unredlichen Vertreter gewährte Vorteil als Gegenleistung angeboten worden wäre*“. Ebenso BGH vom 14.3.1991 – VII ZR 342/89 – NJW 91, 1819 (1820); OLG Düsseldorf vom 25.11.99 – 6 U 146/98 – GmbHR 00, 666 (670).

489 Dazu D I 2 c).

490 So auch *Baumbach/Hefermehl* § 12 UWG Rd. 23, 24.

der Vertragsschluß überhaupt und unter denselben Bedingungen, wie geschehen, zustande gekommen sein würde“[491]. Es wird allerdings abzuwarten sein, inwieweit sich die mögliche Rechtsprechungsänderung des BGH zur Frage der Anwendung des Anscheinsbeweises in diesen Fällen an dieser Stelle auswirken wird. Hierzu muß auf die oben[492] zur Wirksamkeit des Hauptvertrages gemachten Ausführungen verwiesen werden, eine abschließende Beurteilung wird auch an dieser Stelle nicht möglich sein.

d) Gesamtschuldverhältnis

Zu klären bleibt noch das Verhältnis der Schadensersatzansprüche gegen Schmierer und Geschmierten zueinander. Diese werden sich im Innenverhältnis als Gesamtschuldner gegenüber stehen. Dies ergibt sich in Bezug auf die deliktischen Ansprüche aus §§ 830, 840, da die Schmiergeldvereinbarung eine *gemeinschaftliche unerlaubte Handlung* darstellt. Aber auch hinsichtlich der Schadensersatzverpflichtungen aus Vertrag besteht ein Gesamtschuldverhältnis im Sinne der §§ 421 ff. Insbesondere sind die Verpflichtungen von Korrumpierendem und Korrumpiertem *gleichstufig*, da keine vorrangige Haftung eines der Beteiligten besteht. Unerheblich ist auch, ob ein Schuldner in diesem Zusammenhang vertraglich, der andere deliktisch haftet, auch wenn die Voraussetzungen des § 840 nicht erfüllt sind. Ebenso ist es ohne Bedeutung, daß die Verpflichtung vorliegend auf verschiedenen vertraglichen Regelungen beruht[493]. Es bleibt somit dem Geschäftsherrn überlas-

---

491 RG vom 1.6.1932 – V 63/32 - RGZ 136, 359 (361).

492 C III 2 b) bb) 2).

493 Palandt/*Heinrichs* § 421 Rd. 10; Soergel/*Wolf* § 421 Rd. 44.

sen, welchen der Schädiger er in Anspruch nimmt, aufgrund der Tilgungswirkung der Gesamtschuld hat dies allerdings Erfüllungswirkung auch gegenüber dem Dritten. Unabhängig vom Vorliegen einer Gesamtschuld muß der Geschädigte sich im Fall der Geltendmachung eines *Herausgabeanspruches* bezüglich des Schmiergeldes das Erlangte schadensmindernd auf die Schadensersatzansprüche anrechnen lassen.

3. Abwehransprüche

a) Die wettbewerbsrechtlichen Abwehransprüche, §§ 13, 1 UWG

Neben den schadensbeseitigenden Herausgabe- und Schadensersatzansprüchen stehen dem Verletzten zudem präventive Rechtsbehelfe zur Verhinderung weiterer Schäden zu. Die Abwehransprüche aus § 13 UWG und hierbei insbesondere der wettbewerbsrechtliche Unterlassungsanspruch werden in diesem Zusammenhang teilweise als *„das Kernstück des Schutzes vor unlauterem Wettbewerb bezeichnet“*[494]. Die Bedeutung des Unterlassungsanspruches für die wettbewerbsrechtliche Praxis resultiert dabei insbesondere aus seiner Unabhängigkeit vom Nachweis eines Verschuldens oder Schadens und seiner damit verbundenen leichteren Durchsetzbarkeit für den Anspruchsteller.

Auch hier stellt sich wieder die Frage der *Aktivlegitimation des Geschäftsherrn* als unmittelbar Verletztem. Dieser wird in § 13 II UWG nicht aufgeführt. Durch die kleine UWG-

---

494 So *Köhler/Piper* Vor § 13 Rd. 1.

Novelle vom 1.8.1994 wurde die Vorschrift des § 13 II Nr. 1 UWG dahingehend beschränkt, daß Anspruchsvoraussetzung nunmehr ein Absatz *„auf demselben Markt“* sowie eine *„wesentliche“* Beeinträchtigung sind. Hieraus wird teilweise der Schluß gezogen, § 13 II UWG stelle eine abschließende Aufzählung der Klageberechtigten dar. Dem kann jedoch nicht gefolgt werden. Richtigerweise erweitert die Vorschrift die Klagebefugnis um die Genannten, was deshalb erforderlich ist, da diese als nicht unmittelbar Verletzte ansonsten nicht aktivlegitimiert wären. Dies ist beim Geschäftsherrn als unmittelbar Verletztem dagegen nicht der Fall, wie bereits oben ausführlich ausgeführt wurde[495]. Anerkennt man die Ausdehnung des Schutzbereiches des § 1 UWG auch auf nicht in einem konkreten Wettbewerbsverhältnis zum Verletzenden stehende Gewerbetreibende, so ist es nur konsequent, diesen auch die Abwehransprüche aus § 13 UWG zu gewähren. § 13 II UWG beschränkt demnach die Klagebefugnis des unmittelbar Verletzten nicht[496].

Im Rahmen der Unterlassungsansprüche ist dabei zwischen dem *Verletzungsunterlassungsanspruch* und dem *vorbeugenden Unterlassungsanspruch* zu differenzieren. Relevant ist hier vor allem der Verletzungsunterlassungsanspruch; dieser erfordert als Anspruchsvoraussetzungen eine konkrete Verletzungshandlung sowie die Gefahr der zukünftigen Wiederholung einer vergleichbaren Verletzung[497]. In den vorliegend relevanten Fällen liegt die Verletzung in einem Verstoß gegen § 1 UWG durch die Schmiergeldzahlung. Das Vorliegen einer

---

[495] D 2 a) cc) 1).

[496] So auch *Baumbach/Hefermehl* § 13 Rd. 2a; *Sack* in BB 95, 1ff.

[497] Dazu im einzelnen *Köhler/Piper* Vor § 13 Rd. 2 ff.

Wiederholungsgefahr wird Tatfrage sein, allerdings streitet bei einem Handeln zu Wettbewerbszwecken eine widerlegbare Vermutung für eine solche Gefahr[498]. Rechtsfolge des Verletzungsunterlassungsanspruchs ist, daß sich der Korrumpierende weiterer Korrumpierungsversuche enthält. Der vorbeugende Unterlassungsanspruch ist demgegenüber in Korruptionsfällen von untergeordneter Bedeutung, da dieser die unmittelbare Erstbegehungsgefahr einer Rechtsverletzung voraussetzt. Eine solche wird sich bei der Zahlung von Schmiergeld aufgrund des konspirativen Charakters der Vereinbarungen jedoch nur schwerlich nachweisen lassen.

Auch der gewohnheitsrechtlich anerkannte und ebenfalls § 13 UWG zu entnehmende *Beseitigungsanspruch*[499] ist vorliegend ohne größere praktische Relevanz. Fraglich ist schon, ob es sich hier um einen erforderlichen fortdauernden Störungszustand handelt. Zudem könnte die Beseitigung letztlich lediglich auf Rücknahme des gezahlten Schmiergeldes gerichtet sein, in diesem Fall ist dem Geschäftsherrn mit einem Herausgabe- oder Schadensersatzanspruch aber besser gedient, da so das Schmiergeld unmittelbar an ihn abgeführt wird.

Praxisrelevant ist dagegen die *Ausdehnung der Passivlegitimation auf den Betriebsinhaber* nach § 13 IV UWG bei Wettbewerbsverstößen seiner Angestellten durch Schmiergeldzahlungen. Hintergrund der Regelung ist das Schließen der durch die Exkulpationsmöglichkeit des § 831 entstehen-

---

498 BGH vom 25.4.1991 – I ZR 134/90 - GRUR 91, 772 (774).

499 BGH vom 28.1.1977 – I ZR 109/75 - GRUR 77, 614 (616); *Baumbach/Hefermehl* § 13 Rd. 4.

den Lücke, da auf der anderen Seite der unlautere Wettbewerb der Angestellten dem Betrieb zugute kommt. Der Unternehmer erweitert mittels seiner Angestellten seinen Geschäftskreis und erhöht damit zugleich die Gefahr von Wettbewerbsverstößen, weshalb ihm das unlautere Verhalten seiner Mitarbeiter auch von §§ 831, 31 zugerechnet wird. Die Tatbestandsmerkmale „*im geschäftlichen Betrieb*" und „*Angestellte und Beauftragte*" sind aus diesem Grund auch weit auszulegen[500]. Hinsichtlich der *Aktivlegitimation* wird ebenfalls eine Erweiterung über den unmittelbar Verletzten hinaus in § 13 II UWG auf Gewerbetreibende, Verbänden und Kammern angeordnet.

b) Der bürgerlich-rechtliche Unterlassungsanspruch § 1004 I analog

Neben dem wettbewerbsrechtlichen Unterlassungsanspruch aus § 13 UWG wird teilweise noch die Anwendbarkeit des bürgerlich-rechtlichen Unterlassungsanspruchs nach § 1004 I analog vertreten[501]. Dieser ist grundsätzlich auch bei Eingriffen in den eingerichteten und ausgeübten Gewerbebetrieb im Sinne des § 823 I einschlägig; vorliegend stellt sich jedoch das bereits dargestellte Problem des Zurücktretens des Anspruchs aus § 823 I hinter den wettbewerbsrechtlichen Regelungen aufgrund der generellen Subsidiarität des Rechts am Unternehmen[502]. Mit dieser Subsidiarität des Anspruchs aus § 823 I korrespondiert auch der darauf gestützte Unterlas-

---

500 Dazu ausführlich *Baumbach/Hefermehl* § 13 Rd. 63 ff.; *Köhler/Piper* § 13 Rd. 38.

501 *Sethe* in WM 98, 2309 (2320).

502 Dazu D I 2 a) cc) 2) und D I 2 b) bb) 2).

sungsanspruch aus § 1004 I analog; auch dieser wird nur in den äußerst seltenen Fällen anzunehmen sein, in welchen andernfalls kein ausreichender Unternehmensschutz gewährleistet ist.

II. Ansprüche des Korrumpierenden

1. Kein Anspruch auf Aufwendungsersatz nach § 670

Es stellt sich die Frage, ob auch umgekehrt der korrumpierende Angestellte beziehungsweise das korrumpierende Organ von seinem Arbeitgeber/der Gesellschaft *Ersatz des verauslegten Schmiergeldes nach § 670* verlangen kann. Dies könnte dann in Betracht kommen, wenn die Zuwendungen nicht aus Betriebsmitteln, sondern aus dem Privatvermögen des Schmierers geleistet wurden. Nach § 670 ist der Geschäftsherr dem Geschäftsführer zum Ersatz der zur Durchführung des Auftrags erforderlichen Aufwendungen verpflichtet. Die Vorschrift findet nach allgemeiner Ansicht auch über das Auftragsrecht hinaus Anwendung auf Geschäftsbesorgunsverhältnisse und Arbeitsverhältnisse, da sie Ausdruck des allgemeinen Grundsatzes des Ersatzes von in Fremdinteresse getätigten Aufwendungen ist[503]. Fraglich ist demnach, ob Schmiergelder in diesem Sinne zur Durchführung eines Auftrages erforderlich sind. Dies ist zu verneinen, da es sich bei Schmiergeldvereinbarungen und damit auch bei der Zahlung von Schmiergeldern selbst um von der Rechtsordnung mißbilligte Rechtsgeschäfte handelt, welche nach den §§ 134, 138 nichtig sind.

---

503 St. Rspr. seit BAG GS vom 10.11.1961 – GS 1/60 (2 AZR 385/57) – BAGE 12, 15 ff.; Palandt/*Sprau* § 670 Rd. 1.

Als *„erforderlich"* darf der Geschäftsführer jedoch nur rechtmäßige Aufwendungen ansehen; Schmiergelder sind demnach nicht erstattungsfähig[504]. In diesem Sinn äußerst sich auch der BGH: Es könne *„ein von der Rechtsordnung mißbilligter Aufwand [...] keinen rechtlich geschützten Erstattungsanspruch gemäß dem § 670 BGB auslösen"*[505]. Dies muß richtigerweise auch dann gelten, wenn die Zuwendungen zu einer für den Geschäftsherrn günstigeren Vertragsgestaltung geführt haben als es ohne Schmiergeld voraussichtlich der Fall gewesen wäre[506], denn dies ändert nichts an der Sittenwidrigkeit derartiger Zahlungen, weshalb der Geschäftsführer sie nicht für erforderlich halten durfte.

Das soeben Gesagte soll auch für den Fall gelten, daß die Zahlung *auf Weisung des Geschäftsherrn* erfolgte, da jene wegen der Wertung der §§ 134, 138 unbeachtlich sei[507]. Dieser Auffassung ist allerdings zu widersprechen, da eine derartig einseitige Belastung des Angestellten/Organs nicht dem Zweck des § 670 entspräche. Die Vorschrift soll einen Interessenausgleich zwischen Geschäftsherr und Geschäftsführer dergestalt ermöglichen, daß einerseits der altruistisch Handelnde keinen Vermögensverlust erleidet, er andererseits aber dem Auftraggeber keine unnötigen Kosten verursacht. Ein *Sanktionscharakter* mit dem Zweck der Bestrafung sitten- o-

---

504 MüKo/*Seiler* § 670 Rd. 10; Soergel/*Beuthien* § 670 Rd. 7; *Schneider* in JbFSt 83/84, 165 (193 f.); Staudinger/*Wittmann* § 670 Rd. 9.

505 BGH vom 9.11.1964 – VII ZR 103/63 – NJW 65, 293 (294).

506 BGH vom 9.11.1964 – VII ZR 103/63 – NJW 65, 293 (294).

507 So der BGH vom 9.11.1964 – VII ZR 103/63 – NJW 65, 293 (294) und diesem folgend Soergel/*Beuthien* § 670 Rd. 7; *Schneider* in JbFSt 83/84, 165 (193 f.); Palandt/*Sprau* § 670 Rd. 5.

der gesetzeswidrig Handelnder ist der Norm nicht zu entnehmen. Es ist daher nicht ersichtlich, warum in den Fällen einer klaren Absprache der Beteiligten der Auftragnehmer die Aufwendungen nicht für erforderlich halten sollte. Zum einen ist das Schmiergeld objektiv zur Durchführung des Auftrages nötig, zum anderen entspricht es auch subjektiv dem Willen des Geschäftsherrn. Eine derartige Weisung des Auftraggebers ändert sicher nichts an der Sittenwidrigkeit der Zahlung, die daraus *regelmäßig* zu ziehende Konsequenz mangelnder Erforderlichkeit der Aufwendungen entfällt allerdings im Fall eindeutiger anderslautender Weisung. Denn die Sitten- und Gesetzeswidrigkeit von Aufwendungen kann nur Indiz für einen entgegenstehenden Willen des Geschäftsherrn sein. Das Ergebnis der herrschenden Ansicht ist auch nicht vereinbar mit dem Grundsatz des *venire contra factum proprium*, da der Auftraggeber sich danach in Widerspruch zu seiner vorigen Weisung setzen würde. Der Geschäftsführer hat demnach einen Anspruch auf weisungsgemäß geleistetes Schmiergeld.

Gleiches galt früher auch in den *Fällen mit Auslandsbezug*, wenn nach der hiesigen Landessitte derartige Zahlungen üblich und sanktionslos waren[508]. Denn in diesen Konstellationen entfiel regelmäßig der Vorwurf der Sittenwidrigkeit, vielmehr sind Schmiergeldzahlungen hier zur Durchführung des Auftrages in besonderem Maße erforderlich[509]. Nach Erweiterung der Bestechungstatbestände auf ausländische Amtsträger und Angestellte kann dies so nicht mehr vertreten werden. Erfüllt die Schmiergeldzahlung den Tatbestand eines Strafgesetzes, so führt dies zumindest zu einem Imageschaden

---

508 Palandt/*Sprau* § 670 Rd. 5; *Schneider* in JbFSt 83/84, 165 (193).

509 Dazu die Ausführungen unter C II 2 c.

für das Unternehmen. Unter Umständen kann es sogar zu einer Sanktionierung des Betriebsinhabers nach § 130 OWiG führen. In diesem Fall kann der Geschäftsführer die Zahlung jedoch nicht mehr für erforderlich halten. Demnach wird in der überwiegenden Zahl der Fälle ein Erstattungsanspruch des Korrumpierenden mangels Weisung an der Erforderlichkeit der Aufwendungen scheitern.

2. Kein Anspruch auf Rückgabe des Schmiergeldes nach § 812

Neben dem Erstattungsanspruch gegen den Arbeitgeber kommt ein *Herausgabeanspruch des Korrumpierenden gegen den Geschmierten* auf Herausgabe des Schmiergeldes in Betracht. Dieser Anspruch wird insbesondere bei Scheitern des geplanten Vertragsschlusses beziehungsweise bei Aufdeckung der Schmiergeldabrede relevant werden. Ein solcher Anspruch könnte sich aus *§ 812 I 1 1. Var.* aufgrund einer *ungerechtfertigten Bereicherung des Geschmierten* ergeben, da die Schmiergeldvereinbarung als *causa* nach §§ 134, 138 entfällt. Diesem Anspruch steht jedoch § 817 2 entgegen, da die Beteiligten derartiger Abreden regelmäßig beide sitten- oder sogar gesetzeswidrig handeln[510]. Die Vorschrift ist nach allge-

---

510 AllgM, OLG Hamburg vom 16.10.1969 – 6 U 68/69 - MDR 70, 47; *Schneider* in JbFSt 84/84, 165 (177); *Sethe* in WM 98, 2309 (2313); a.A. dagegen das AG Offenbach vom 20.2.1991 – 38 C 5044/90 – NJW 92, 1204 (1205), welches die Anwendbarkeit des § 817 2 im Fall einer Rückforderung gezahlter Schmiergelder verneint, allerdings mit dem Hinweis auf die besonderen Umstände des konkreten Falles: Der Empfänger des Geldes hatte sich hier eines zusätzlichen Verstoßes schuldig gemacht, da er das Unwissen seines ausländischen Geschäftspartners hinsichtlich der hiesigen Sozialüblichkeit von Schmiergeldern ausnutzte und diesen zur

- Fortsetzung: siehe nächste Seite -

meiner Meinung auch auf den Anspruch aus § 812 anwendbar[511], da derjenige, welcher sich bewußt außerhalb der Rechtsordnung stellt, von dieser keinen Rechtsschutz erwarten kann. Der Korrumpierende kann das geleistete Schmiergeld somit nicht vom Geschmierten herausverlangen.

III. Ansprüche der Wettbewerber

1. Schadensersatzansprüche

a) § 1 UWG

Das Urteil der Wettbewerbswidrigkeit von Schmiergeldzahlungen resultiert insbesondere aus dem hierdurch erlangten unlauteren Vorsprung durch Rechtsbruch gegenüber der Konkurrenz[512]. Diese wird durch den unlauteren Wettbewerb in ihrer unternehmerischen Betätigung beeinträchtigt, da der Leistungswettbewerb zugunsten der individuellen Interessen des Korrumpierenden verdrängt wird. Aus diesem Grund sind auch die Mitbewerber grundsätzlich aktivlegitimiert im Rahmen der Generalklausel des § 1 UWG[513]. Durch den Vorteil des Korrumpierenden kann diesen unter Umständen ein Schaden in Form entgangenen Gewinns entstehen. Der Schadensbegriff des UWG ist dabei grundsätzlich identisch mit dem

---

Zahlung veranlaßte. Der Entscheidung kann demnach eine generelle Ablehnung des § 817 2 in diesen Fällen nicht entnommen werden.

511 Für viele Palandt/*Sprau* § 817 Rd. 2.

512 Um Wiederholungen zu vermeiden wird auf die Ausführungen unter C II 1 b) sowie D I 2 a) cc) 1) verwiesen.

513 *Baumbach/Hefermehl* Einl UWG Rd. 41 ff.

bürgerlich-rechtlichen Verständnis, weshalb auch die bloße *Beeinträchtigung einer tatsächlichen Erwerbsaussicht* einen Schaden darstellen kann. Problematisch stellt sich in diesem Zusammenhang allerdings der Nachweis einer solchen Erwerbschance dar, denn ein Anspruch auf Zahlung einer Lizenzgebühr oder auf Herausgabe des Verletzergewinns besteht bei Schäden durch unlauteren Wettbewerb im Gegensatz zu Eingriffen in gewerbliche Schutzrechte nicht[514]. Zwar kommt dem Konkurrenten hier die Beweiserleichterung des § 252 zugute, dennoch bleibt das Erfordernis des Nachweises der Wahrscheinlichkeit des entgangenen Gewinns, in den Fällen von Schmiergeldzahlungen somit der Abschluß des Rechtsgeschäftes anstelle des Schmierers. Bei einer Vielzahl von Bewerbern wird dieser Nachweis dem Anspruchsteller regelmäßig nicht gelingen; anders wird es nur dann sein, wenn schriftlich fixierte Angebote der Konkurrenten vorliegen, welche das des Anspruchstellers als unter marktwirtschaftlichen Gesichtspunkten vorzugswürdig erscheinen lassen. In diesem Fall kann davon ausgegangen werden, daß ohne die unlautere Einflußnahme mittels einer Schmiergeldzahlung der redliche Bewerber mit dem besten Angebot den Zuschlag erhalten hätte. Der Wettbewerber hat dann Anspruch auf Ersatz des entgangenen Gewinns aus dem nicht zustande gekommenen Rechtsgeschäft mit dem Geschäftsherrn nach § 1 UWG.

b) § 823 I – Eingriff in das Recht am Unternehmen

Fraglich ist, ob auch den Mitbewerbern des Korrumpierenden ein Anspruch gegen diesen wegen einer Verletzung des Rechts am Unternehmen zusteht. Die Beeinträchtigung ge-

---

[514] BGH vom 27.11.1964 – Ib ZR 23/63 - GRUR 65, 313 (314).

schützter Interessen der Wettbewerber durch die Zahlung von Schmiergeldern wurde soeben bereits dargelegt; insbesondere werden die Erwerbschancen des Unternehmens in unlauterer Weise gemindert beziehungsweise vollständig zunichte gemacht. Für einen Anspruch aus § 823 I wird es jedoch an der *Betriebsbezogenheit des Eingriffs* fehlen. Dieses tatbestandliche Erfordernis dient der Verhinderung einer sachwidrigen Ausweitung der Haftung auf bloße mittelbare Schäden. Unter einem betriebsbezogenen Eingriff wird eine unmittelbare Beeinträchtigung des Gewerbebetriebes als solchem, das heißt eine sich spezifisch gegen den betrieblichen Organismus oder die unternehmerische Entscheidungsfreiheit richtende Handlung verstanden[515]. Nicht erfaßt werden dagegen vom Unternehmen ablösbare Rechte oder Rechtsgüter. In den Fällen von Schmiergeldzahlungen wird jedoch lediglich die abstrakte Erwerbschance des Mitbewerbers in unlauterer Weise vereitelt. Aus diesem Grund kann grundsätzlich nicht von einem gezielten Eingriff in das Recht des Konkurrenten gesprochen werden; dies ergibt sich auch bereits aus der regelmäßig vorhandenen Vielzahl von Bewerbern. Etwas anderes könnte lediglich dann gelten, wenn sich die Konkurrenzsituation auf zwei Bewerber beschränkt und zudem bereits hinreichend wahrscheinliche Erwerbsaussichten des redlichen Wettbewerbers bestehen. Aber auch in diesem Fall besteht aufgrund der *Subsidiarität des Rechts am Unternehmen* nur dann ein Anspruch aus § 823 I, wenn ausnahmsweise kein Wettbewerbsverhältnis besteht. Andernfalls gehen insbesondere die wettbewerbsrechtlichen Sondervorschriften des UWG dem allgemeinen bürgerlich-rechtlichen Schutz vor, wie oben bereits

---

515 *Baumbach/Hefermehl* Allg Rd. 122; Palandt/*Heinrichs* § 823 Rd. 21.

ausführlich dargestellt[516]. Ein Anspruch aus § 823 wird demnach regelmäßig nicht gegeben sein.

c) § 823 II i. V. mit §§ 299 StGB, 1 UWG

Wie bereits dargelegt sind die §§ 299, 1 UWG Schutzgesetze im Sinne der Vorschrift. Die Mitbewerber werden auch vom persönlichen Schutzbereich dieser Normen erfaßt, insbesondere dient § 299 StGB neben dem Schutz des Allgemeininteresses an lauteren Wettbewerbsbedingungen auch dem der potentiellen Vermögensinteressen der Mitbewerber[517], so daß bei Erfüllung der jeweiligen Tatbestandsmerkmale ein zusätzlicher Schadensersatzanspruch aus § 823 II zu bejahen ist. Der Anspruch steht allerdings wiederum vor der Schwierigkeit des Schadensnachweises.

d) § 826

Vergleichbares wie das zu § 1 UWG zur Schadensproblematik Gesagte muß auch für einen Anspruch wegen vorsätzlicher sittenwidriger Schädigung des Mitbewerbers gelten. Zu beachten ist insbesondere, daß sich der Vorsatz des Korrumpierenden auch auf den Schaden des Konkurrenten erstrecken muß. Dieser Nachweis wird nur dann gelingen, wenn bereits ex ante ersichtlich ist, daß ohne Schmiergeldzahlung mit hinreichender Wahrscheinlichkeit der Mitbewerber den Zuschlag für den Abschluß des Rechtsgeschäftes mit dem Geschäftsherrn erhalten hätte. Eine Wahrscheinlichkeitsprognose ist

---

516 Dazu D I 2 a) cc) 2) und D I 2 b) bb) 2); *Baumbach/Hefermehl* Einl UWG Rd. 60.

517 *Lackner/Kühl* § 299 Rd. 1; Schönke/Schröder/*Heine* § 299 Rd. 2.

wiederum allerdings ausreichend, da lediglich dolus eventualis hinsichtlich des Schadenseintritts ausreicht. Praktische Relevanz hat der Anspruch aus § 826 vor allem aufgrund seiner Unabhängigkeit vom Erfordernis eines Wettbewerbsverhältnisses; ihm kann somit lückenfüllende Funktion zukommen, wenn ein Anspruch aus § 1 UWG aus diesem Grunde ausscheidet.

2. Wettbewerbsrechtliche Abwehransprüche

Neben den schadensbeseitigenden Herausgabe- und Schadensersatzansprüchen stehen dem Mitbewerber zudem präventive Rechtsbehelfe zur Verhinderung weiterer Schäden zu. Die Bedeutung des *Unterlassungsanspruches aus §§ 13, 1 UWG* für die wettbewerbsrechtliche Praxis resultiert dabei insbesondere aus seiner Unabhängigkeit vom Nachweis eines Verschuldens oder Schadens und seiner damit verbundenen leichteren Durchsetzbarkeit für den Anspruchsteller. Dementsprechend werden die Ansprüche aus § 13 UWG auch als die wichtigsten im Wettbewerbsrecht überhaupt bezeichnet[518]. Relevant ist auch an dieser Stelle ebenso wie bei den Ansprüchen des Geschäftsherrn vor allem der sog. *Verletzungsunterlassungsanspruch*; dieser erfordert als Anspruchsvoraussetzungen eine konkrete Verletzungshandlung sowie die Gefahr der zukünftigen Wiederholung einer vergleichbaren Verletzung[519]. In den vorliegenden Fällen liegt die Verletzung in einem Verstoß gegen § 1 UWG durch die Schmiergeldzahlung. Das Vorliegen einer Wiederholungsgefahr wird Tatfrage sein, allerdings streitet bei einem Handeln zu Wettbewerbs-

---

518 So *Baumbach/Hefermehl* Einl UWG Rd. 251b.

519 Dazu im einzelnen *Köhler/Piper* Vor § 13 Rd. 2 ff.

zwecken eine widerlegbare Vermutung für eine solche Gefahr[520]. Rechtsfolge des Verletzungsunterlassungsanspruchs ist, daß sich der Korrumpierende weiterer Korrumpierungsversuche enthält. Der *vorbeugende Unterlassungsanspruch* ist demgegenüber in Korruptionsfällen von untergeordneter Bedeutung, da dieser die unmittelbare Erstbegehungsgefahr einer Rechtsverletzung voraussetzt. Eine solche wird sich bei der Zahlung von Schmiergeld aufgrund des konspirativen Charakters der Vereinbarungen jedoch nur schwerlich nachweisen lassen. Auch der gewohnheitsrechtlich anerkannte und ebenfalls § 13 UWG zu entnehmende *Beseitigungsanspruch*[521] ist vorliegend, wie bereits oben ausgeführt, ohne größere praktische Relevanz; insbesondere da er einen fortdauernden Störungszustand voraussetzt. Praxisrelevant ist dagegen wiederum die *Ausdehnung der Passivlegitimation auf den Betriebsinhaber* bei Wettbewerbsverstößen seiner Angestellten durch Schmiergeldzahlungen nach § 13 IV UWG[522].

---

520 BGH vom 25.4.1991 – I ZR 134/90 - GRUR 91, 772 (774).

521 BGH vom 28.1.1977 – I ZR 109/75 - GRUR 77, 614 (616); *Baumbach/Hefermehl* § 13 Rd. 4.

522 Um Wiederholungen zu vermeiden sei hier auf die Ausführungen unter D I 3 a) verwiesen.

E Schmiergeldzahlungen durch die Gesellschaft und Risikomanagement nach § 91 II AktG

An dieser Stelle soll auf zwei Problembereiche im Zusammenhang mit Schmiergeldzahlungen eingegangen werden, welche in der bisherigen rechtswissenschaftlichen Diskussion keine ausreichende Beachtung gefunden haben. Dies gilt zum einen für die Frage der gesellschaftsrechtlichen Beurteilung der Zahlung von Schmiergeldern *durch* die Geschäftsführung der Gesellschaft im Innenverhältnis, zum anderen für die Anforderungen an korruptionshindernde Maßnahmen der Geschäftsführung durch den im Rahmen des KontraG eingefügten § 91 II AktG[523].

I. Zulässigkeit von Schmiergeldzahlungen durch die Geschäftsführung

Es ist auf den ersten Blick erstaunlich, daß die gesellschaftsrechtliche Bewertung der Zahlung von Schmiergeldern *durch* die Gesellschaft bisher kaum Beachtung gefunden hat[524]. Dies hat offensichtlich sowohl tatsächliche als auch rechtliche Hintergründe: Zum einen werden derartige Vorgänge aus Gründen der Imagewahrung der Gesellschaft nur selten an die Öffentlichkeit gelangen, weshalb kaum Rechtsprechung zu dieser Frage existiert. Zum anderen scheint, was die Unzu-

---

523 Art. 1 Nr. 9 des Gesetzes zur Kontrolle und Transparenz im Unternehmensbereich (KontraG) vom 1.5.1998.

524 Zu erwähnen sind lediglich die Abhandlungen von *Schneider* in JbFSt 83/84, 165 (181 ff.) und *Kessler* in AG 95, 120 (126 ff.).

lässigkeit der Vornahme derartiger Zahlungen durch die Geschäftsführung betrifft, das Ergebnis auf der Hand zu liegen, so daß im Schrifttum kein Diskussionsbedarf besteht[525]. Bei der Bearbeitung des Problems sind zwei Fragen zu trennen, nämlich das Problem der gesellschaftsinternen Zuständigkeit für Schmiergeldzahlungen sowie die Frage, ob das handelnde Organ durch die Zahlung seine Pflichten gegenüber der Gesellschaft verletzt.

1. Schmiergelder als Maßnahmen der Geschäftsführung

Es stellt sich die Frage, ob sich Schmiergeldzahlungen aus dem Gesellschaftsvermögen als Maßnahmen der laufenden Geschäftsführung darstellen, für welche dementsprechend das jeweilige geschäftsführende Organ zuständig wäre, oder ob es sich um den Gesellschaftern vorbehaltene Entscheidungen handelt. Im Falle eines Verstoßes gegen die Kompetenzvorschriften könnte bereits aus diesem Grund die Zahlung von Schmiergeldern eine Haftung des handelnden Organs nach §§ 43 GmbHG, 93 AktG eröffnen. Die Problematik der Organzuständigkeit für die Zahlung von Schmiergeldern wird – wenn überhaupt – im Kontext sonstiger unentgeltlicher Zuwendungen wie Spenden und Schenkungen erörtert[526]. Hier stellt sich das Problem einer *Kollision der Gewährung derartiger Zuwendungen mit der Gewinnverwendungskompetenz* der Gesellschafter aus §§ 58, 174 I AktG beziehungsweise aus

525 Wenn überhaupt, dann werden überwiegend Zahlungen ins Ausland problematisiert; vgl. nur Scholz/*Schneider* § 43 Rd. 68 f.; Michalski/*Haas* § 43 Rd. 48.

526 *Schneider* in JbFSt 83/84, 165 (181 ff.); *Kessler* in AG 95, 120 (126 ff.); Scholz/*Schneider* § 43 Rd. 66 f.; *Lutter/Hommelhoff* § 43 Rd. 11.

§ 29 GmbHG, da dem Unternehmen keine unmittelbar ertragswirksame Gegenleistung zufließt[527]. Nach diesen Vorschriften unterliegt die Entscheidung über die Verwendung des Reingewinns der Gesellschaft grundsätzlich dem jeweiligen Gesellschafterorgan. Eine Verwendung zu anderen Zwecken, insbesondere eine Ausschüttung an Dritte, kann nur dann erfolgen, wenn eine ausdrückliche Ermächtigung durch die Satzung vorliegt, §§ 29 GmbHG, 58 III 2 AktG. Dennoch stellt eine unentgeltliche Zuwendung nicht zwangsläufig eine unzulässige Gewinnverwendung dar; vielmehr muß im Einzelfall auf den jeweiligen Unternehmensgegenstand abgestellt werden[528]. So wird überwiegend angenommen, daß die Spendenkompetenz dann in den Verantwortungsbereich des Vorstandes fällt, wenn die Zuwendungen sich *unternehmensbezogen* darstellen, das heißt in einem gewissen räumlichen oder gegenständlichen Bezug zum Unternehmen und dessen ge-

527 Teilweise wird in der Literatur auch diskutiert, inwieweit unentgeltliche Zuwendungen wie Spenden oder auch Schmiergelder eine *unzulässige Einlagenrückgewähr* nach § 57 AktG beziehungsweise eine *verdeckte Gewinnausschüttung* nach § 30 GmbHG darstellen können, vgl. Schneider in AG 83, 205 (214 f.). Dies muß jedoch nicht weiter erörtert werden, da Schmiergelder im Gegensatz zu Spenden regelmäßig nicht an nahestehende Dritte der Gesellschafter fließen werden, sondern an Außenstehende. Derartige Leistungen ohne ertragswirksame Gegenleistung können zwar mit der Sorgfaltspflicht der Geschäftsführung kollidieren, wie anschließend dargestellt, der Grundsatz der Kapitalerhaltung, welcher den §§ 30 GmbHG, 57 AktG zugrunde liegt, wird dadurch jedoch nicht tangiert, soweit der Empfänger nicht in einem besonderen Verhältnis zu einem Gesellschafter steht; so auch MüKo AktG/*Bayer* § 57 Rd. 49; *Lutter/ Hommelhoff* § 30 Rd. 21 ff.; a.A. unter gewissen Voraussetzungen Schneider in AG 83, 205 (215).

528 Dazu auch *Schneider* in JbFSt 83/84, 165 (182); *Kessler* in AG 95, 120 (126); *Vorderwülbecke* in BB 89, 505 (506).

schäftlichen Aktivitäten stehen[529]. Dies wird dann der Fall sein, wenn diese der Imagewerbung, einer Verbesserung der Geschäftsbeziehungen oder des Betriebsklimas dienen oder - mit anderen Worten - dem Unternehmen zumindest mittelbaren Nutzen bringen. Nicht erfaßt sind demnach soziale Aktivitäten der Gesellschaft, deren Effekt für eine Imageförderung des Unternehmens ungewiß ist oder deren Umfang den üblichen Rahmen weit übersteigen[530].

Überträgt man diese Grundsätze für unentgeltliche Zuwendungen auf die Konstellation der *Zahlung von Schmiergeld*, so zeigt sich, daß diese regelmäßig eine Maßnahme der laufenden Geschäftsführung darstellen werden und damit in die Kompetenz des Vorstandes/Geschäftsführers fallen[531]. Die Zuwendung von Schmiergeldern dient dem Abschluß von Verträgen für die Gesellschaft und stellt sich aus diesem Grund als unmittelbar unternehmensbezogen dar. Darüber hinaus wird durch die Korruption vielfach noch eine für das Unternehmen besonders günstige Vertragsgestaltung erreicht werden, welche ohne entsprechende Leistungen nicht möglich gewesen wäre. Auch wenn sich Schmiergeldzahlungen langfristig nicht als im Unternehmensinteresse stehend darstellen, wie anschließend noch ausführlich dargelegt wird, weisen sie dennoch aufgrund ihrer unmittelbaren Funktion den erforderlichen Bezug zur Gesellschaft auf. Schmiergeldzahlungen tangieren die Vorschriften über die Gewinnverwendung damit grundsätzlich nicht, da sie nicht ohne ertragswirksame Gegenleistung erfolgen, sondern im Angebot des Unternehmens

---

529 Scholz/*Schneider* § 43 Rd. 66 f.; *Kessler* in AG 95, 120 (127).

530 *Lutter/Hommelhoff* § 43 Rd. 11; Scholz/*Schneider* § 43 Rd. 66 f.

531 So auch explizit *Kessler* in AG 95, 120 (128).

mindestens kalkulatorisch berücksichtigt werden. Eine Ausnahme wird nur dann zu machen sein, wenn die Höhe der Schmiergeldzahlung in keinem Verhältnis mehr zum erwarteten Nutzen aus dem angestrebten Hauptvertrag steht. Die Zuständigkeit zur Zahlung von Schmiergeldern fällt damit grundsätzlich in die Kompetenz der Geschäftsführung; eine Pflichtverletzung des handelnden Organs ergibt sich somit jedenfalls nicht schon aus einer Verletzung der Kompetenzvorschriften.

2. Haftung nach §§ 43 GmbHG, 93 AktG

Davon unberührt bleibt die sich anschließende Frage, ob das korrumpierende Verhalten des Organs *eine Verletzung der Grundsätze ordnungsgemäßer Geschäftsführung* darstellt und damit zu einer Haftung der Organe nach §§ 43 II GmbHG, 93 II AktG führt. Diese Grundsätze, gesetzlich konkretisiert in §§ 43 I GmbHG, 93 I AktG, statuieren die Pflicht des Geschäftsführers, „*in Angelegenheiten der Gesellschaft die Sorgfalt eines ordentlichen Geschäftsmannes anzuwenden*". Hierunter wird allgemein verstanden, daß die Geschäftsführung im Rahmen des Gesetzes, des Gesellschaftsvertrages, der für die Geschäftsführung verbindlichen Beschlüsse anderer Gesellschaftsorgane und unter Berücksichtigung öffentlicher Interessen die Gesellschaft zu fördern, das heißt ihr die Vorteile zu wahren und Schaden von ihr abzuwenden hat[532]. Dies umfaßt auch, daß die Geschäftsführung gegenüber den Gesellschaftern die Recht- und Ordnungsmäßigkeit des Gesell-

---

532 OLG Zweibrücken vom 25.11.1993 – 8 U 98/98 - NZG 99, 506 (507); OLG Düsseldorf vom 25.11.1993 – 6 U 245/92 - GmbHR 94, 317 (318); Michalski/*Haas* § 43 Rd. 42; GroßKomm/*Hopt* § 93 Rd. 78 ff.

schaftshandelns sicherzustellen hat. Die Geschäftsführung hat nach überwiegender Ansicht auch dafür einzustehen, daß sich die Gesellschaft im Außenverhältnis rechtmäßig, das heißt gesetzestreu verhält[533]. Eine *Verletzung von gesetzlichen Pflichten der Gesellschaft im Außenverhältnis* stellt aus diesem Grund zugleich eine Pflichtverletzung im Innenverhältnis dar. Wirtschaftliche Vorteile können Rechtsverstöße diesen Ausmaßes ebenfalls nicht rechtfertigen. Teilweise wird in diesem Zusammenhang auch auf § 396 AktG verwiesen, welcher die Auflösung einer AG im Falle fortwährender Gesetzesverstöße vorsieht[534]. Schmiergeldzahlungen erfüllen den Tatbestand strafrechtlicher Verbotsnormen und stellen bereits aus diesem Grund eine Verletzung des öffentlichen Interesses an einer Unterbindung der Korruption und damit eine Pflichtverletzung der Geschäftsführung dar.

Darüber hinaus ist die Zahlung von Schmiergeldern aber auch unter dem *Aspekt der Pflicht zur Schadensabwehr* pflichtwidrig. Korrumpierendes Verhalten der Geschäftsführung kann zu verschiedenen mittel- und unmittelbaren Vermögenseinbußen der Gesellschaft führen. Hierbei ist insbesondere an *Umsatzeinbußen* bei Aufdeckung der korrupten Geschäftspraktiken durch den Imageverlust in der Öffentlichkeit, *staatliche Sanktionierungen* bei Verletzung öffentlich-rechtlicher Vorschriften sowie die mit der zivilrechtlichen Unwirksamkeit des Hauptvertrages verbundenen Ausfälle in Form *des nutzlos aufgewendeten Schmiergeldes* und etwaiger *Schadensersatzforderungen* des Geschäftspartners zu denken.

---

533 So Scholz/*Schneider* § 43 Rd. 68; *Kessler* in AG 95, 120 (129); *Schneider* in JbFSt 83/84, 165 (184).

534 So *Kessler* in AG 95, 120 (129).

Schmiergeldzahlungen durch die Geschäftsführung führen daher mittelbar zu Schäden für die Gesellschaft und sind auch aus diesem Grund pflichtwidrig. Demnach hat die Gesellschaft gegen ihr geschäftsführendes Organ einen Schadensersatzanspruch aus *§§ 43 II GmbHG oder 93 II AktG*. Bezüglich des Schadens kann auf die soeben gemachten Ausführungen verwiesen werden.

Etwas anderes wurde bisher für *ins Ausland geleistete Schmiergeldzahlungen* vertreten, soweit diese nach dortigem Recht nicht sanktioniert wurden. Wie bereits oben verschiedentlich dargelegt verlangen diese Sachverhalte eine abweichende Bewertung[535], da zumindest dann, wenn nationale Vorschriften keine Anwendung finden, die Geschäftsführung sich an der ausländischen Rechtsordnung orientieren darf. Aus diesem Grund wurde auch im Schrifttum überwiegend vertreten, daß in diesen Fällen kein Pflichtverstoß des Geschäftsführers vorliegt, teilweise wurde sogar ein Unterlassen der Zahlungen als pflichtwidrig angesehen[536]. Diese Beurteilung erschien auch vor dem Hintergrund gerechtfertigt, daß der Gesellschaft in diesen Fällen keine Vermögensverluste durch Sanktionen oder Schadensersatzansprüche drohte. Nach *Einfügung des § 299 III StGB* letzten Jahres und der damit verbunden Erweiterung des Tatbestandes auf den ausländischen Wettbewerb kann dies so nicht mehr gelten. Schmiergeldzahlungen an Angestellte ausländischer Unternehmen erfüllen nunmehr eine Strafnorm und verstoßen aus diesem Grund ge-

---

535 Dazu beispielsweise C II 2 c).

536 Michalski/*Haas* § 43 Rd. 48; Scholz/*Schneider* § 43 Rd. 69; KK/*Mertens* § 93 Rd. 37; *Kessler* in AG 95, 120 (129); *Schneider* in JbFSt 83/84, 165 (184).

gen den Grundsatz des rechtmäßigen Verhaltens der Gesellschaft im Außenverhältnis. Nach oben Gesagtem stellen sie damit auch eine Pflichtverletzung im Innenverhältnis dar und begründen eine Haftung der Geschäftsführung nach §§ 93 II AktG, 43 II GmbHG gegenüber der Gesellschaft.

II. Risikomanagement nach § 91 II AktG

Wie soeben dargelegt ist es unter anderem Aufgabe der Geschäftsführung, ein rechtmäßiges Verhalten der Gesellschaft im Außenverhältnis sicherzustellen. Darunter fällt zum einen die Pflicht des Vorstandes, selbst keine rechtswidrigen Handlungen vorzunehmen. Es stellt sich aber darüber hinaus die Frage, ob die Geschäftsführung auch verpflichtet ist, *Maßnahmen zu treffen und Überwachungssysteme einzurichten*, welche ein mögliches rechtswidriges Verhalten der Gesellschaft, in diesem Fall durch die Zahlung von Schmiergeldern, bereits im Vorfeld erkennen und verhindern. Eine solche Pflicht des Vorstandes könnte sich aus § 91 II AktG ergeben. § 91 II AktG, neu eingefügt durch das KontraG vom 27.4.1998[537], statuiert die Verantwortlichkeit des Vorstandes einer AG, „*geeignete Maßnahmen zu treffen, insbesondere ein Überwachungssystem einzurichten, damit den Fortbestand der Gesellschaft gefährdende Entwicklungen früh erkannt werden*“. Eine Nichtbeachtung der aufgestellten Grundsätze durch den Vorstand kann zu einer Haftung aus § 93 II AktG führen. Die praktische Bedeutung der Vorschrift wird noch verstärkt durch die Verknüpfung mit § 317 IV HGB, wonach eine Erstreckung der Prüfungspflicht des Abschlußprüfers auf die

---

537 BGBl. I, 786.

Effektivität der einzuleitenden Maßnahmen und ihre Überwachung angeordnet wird. Ein Hinweis des Gesetzgebers auf die Wichtigkeit der mit der Vorschrift verbundenen Anforderungen erfolgte jüngst durch den *Deutschen Corporate Governance Kodex*. Dieser lautet in Ziffer 4.1.4 DCGK: „*Der Vorstand sorgt für ein angemessenes Risikomanagement und Risikocontrolling im Unternehmen*“[538].

Eine entsprechende Regelung im GmbHG existiert nicht, dennoch sollen die Grundsätze des § 91 II AktG nach der Regierungsbegründung auch auf die GmbH Anwendung finden: Es sei davon auszugehen, daß für diese je nach Größe, Komplexität und Struktur nichts anderes gelte und die Neuregelung Ausstrahlungswirkung auf den Pflichtenrahmen der Geschäftsführer auch anderer Gesellschaftsformen habe[539]. Welche Anforderungen damit für AG und GmbH generell verbunden sind, ist im Schrifttum weitgehend umstritten[540]. Eine Einschätzung der hier vorliegenden Problematik der Schmiergeldzahlungen innerhalb dieses Kontext fehlt – soweit ersichtlich – völlig. Somit ist zu erörtern, welche Maßstäbe an die Pflichten aus § 91 II AktG allgemein anzulegen sind und ob und wenn ja wie die Zahlung von Schmiergeldern durch die Gesellschaft hierbei einzuordnen ist. Eine Nichtbeachtung dieser Vorgaben kann für Vorstandsmitglieder und Geschäftsführer nicht nur haftungs-, sondern auch *statusrechtliche Konsequenzen* haben, wie das LG Berlin jüngst entschied. Es bes-

---

538 Siehe die Fundstelle bei Fn. 440; zum DCGK ausführlich unter D I 2 bb) 4).

539 RegBegr. BT-Drucks. 13/9712, 15.

540 Dazu beispielsweise *Götz* in NJW-Sonderheft H.Weber 2001, 21 ff.; *Kromschröder/Lück* in DB 98, 1573 ff.; *Hüffer* § 91 Rd. 5 ff.; *Geßler* § 91 Rd. 5.

tätigte die außerordentliche Kündigung des Anstellungsverhältnisses eines Vorstandes wegen der unzureichenden Einrichtung eines Risikomanagementsystems im Sinne des § 91 II AktG[541].

1. Allgemeine Anforderungen an ein Risikoüberwachungssystem

a) Rechts- und betriebswissenschaftliches Schrifttum

Die sich im einzelnen aus der Vorschrift des § 91 II AktG ergebenden Anforderungen an eine Risikoüberwachung durch den Vorstand sind umstritten. Überwiegend wird die Norm lediglich als verstärkender Hinweis mit klarstellendem Charakter auf die sich bereits aus der allgemeinen Leitungspflicht des Vorstandes aus § 76 I AktG ergebenden Verpflichtungen verstanden[542]. Hierfür spricht auch die Regierungsbegründung der Norm. Danach handelt es sich bei § 91 II AktG „*um eine gesetzliche Hervorhebung der allgemeinen Leitungspflicht des Vorstandes gemäß § 76 AktG, zu der auch die Organisation gehört. [...] Als Ergebnis der Anhörungen ist die Bestimmung nicht in § 93, sondern in § 91 eingestellt worden, da die Überwachungspflicht Teil der Gesamtverantwortung des Vorstandes ist*“[543]. Dies führt zu der Annahme, daß das in § 91 II AktG genannte Frühwarnsystem nicht der Erkennung risikobehafteter bestandsgefährdender Entwicklungen dienen, son-

---

[541] LG Berlin vom 3.7.2002 – 2 O 358/01 – AG 02, 682 (683).

[542] So *Hommelhoff/Mattheus* in AG 1998, 249 (251); *Pelz* in WM 00, 1566 (1572); *Hüffer* § 91 Rd. 1; *Preußner/Zimmermann* in AG 02, 657 (658).

[543] RegBegr. BT-Drucks. 13/9712, 15.

dern vielmehr die Überwachung der Einhaltung und Effektivität diesbezüglich eingeleiteter Maßnahmen sichern soll.

Diese Auffassung ist auch gegenüber des insbesondere im wirtschaftswissenschaftlichen Schrifttum vertretenen Verständnisses eines allgemeinen *risk management* vorzugswürdig. Nach dieser Ansicht begründet die Vorschrift eine Pflicht zur Einrichtung eines Systems der Überwachung und Kontrolle aller das Unternehmen bedrohender Risiken[544]. Unter dem Risikobegriff wird hier in einem umfassenden Sinn die Gefahr von Verlusten im Rahmen der Geschäftstätigkeit verstanden; mit der Folge, daß eine entsprechende Überwachung zu einer Kontrolle dieser Tätigkeit und ihres externen Umfeldes führen muß. Für diese Auslegung der Norm wird insbesondere vorgebracht, daß die enge Auffassung weder Gesetzeszweck noch Bedeutung der korrespondierenden Vorschriften des KontraG gerecht werde. So verlange § 321 IV 2 HGB vom Abschlussprüfer eine gesonderte Stellungnahme zur Frage notwendiger Verbesserungen des Überwachungssystems aus § 91 II AktG, was sich nach der engen Auslegung nur auf die Effektivität der Überwachung selbst, nicht dagegen der eingeleiteten Maßnahmen beziehen würde. Dies widerspreche jedoch dem Gesetzeszweck einer effektiven Risikoerkennung, welche möglichst frühzeitig zu erfolgen habe[545].

---

544 So *Kromschröder/Lück* in DB 98, 1573; weiterhin *Brebeck/Herrmann* in WPg 97, 381 (387 ff.); abwägend *Gernoth* in DStR 01, 299 (300).

545 So *Götz* in NJW-Sonderheft H. Weber 2001, 21.

b) Risikomanagement als hervorgehobene Vorstandspflicht

Meines Erachtens muß eine normzweckorientierte, aber dennoch praxistaugliche Auslegung des § 91 II AktG in der Mitte liegen. Eine strikte Trennung zwischen den einzurichtenden Maßnahmen einerseits und ihrer Überwachung andererseits, wie teilweise vorgenommen[546], ist nicht erforderlich. Richtig ist, daß § 91 II AktG hinsichtlich des Erkennens bestandsgefährdender Maßnahmen lediglich eine Verdeutlichung der sich bereits aus der allgemeinen Leitungspflicht des Vorstandes aus § 76 I AktG ergebenden Pflichten darstellt. Dies ergibt sich aus der Gesetzesbegründung sowie dem bisherigen Verständnis der §§ 76 I, 93 I AktG. Danach betraf die Pflicht des Vorstandes zur Schadensabwehr auch vor Einführung des § 91 II AktG die Überwachung möglicher interner oder externer Risiken für die Gesellschaft[547]. Die Bedeutung der Norm liegt in diesem Zusammenhang primär in einer Hervorhebung dieser oftmals vernachlässigten Vorstandspflicht sowie - durch die Verknüpfung mit der Feststellung im Bericht des Abschlußprüfers über § 317 IV HGB - einer erhöhten Transparenz der Einhaltung dieser Vorgaben. Sinn und Zweck der Neufassung des § 91 II AktG durch das KontraG ist demnach im Sinne einer verbesserten *corporate governance* für eine erhöhte Aufmerksamkeit der Geschäftsführungen hinsichtlich bisher weitgehend vernachlässigter bestandsgefährdender Entwicklungen zu sorgen. Die sich aus § 91 II AktG ergebende Aufgabe des Vorstandes kann damit zusammengefaßt werden als Pflicht zur Einrichtung von Maßnahmen, welche eine Früherkennung bestandsgefährdender Entwicklungen

---

546 So *Hüffer* § 91 Rd. 6 ff.

547 Dazu beispielsweise KK/*Mertens* § 93 Rd. 48 m. w. N.

ermöglichen sowie eines Früherkennungssystems, welches eine kontinuierliche Überprüfung dieser Maßnahmen auf ihre Effektivität hin gewährleistet[548]. Eine explizite Hervorhebung des Überwachungssystems kann dabei dahinstehen, da die Pflicht zur Schaffung geeigneter Maßnahmen deren fortwährende Effektivität einschließt, was zwangsläufig mit einer gewissen Kontrolle verbunden ist. Wenn im folgenden von Maßnahmen zur Risikoerkennung gesprochen wird, so umfaßt dies jeweils auch ein entsprechendes Überwachungssystem.

2. Korruptionsbekämpfung als Teil des Risikomanagements

Übertragen auf die hier vorliegenden Sachverhalte stellt sich die Frage, ob § 91 II AktG auch die Pflicht des Vorstandes statuiert, Maßnahmen zur Verhinderung von Schmiergeldzahlungen durch die Gesellschaft zu treffen. Zur Beantwortung dieser Frage ist es erforderlich, die Korruptionssachverhalte unter die Tatbestandsmerkmale der Vorschrift zu subsumieren.

---

548 In diese Richtung auch *Drygala/Drygala* in ZIP 00, 297 (299); *Preussner/Becker* in NZG 02, 846. Es stellt sich allerdings die hier nicht weiter zu erörternde Frage, ob den Unternehmen nicht zu raten sein wird, bei der Einrichtung der Maßnahmen der weiten betriebswirtschaftlichen Auslegung zu folgen, da diese im Zweifel auch der Prüfungspraxis der Abschlußprüfer im Rahmen des Vermerks nach §§ 317 IV, 321 IV HGB zugrunde liegen wird.

a) Schmiergeldzahlungen als bestandsgefährdende Entwicklungen

Voraussetzung des Eingreifens der Rechtsfolgen des § 91 II AktG ist die Qualifikation von Korruption im Unternehmen als *bestandsgefährdende Entwicklung*. Unter Entwicklungen in diesem Sinne wird nicht der momentane Ist-Zustand der Gesellschaft mit einem gewissen Risikopotential, sondern die nachteilige Veränderung dieses Zustandes hin zu einem bestandsgefährdenden Ausmaß verstanden[549]. An dieser Stelle wird teilweise vertreten, daß Schmiergeldzahlungen dieses Kriterium nicht erfüllen und demnach keine bestandsgefährdende Entwicklung im Sinne des § 91 II AktG darstellen können[550]. Danach stelle die Zahlung von Schmiergeldern durch Unternehmensangehörige lediglich einen Ist-Zustand dar, es wohne ihr jedoch keine Entwicklung inne[551]. Richtigerweise ist jedoch Wirtschaftskorruption als dynamischer Prozeß zu verstehen, auf den Einfluß seitens der Unternehmensführung genommen werden kann. Es ist nicht ersichtlich, warum eine Zu- oder Abnahme in diesem Bereich innerhalb des Unternehmens keine Entwicklung eines risikoträchtigen Zustandes darstellen soll. Bereits in der Regierungsbegründung zu § 91 II AktG wird der Verstoß gegen gesetzliche Vorschriften als Beispiel einer derartigen möglicherweise bestandsgefährdenden Entwicklung aufgeführt[552]. Auch Schmiergeldzahlungen führen regelmäßig zu Normverstößen, wie bereits mehrfach

549 So auch *J. Hüffer* in FS Imhoff, 91 (98 f); *Seibert* in FS Bezzenberger, 427 (437); *Hüffer* § 91 Rd. 6; *Pelz* in WM 00, 1566 (1572).

550 *Pelz* in WM 00, 1566 (1572).

551 *Pelz* in WM 00, 1566 (1572).

552 RegBegr. BT-Drucks. 13/9712, 15.

dargelegt, und schädigen demnach Gesellschaft und Allgemeinheit. Für diese Einschätzung von Korruption als Entwicklung im Sinne der Vorschrift spricht auch § 130 I OWiG. Danach kann es als Ordnungswidrigkeit geahndet werden, wenn es der Inhaber eines Betriebes oder Unternehmens unterläßt, Vorkehrungen zur Verhinderung der Verletzung solcher Pflichten zu treffen, welche ihm als Inhaber auferlegt sind, falls derartige Pflichtverletzungen mit Strafe oder Geldbuße bedroht sind. Die Pflicht muß einen räumlichen, sachlichen und personalbezogenen Zusammenhang zum Unternehmen aufweisen, was für die Fälle der Bestechung durch Unternehmensangehörige angenommen wird[553]. Ist dies aber der Fall, so würde es dem Gesetzeszweck des § 91 II AktG widersprechen, derartige Verhaltensweisen nicht dem Risikomanagement des Vorstandes zu unterstellen. Schmiergeldzahlungen durch Gesellschaftsorgane stellen demnach Entwicklungen im Sinne des § 91 II AktG dar, unter anderem deshalb, da sie zu Normverstößen führen.

Im Anschluß an diese Feststellung stellt sich das Problem, ob die Korruption im Unternehmen derartige Ausmaße annehmen kann, daß man von einer *Bestandsgefährdung* sprechen muß. Es herrscht innerhalb der Lehre Uneinigkeit darüber, was hierunter allgemein zu verstehen ist. So wird zum Teil streng am Wortlaut argumentiert, hierunter seien nur Risiken zu fassen, welche den Fortbestand der Gesellschaft gefährdeten, somit zu einem Insolvenzrisiko führen würden[554]. Diese Auslegung hat zwar den Buchstaben des Gesetzes für

---

553 So *Pelz* in WM 00, 1566 (1572).

554 *Seibert* in FS Bezzenberger, 427 (437); *Götz* in NJW-Sonderheft 01, 21 (22).

sich, sie engt jedoch den Anwendungsbereich der Vorschrift zu sehr ein. Im Sinne einer verbesserten corporate governance ist es wünschenswert, wenn bereits Entwicklungen von der Überwachung erfaßt werden, welche sich lediglich wesentlich auf die Ertragslage auswirken können. Dementsprechend wird auch überwiegend angenommen, mit Bestandsgefährdung seien nachteilige Veränderungen gemeint, welche sich auf Vermögens-, Ertrags- oder Finanzlage der Gesellschaft wesentlich auswirken können. Dies sei dann der Fall, wenn diese für die Darstellungsanforderungen des § 264 II HGB relevant seien[555]. Letztere Auffassung korrespondiert auch mit der Leitungsaufgabe des Vorstandes aus § 76 AktG, welche in § 91 II AktG lediglich hervorgehoben werden soll. Diese umfaßt nämlich ebenfalls die Pflicht zur Abwehr ertragsrelevanter Gefahren und ist nicht beschränkt auf das Insolvenzrisiko. Für den Komplex der Schmiergeldzahlungen wird teilweise dennoch vertreten, daß diese nicht in diesem Sinne relevant werden könnten, da die gezahlten Bestechungsgelder bereits in die Höhe der Auftragsvergütung einkalkuliert seien[556]. Dies verkennt jedoch, daß die Gefahren durch Schmiergeldzahlungen für die Gesellschaft nicht primär aus einer mangelnden Amortisation des Schmiergeldes selbst resultieren, sondern vielmehr aus dem durch die Aufdeckung verursachten Imageverlust mit entsprechenden Umsatzeinbußen, möglichen Konsequenzen aus nichtigen Hauptverträgen wie Lieferengpässen und Schadensersatzforderungen des Geschäftspartners, weiterhin möglichen staatlichen Sanktionen aufgrund der begangenen Normverletzungen. Diese Aufzählung macht deutlich, daß insbesondere systematische Korruption innerhalb des Unternehmens durchaus bestandsgefährdenden Charakter

---

[555] So *Hüffer* § 91 Rd. 6; ebenso die RegBegr. BT-Drucks. 13/9712, 15.
[556] So *Pelz* in WM 00, 1566 (1572).

aufweisen kann und aus diesem Grund einer Einleitung effektiver Gegenmaßnahmen bedarf. Wann dies im einzelnen der Fall ist kann aufgrund der zahlreichen ausschlaggebenden Faktoren nicht pauschal definiert werden. Es hängt ab von Größe und Umsatz des Unternehmens sowie Häufigkeit und Intensität der Korruptionsfälle. Überschreitet ein Unternehmen die Größe eines Familienunternehmens so hat es grundsätzlich mit dem Auftreten von Korruption zu rechnen, dies verdeutlichen die Zahlen in Teil A. Da Schmiergeldzahlungen wie dargelegt bestandsgefährdende Ausmaße annehmen können, ist damit der Tatbestand des § 91 II AktG erfüllt.

Eine mangelhafte Umsetzung dieser Maßgaben durch die Geschäftsführungen kann zu einer persönlichen Haftung nach den §§ 93 II AktG, 43 II GmbHG sowie einer Haftung des Unternehmensinhabers selbst nach § 130 OWiG führen.

b) Geeignete Maßnahmen zur Früherkennung

Wie soeben festgestellt, statuiert § 91 II AktG für den Vorstand die Pflicht, geeignete Maßnahmen zur Früherkennung von Korruption innerhalb der Gesellschaft zu treffen. Es bedarf somit einer *Konkretisierung der Anforderungen* an diese Maßnahmen. Ganz grundsätzlich hat der Vorstand Einrichtungen zu schaffen, welche zur frühzeitigen Erkennung der beschriebenen bestandsgefährdenden Entwicklungen in der Lage sind. Dies ist dann der Fall, wenn die Entwicklungen dem Vorstand so rechtzeitig bekannt werden, daß ihnen entgegengewirkt werden kann, ohne daß sie bestandsgefährdende Ausmaße annehmen[557]. Im Bereich der Korruption durch

---

[557] RegBegr. BT-Drucks. 13/9712, 15.

Unternehmensangehörige stellt es sich als schwierig dar, eine lückenlose Überwachung sämtlicher neuralgischer Punkte zu gewährleisten. Es versteht sich aber von selbst, daß eine gesetzliche Vorschrift nur Vorgaben im Bereich des tatsächlich Möglichen machen kann. Aus diesem Grund wird dem Normzweck des § 91 II AktG in diesem Zusammenhang genüge getan, wenn der Vorstand Maßnahmen einleitet, welche in einem wirtschaftlichen Rahmen zu einer weitest möglichen Eindämmung von Schmiergeldzahlungen durch Unternehmensangehörige führen.

Im folgenden sind einige dieser Maßnahmen, welche überwiegend bereits in der Praxis angewandt werden, exemplarisch aufgeführt. Eine Kombination einiger dieser Einrichtungen dürfte den Anforderungen des § 91 II AktG im Hinblick auf die Verhinderung von Schmiergeldzahlungen genügen. Grundsätzlich kann bei dieser Kombination nach Größe, Branche, Struktur und Kapitalmarktzugang der Gesellschaften differenziert werden. Bei den möglichen Maßnahmen ist zwischen einer Verschärfung der unternehmensinternen Kontrollmechanismen („*compliance perspective*“) und Maßnahmen zur Förderung eines positiven Unternehmensklimas („*integrity perspective*“)[558] zu unterscheiden. Beispiele für erstere sind innerbetriebliche Ermittlungseinheiten des Werkschutzes oder der inneren Revision, Aufgabensplittting („*Vier-Augen-Prinzip*“), Personalrotation, erhöhte Transparenz in den Entscheidungsabläufen, Zentralisierung des Einkaufs oder sogar „*gläserne Büros*“[559]. Weiterhin ist die Aufnahme eines entsprechenden Passus in Anstellungsverträge anzuraten, in wel-

---

558 *Palazzo* in Die Kriminalprävention 01, 52 ff.

559 Weitere Bsp. bei *Vahlenkamp/Knauß*, 52 ff.

chem unmißverständlich auf statusbeendende Konsequenzen für den Fall der Zuwiderhandlung hingewiesen wird. Dies korrespondiert mit einer konsequenten Entfernung von auffällig gewordenen Unternehmensangehörigen. Erfolgsversprechend kann allerdings nur eine Kombination mit Maßnahmen zur Verbesserung der Unternehmensklimas sein[560]. Hierzu gehört die Aufstellung sogenannter Ethikregeln („*code of ethics*") oder Unternehmensphilosophien als Ausdruck einer corporate identity sowie die Wahrnehmung von Vorbildfunktionen durch Führungskräfte. Die Schaffung einer korruptionsfeindlichen Unternehmensethik und die Überwachung derselben durch hartes Controlling können somit realistische Möglichkeiten der Eindämmung und Früherkennung von Korruption sein. Ausreichend im Sinne des § 91 II AktG sind sie aber nur dann, wenn weiterhin gewährleistet ist, daß eine zügige Information des Vorstandes mittels eindeutiger Zuständigkeiten sowie eines engmaschigen Berichtswesens und entsprechender Dokumentation erfolgt[561].

III. Überwachung durch den Aufsichtsrat gemäß § 111 AktG

Dem Aufsichtsrat obliegt gemäß § 111 I AktG die Aufgabe der *Überwachung der Geschäftsführung*. Hinsichtlich des Risikomanagements durch den Vorstand bedeutet dies die Prüfung, ob dieser alle Maßnahmen getroffen hat, um die gegenwärtige Risikolage zutreffend zu erfassen, sowie um bestehende und zukünftige Risiken erkennen, analysieren und be-

560 *Palazzo* in Die Kriminalprävention 01, 52 (53).

561 *Hüffer* § 91 Rd. 8.

werten zu können. Weiterhin hat der Aufsichtsrat zu prüfen, ob die unternehmensinterne Effektivitätskontrolle der eingeleiteten Maßnahmen ihren Zweck erfüllt. Zur Erfüllung dieser Pflicht ist der Aufsichtsrat auf fortwährende und umfassende Informationen den Stand des Risikomanagements betreffend angewiesen. Dementsprechend ist im Rahmen des Überwachungssystems eine *Informationsordnung*[562] vorzusehen, welche eine zeitnahe und vollständige Information des Aufsichtsrates gewährleistet. Entscheidendes Instrument des Aufsichtsrates bei der Wahrnehmung seiner Aufgabe ist daneben der Bericht des Abschlußprüfers, welcher mittlerweile auch durch den Aufsichtsrat selbst eingesetzt wird. Aus dieser Überwachungspflicht fließt auch eine eigene Sorgfaltspflicht des Aufsichtsrates, welche über §§ 116, 93 II AktG zu einer Haftung des einzelnen Mitgliedes für den Fall der Verletzung dieser Pflicht führen kann.

Zwischenergebnis: Die Gewährung von Schmiergeldern durch Unternehmensorgane führt zu einer Haftung im Innenverhältnis nach den §§ 93 II AktG, 43 II GmbHG. Zudem besteht eine Pflicht der Geschäftsführung, ein Risikomanagement einzurichten, welches Maßnahmen zur Früherkennung und Eindämmung von Korruption umfaßt. Eine Mißachtung dieser Vorgaben hat haftungs- sowie statusrechtliche Konsequenzen.

---

562 *Kromschröder/Lück* in DB 98, 1573 (1576).

F Statusbeendende Maßnahmen

I. Grundlage des Schmiergeldverbotes

Neben den bisher dargestellten haftungsrechtlichen Konsequenzen von Korruption stellen sich in diesem Zusammenhang auch statusrechtliche Fragen. Hierunter ist insbesondere die *Beendigung des bisherigen Vertragsverhältnisses* zwischen Geschäftsherr und Geschäftsführer[563] zu verstehen; dies umfaßt sowohl Arbeits- und Dienstverträge als auch bloße Auftragsverhältnisse oder Anstellungsverträge von Gesellschaftsorganen. Dabei kann regelmäßig von einem *Recht des Geschäftsherrn zur außerordentlichen Kündigung* ausgegangen werden[564]. Überwiegend wird in diesem Kontext die passive Variante der Schmiergeldvereinbarungen, also die Entgegennahme beziehungsweise das Versprechenlassen eines unzulässigen Vorteils erörtert (sogenanntes *Schmiergeldverbot*). Ein solches Verhalten des Geschäftsführers stellt unstreitig eine Vertragsverletzung dar. Da es regelmäßig an einer expliziten individualvertraglichen Regelung derartiger Sachverhalte fehlen wird, beruht das Schmiergeldverbot nicht primär auf der *Arbeitsleistungspflicht*, da diese durch die Schmiergeldannahme nicht zwangsläufig tangiert werden muß. Zwar wird

---

563 Diese Begriffe sind entsprechend weit zu verstehen, sie umfassen jegliches Tätigwerden im Interessenbereich des anderen mit dessen Willen.

564 AllgM, vgl. nur BAG vom 21.6.2001 – 2 AZR 30/00 – EzA § 626 BGB Unkündbarkeit Nr. 7, 1 (6); BAG vom 15.11.1995 – 2 AZR 974/94 – AP BetrVG 1972 § 102 Nr. 73; MüHdb ArbR/*Blomeyer* § 53 Rd. 114; *Zöllner/Loritz*, 173; *Berkowsky* in NZA-RR 01, 57 (63).

durch die Schmiergeldabrede die Vertrauenswürdigkeit des Arbeitnehmers erschüttert, deren Bewahrung ist jedoch nicht unbedingt Gegenstand der Arbeitsleistungspflicht; was insbesondere dann relevant wird, wenn ein unzuständiger Arbeitnehmer korrumpiert wird[565]. Richtigerweise ist Grundlage des Schmiergeldverbotes insbesondere im Hinblick auf Arbeits- und Anstellungsverträge vor allem die *allgemeine Treuepflicht* (Loyalitätspflicht) des Arbeitnehmers[566]. Diese wird verletzt durch die Zurückstellung der Unternehmensinteressen hinter den persönlichen Vorteilen des Geschmierten. Die einer Schmiergeldabrede immanente Unrechtsvereinbarung einer Bevorzugung der Interessen des Schmierers untergräbt die geforderte unbedingte Loyalität des Arbeitnehmers zu seinem Arbeitgeber. Darüber hinaus wird durch dieses Verhalten auch die Vertrauensgrundlage einer weiteren Zusammenarbeit zerstört, weshalb an dieser Stelle zusätzlich Aspekte der Arbeitsleistungspflicht zur Geltung kommen. Das BAG führt dazu aus: „*In Fällen dieser Art liegt die eigentliche Ursache dafür, daß ein solches Verhalten die außerordentliche Kündigung rechtfertigt, nicht so sehr in der Verletzung vertraglicher Pflichten, sondern in der damit zu Tage getretenen Einstellung des Arbeitnehmers, unbedenklich eigene Vorteile bei der Erfüllung der Aufgaben wahrnehmen zu wollen, obwohl er sie allein im Interesse des Arbeitgebers durchzuführen hat. Durch sein gezeigtes Verhalten zerstört er das Vertrauen in seine*

565 MüHdbArbR/*Blomeyer* § 53 Rd. 99.

566 BAG vom 21.6.2001 – 2 AZR 30/00 – EzA § 626 BGB Unkündbarkeit Nr. 7, 1 (6); KölnKomm/*Mertens* § 93 Rd. 62; MüHdbArbR/*Blomeyer* § 53 Rd. 99; Schlegelberger/*Schröder* § 59 Rd. 42.

Zuverlässigkeit und Redlichkeit“[567]. Vergleichbares gilt auch für die Anstellungsverträge von Gesellschaftsorganen[568].

II. Entbehrlichkeit einer Abmahnung

Aus diesem Grund wird auch eine *Abmahnung* regelmäßig entbehrlich sein. Zwar ist auch bei Störungen im Vertrauensbereich das Erfordernis einer Abmahnung zu prüfen und eine solche zumindest dann erforderlich, wenn ein steuerbares Verhalten des Arbeitnehmers vorliegt und mit einer Wiederherstellung des Vertrauens gerechnet werden kann. Anders ist es jedoch dann, wenn ein besonders schwerwiegendes Fehlverhalten des Arbeitnehmers gegeben ist, da in diesen Fällen davon auszugehen ist, daß das für das Arbeitsverhältnis notwendige Vertrauen dauerhaft zerstört ist. Ein Verstoß gegen das Schmiergeldverbot stellt in der Regel ein derartiges besonders schwerwiegendes Fehlverhalten dar, da es einen massiven Vertrauensbruch beinhaltet[569].

567 BAG vom 21.6.2001 – 2 AZR 30/00 – EzA § 626 BGB Unkündbarkeit Nr. 7, 1 (6).

568 Dazu beispielsweise KölnKomm/*Mertens* § 93 Rd. 57 ff.

569 BAG vom 21.6.2001 – 2 AZR 30/00 – EzA § 626 BGB Unkündbarkeit Nr. 7, 1 (6); LG Köln vom 15.12.1983 – 6 AZR 60/83 - DB 84, 1101; MüHdb ArbR/*Blomeyer* § 53 Rd. 114.

III. Inhalt des Schmiergeldverbotes

Eine nähere Konkretisierung des *Inhaltes des Schmiergeldverbotes* muß sich an der Arbeits- und Treuepflichtverletzung als Grundlage des Verbotes orientieren. Demzufolge kann es für eine Erfüllung des Verbotes nicht von Bedeutung sein, ob das angestrebte Handeln des Geschmierten zudem pflicht- oder gar rechtswidrig war beziehungsweise ob es überhaupt zu einer Vornahme der vereinbarten Handlung kam[570]. Entscheidend ist bereits die übereinstimmende Annahme, der Geschmierte werde gegebenenfalls die Interessen des Schmierers bevorzugen[571]. Aus diesem Grund ist ein Schaden des Geschäftsherrn ebensowenig Voraussetzung für eine Verletzung des Schmiergeldverbotes. Hinsichtlich der Art der Zuwendungen sowie möglichen Empfänger kann grundsätzlich auf die Ausführungen oben verwiesen werden[572]. Wie dort kann auch hier die Grenze zu zulässigen Zuwendungen generell da gezogen werden, wo aufgrund der Geringfügigkeit des Vorteils nicht mehr mit einer Einflußnahme auf zukünftige Handlungen des Empfängers gerechnet werden kann, das heißt wo eine derartige Verknüpfung objektiv fehlt. Dies gilt beispielsweise für Trinkgelder, soweit diese in der jeweiligen

---

570 *Berkowsky* in NZA-RR 01, 57 (63); MüHdb ArbR/*Blomeyer* § 53 Rd. 98; *Zöllner/Loritz*, 173.

571 Zu eng ist deshalb die Auffassung von *Zöllner/Loritz*, 173, welche eine Zurückstellung der Interessen des Arbeitgebers verlangen. Auch die bloße unlautere Bevorzugung des Schmierers vor anderen Mitbewerbern ohne Wissen des Arbeitgebers kann aufgrund der Verknüpfung mit eigenen Vorteilen zu einer Zerstörung der Vertrauensgrundlage führen. Wie hier im Ergebnis auch das BAG vom 21.6.2001 – 2 AZR 30/00 – EzA § 626 BGB Unkündbarkeit Nr. 7, 1 (6).

572 C II 2 b).

Branche üblich sind, oder für Gelegenheitsgeschenke in angemessenem Umfang. Zur Person des Schmierers ist zu ergänzen, daß es sich dabei neben außenstehenden Dritten auch um Unternehmensangehörige handeln kann, etwa wenn der Geschmierte aufgrund seiner Funktion, beispielsweise als Personalsachbearbeiter, in der Lage ist, die betriebliche Situation des Schmiergeldgebers zu beeinflussen.

IV. Zuwendungen durch Unternehmensangehörige

Regelmäßig außer Betracht bleibt bei der Diskussion um statusrechtliche Konsequenzen von Schmiergeldzahlungen das Problem der Zahlungen *durch* Unternehmensangehörige. Unterschiede zur soeben behandelten Annahme von Zuwendungen ergeben sich zunächst dadurch, daß der Zuwendende zumindest auch im Interesse des Unternehmens handelt, wenn er diesem bei der Akquisition einen unlauteren Vorteil verschafft. Dennoch kann dies kein anderes Ergebnis rechtfertigen, da auch der Zuwendende letztlich gegen seine Loyalitätspflicht verstößt. Für Gesellschaftsorgane ergibt sich dies bereits aus ihrer Pflicht zur ordnungsgemäßen Geschäftsführung aus §§ 93 AktG, 43 GmbHG, wie oben ausgeführt[573]. Doch auch allgemein verstößt der Zuwendende durch die Zahlung gegen seine aus der allgemeinen Treuepflicht folgende Verpflichtung, dem Unternehmen keinen Schaden zuzufügen. Wie oben dargelegt sind Schmiergeldzahlungen durch Unternehmensangehörige mit zahlreichen Schadensrisiken verbunden, welche derartige Akquisitionspraktiken verbieten[574]. Aus die-

---

[573] E I 2.

[574] Dazu E I 2 und E II 2 a).

sem Grund werden auch Schmiergeldzahlungen durch Unternehmensangehörige regelmäßig einen Grund zur außerordentlichen Kündigung darstellen. Gleiches hat für die damit korrespondierende Pflicht der Geschäftsführung zur Einrichtung eines korruptionshemmenden Risikomanagementsystems nach § 91 II AktG zu gelten. Eine Nichtbeachtung dieser Vorgaben kann ebenfalls eine außerordentliche Kündigung rechtfertigen, wie das LG Berlin jüngst bestätigte[575]. Im dort entschiedenen Fall hatte die Betriebsprüfung festgestellt, daß das Risikomanagement- und Risikofrüherkennungssytem der Gesellschaft zur Kreditrisikosteuerung nicht den gesetzlichen Anforderungen entspreche.

Zwischenergebnis: Die Annahme sowie die Zahlung von Schmiergeldern verstoßen insbesondere gegen das arbeitsvertragliche Loyalitätsgebot und rechtfertigen regelmäßig eine außerordentliche Kündigung. Gleiches gilt für das Unterlassen einer geeigneten Risikominimierung in diesem Bereich durch die Geschäftsführung. Eine Abmahnung ist in diesem Zusammenhang überwiegend entbehrlich.

---

575 LG Berlin vom 3.7.2002 – 2 O 358/02 – AG 02, 682 (683).

G Kautelarjuristische Hinweise

Abschließend folgen noch zwei kurze kautelarjuristische Hinweise, welche sich im Verlaufe der Untersuchung aufgedrängt haben. Dies betrifft vor allem das Erfordernis der Festschreibung einer *Vertragsstrafenregelung gemäß § 339 2* insbesondere im Verhältnis zu ständigen Geschäftskontakten. Inhaltlich soll die Regelung das Schmieren von Unternehmensangehörigen beziehungsweise den Versuch dessen durch den Geschäftspartner untersagen. Dies bezweckt eine Verhinderung unzulässiger Einflußnahmen sowohl für zukünftige Vertragsabschlüsse als auch hinsichtlich des laufenden Geschäftes wie beispielsweise auf eine Abwicklung der Zahlungsmodalitäten (Verzugszinsen, Stundungen). Der Vorteil einer solchen expliziten vertraglichen Regelung ist die damit gewährleistete Unabhängigkeit vom Nachweis eines Schadens sowie das Abschneiden der üblichen gegnerischen Vorbringen, welche eine eigenständige, gesondert zu vergütende Gegenleistung des Geschmierten vortäuschen wollen. Eine entsprechende Klausel könnte folgendermaßen aussehen:

„§ 1 Verbot unzulässiger Einflußnahme

Es ist den Vertragspartnern untersagt, auf die Geschäftsführung des anderen hinsichtlich dieser sowie künftiger Vertragsverhandlungen zwischen den Vertragspartnern derart Einfluß zu nehmen, daß mit der Interessenwahrnehmung des anderen betrauten Personen materielle oder immaterielle Vorteile jeglicher Art im Zusammenhang mit ihrer Rolle bei den Vertragsverhandlungen angeboten werden. Dies gilt auch bereits für den Versuch einer derartigen Einflußnahme.

§ 2 Zuwiderhandlung

Im Falle der Zuwiderhandlung gegen § 1 ist schadensunabhängig eine sofort fällige Vertragsstrafe in Höhe von ... EURO an den Vertragspartner zu zahlen. Der Nachweis eines tatsächlich höheren Schadens durch den Geschädigten bleibt davon unberührt."

Des weiteren ist anzuraten in *Arbeitsverträge* ebenfalls eine entsprechende Passage mit einem ausdrücklichen Schmiergeldverbot aufzunehmen. Dies kann aufgrund der dann eindeutigen Rechtslage zu einer Verkürzung arbeitsrechtlicher Streitigkeiten führen:

„§ 1 Schmiergeldverbot

Dem Arbeitnehmer/Angestellten ist es untersagt, im Zusammenhang mit seiner betrieblichen Tätigkeit von Dritten sowie Unternehmensangehörigen Vorteile materieller oder immaterieller Art ohne Genehmigung durch den zuständigen Vorgesetzten anzunehmen. Derartige Angebote sind darüber hinaus unverzüglich dem dafür zuständigen Vorgesetzten zu melden. Weiterhin ist es dem Arbeitnehmer/Angestellten untersagt, derartige Zuwendungen Dritten sowie Unternehmensangehörigen anzubieten. Bereits das Unterlassen einer Mitteilung über ein Angebot sowie das Anbieten selbst berechtigen den Arbeitgeber zu einer außerordentlichen Kündigung.“

H Thesen

1. Die Schmiergeldvereinbarung zwischen Schmierer und Geschmiertem ist regelmäßig nach § 134 beziehungsweise § 138 nichtig.

2. Die Wirksamkeit des infolge der Schmiergeldvereinbarung abgeschlossenen Vertrages steht zur Disposition des Geschäftsherrn. Dogmatisch erfolgt dies über § 177 analog im Falle des Vertragsschlusses durch den Angestellten beziehungsweise über § 123 bei Abschluß durch den Geschäftsherrn selbst.

3. Mit dem Folgevertrag wirtschaftlich verbundene Rechtsgeschäfte werden regelmäßig in ihrem Bestand von einer möglichen Nichtigkeit des Folgevertrages unabhängig sein. Anders ist dies nur, wenn ein entsprechender Wille der Parteien festgestellt werden kann. Gleiches gilt für akzessorische Sicherheiten. Einwendungen aus §§ 242, 853 werden dem Sicherungsgeber nur dann zustehen, wenn eine Inanspruchnahme bereits bei Abschluß des Hauptvertrages offensichtlich war

4. Der Geschäftsherr kann von seinem korrumpierten Angestellten die Herausgabe des Schmiergeldes nach §§ 675, 667 verlangen. Der Ansatz über §§ 687 II, 681 2, 667 ist aus systematischen Gründen abzulehnen.

5. Dem Geschäftsherrn stehen gegen Schmierer und Geschmierten Schadensersatzansprüche aus Vertrag und Delikt zu. Nach allgemeiner Lebenserfahrung ist von einem Schaden mindestens in Höhe des gezahlten Schmiergeldes auszugehen.

6. Schmiergeldzahlungen durch Gesellschaftsorgane begründen eine Haftung gegenüber der Gesellschaft nach den §§ 43 II GmbHG, 93 II AktG.

7. Die Geschäftsführungen von Aktiengesellschaften und GmbHs sind nach § 91 II AktG verpflichtet, Einrichtungen zu schaffen, welche eine effektive Überwachung von möglichen Korruptionshandlungen durch Unternehmensangehörige gewährleisten. Der Aufsichtsrat ist nach § 111 AktG angehalten, dies zu überwachen.

8. Die Zahlung oder Annahme von Schmiergeldern durch Angestellte oder Gesellschaftsorgane rechtfertigt regelmäßig eine fristlose Kündigung. Gleiches gilt für eine mangelhafte Einrichtung eines Risikoüberwachungssystems nach § 91 II AktG durch den Vorstand. Eine vorherige Abmahnung ist grundsätzlich nicht erforderlich.

Literaturverzeichnis

Ahlf, Ernst-Heinrich Zum Korruptionsbegriff, Kriminalistik 1996, S. 154-157.

Alternativkommentar BGB Kommentar zum Bürgerlichen Gesetzbuch, Band 1 Allgemeiner Teil §§ 1-240, 1987.

Baumbach, Adolf/ Hefermehl, Wolfgang Wettbewerbsrecht, 22. Auflage 2001.

Baumbach, Adolf/ Hueck, Alfred GmbH-Gesetz, Kommentar, 17. Auflage 2000.

Beater, Axel Unlauterer Wettbewerb, 2002.

Bellers, Jürgen (Hg.) Politische Korruption, 1989.

Benz, Arthur/ Seibel, Wolfgang Zwischen Kooperation und Korruption – Abweichendes Verhalten in der Verwaltung, 1992.

Berkowsky, Wilfried Die verhaltensbedingte Kündigung – Teil 2, Neue Zeitschrift für Arbeitsrecht - Rechtsprechungs-Report (NZA-RR) 2001, S. 57-76.

Bottke, Wilfried Korruption und Kriminalrecht in der Bundesrepublik Deutschland, Zeitschrift für Rechtspolitik (ZRP) 1998, S. 215-221.

Brebeck, Frank/ Herrmann, Dagmar Zur Forderung des KonTraG-Entwurfs nach einem Frühwarnsystem und zu den Konsequenzen für die Jahres- und Konzernabschlußprüfung, Die Wirtschaftsprüfung (Wpg) 1997, S. 381-391.

Brünner, Christian (Hg.) Korruption und Kontrolle, 1981.

Bundeskriminalamt (Hg.) Polizeiliche Kriminalstatistik Bundesrepublik Deutschland 2000/2001 und 2001/2002.

Canaris, Claus-Wilhelm Gesetzliches Verbot und Rechtsgeschäft, 1983.

Coing, Helmut Zum Problem des sogenannten Durchgriffs bei juristischen Personen, Neue Juristische Wochenschrift (NJW) 1977, S. 1793-1797.

Dannecker, Gerhard Strafrechtlicher Schutz der Finanzinteressen der Europäischen Gemeinschaft gegen Täuschung, Zeitschrift für die gesamte Strafrechtswissenschaft (ZStW) 108 (1996), S. 577-608.

Dieners, Peter Selbstkontrolle der Wirtschaft zur Verhinderung von Korruption, Juristenzeitung (JZ) 1998, S. 181-186.

Dölling, Dieter Empfehlen sich Änderungen des Straf- und Strafprozeßrechts, um der Gefahr von Korruption in Staat, Wirtschaft und Gesellschaft wirksam zu begegnen?, Gutachten für den 61. Deutschen Juristentag, Verhandlungen des einundsechzigsten Deutschen Juristentages Karlsruhe

1996, S. C7-C115.

Drygala, Tim/ Drygala, Anja Wer braucht ein Frühwarnsystem?, Zeitschrift für Wirtschaftsrecht (ZIP) 2000, S. 297-305.

Erman Handkommentar zum Bürgerlichen Gesetzbuch, Band 1 §§ 1-853, 10. Auflage 2000.

Fikentscher, Wolfgang/ Waibl, K. Ersatz im Ausland gezahlter Bestechungsgelder, Praxis des internationalen Privat- und Verfahrensrechts (IPRax) 1987, S. 86-90.

Fleck, Hans-Joachim Vertrag, unerlaubte Eigengeschäftsführung und Anspruchsverjährung, Zeitschrift für Wirtschaftsrecht (ZIP) 1991, S. 1269-1274.

Friedrich, Carl J. Pathologie der Politik. Die Funktion der Missstände: Gewalt, Verrat, Korruption, Geheimhaltung, Propaganda, 1973.

Gernoth, Jan P. Die Überwachungspflichten des Aufsichtsrates im Hinblick auf das Risikomanagement und die daraus resultierenden Haftungsfolgen für den Aufsichtsrat, Deutsches Steuerrecht (DStR) 2001, S. 299-309.

Geßler, Ernst/ Hefermehl, Wolfgang/ Eckardt, Ulrich/ Kropff, Bruno Aktiengesetz, Kommentar, 1973-1994.

Geßler, Jörg Aktiengesetz, Kommentar, Loseblattsammlung, Stand: Juli 2001.

Göhler, Erich Gesetz über Ordnungswidrigkeiten, 12. Auflage 1998.

Götz, Heinrich Das Risikofrüherkennungssystem des § 91 II AktG in rechtlicher Sicht, Neue Juristische Wochenschrift – Sonderheft für H. Weber (NJW-Sonderheft H. Weber) 2001, S. 21-22.

Großkommentar Aktiengesetz Großkommentar, §§ 92 – 94, 4. Auflage 1999.

Hachenburg Gesetz betreffend die Gesellschaften mit beschränkter Haftung (GmbHG), Großkommentar, Band 2 §§ 35-52, 8. Auflage 1997.

Hefermehl, Wolfgang/ Baumbach, Adolf Wettbewerbsrecht, 22. Auflage, 2001.

Höffling, Christian Korruption als soziale Beziehung, Dissertation 2002.

Hoffmann, Frank/ Zimmermann, Bernd Die Bekämpfung der Korruption, Kriminalistik 1999, S. 585-587.

Hommelhoff, Peter/ Mattheus, Daniela Corporate Governance nach dem KontraG, Die Aktiengesellschaft (AG) 1998, S. 249-259.

Hopt, Klaus J. Recht und Geschäftsmoral multinationaler Unternehmen, Tradition und Fortschritt im Recht - Festschrift zum 500-jährigen Bestehen der Tübinger Juristenfakultät, S. 279-331.

Hüffer, Jens Corporate Governance: Früherkennung nach § 91 Abs. 2 AktG – Neue Pflichten des Vorstands zum Risikomanagement?, Recht und Vernunft – Festschrift für Hans-Diether Imhoff (1998), S. 93-106.

Hüffer, Uwe Aktiengesetz, 5. Auflage 2002.

Imhof, Annemarie Korruption, Dissertation 1999.

Isele, Hellmut Georg Schmiergeldannahme als Eingriffserwerb, Recht der Arbeit (RdA) 1962, S. 52-58.

Jakob, Raimund/ Fikentscher, Wolfgang (Hg.) Korruption, Reziprozität und Recht. Grundlagenwissenschaftliche und rechtsdogmatische Forschungsbeiträge, 2000.

Kaiser, Günther Kriminologie, 3. Auflage , 1996.

Karlsruher Kommentar Karlsruher Kommentar zum Gesetz über Ordnungswidrigkeiten, 2. Auflage 2000.

Kessler, Manfred Die Leitungsmacht des Vorstandes einer Aktiengesellschaft, Die Aktiengesellschaft (AG) 1995, S. 120-132.

Kleinheyer, Gerd Rechtsgutsverwendung und Bereicherungsausgleich, Juristenzeitung (JZ) 1970, S. 471-477.

Koch, Hanns-Reimer Der zivilrechtliche Schmiergeldbegriff unter Berücksichtigung der wettbewerbsrechtlichen Regelung der §§ 12, 13 UWG, Dissertation 1971.

Köhler, Helmut — Vertragliche Unterlassungspflichten, Archiv für die civilistische Praxis (AcP) 190, S. 497–537.

Köhler, Helmut/ Piper, Henning — Gesetz gegen den unlauteren Wettbewerb, 3. Auflage 2002

Kölner Kommentar — Kölner Kommentar zum Aktiengesetz, Band 2 §§ 76-117, 2. Auflage 1988.

König, Detlef — Gewinnhaftung, Festschrift für Ernst von Caemmerer zum 70. Geburtstag (1978), S. 179-207.

Koppensteiner, Hans-Georg/Kramer, Ernst A. — Ungerechtfertigte Bereicherung, 2. Auflage 1988.

Körner, Eberhard — Verstöße gegen die Vorschriften des UWG und WZG und ihre Auswirkung auf Drittverträge, Gewerblicher Rechtsschutz und Urheberrecht (GRUR) 1968, S. 348-352.

Korte, Matthias — Kampfansage an die Korruption, Neue Juristische Wochenschrift (NJW) 1997, S. 2556-2558.

Kraft, Alfons — Zur rechtlichen Problematik der Schmiergelder, Juristische Schulung (JuS) 1963, S. 473-476.

Kromschröder, Bernhard/ Lück, Wolfgang — Grundsätze risikoorientierter Unternehmensüberwachung, Der Betrieb

(DB) 1998, S. 1573-1576.

Kulesza, Ryszard — Die Bestechung im politischen Leben Athens im 5. und 4. Jahrhundert v. Chr., 1995.

Lackner, Karl/ Kühl, Kristian — Strafgesetzbuch, 24. Auflage 2001.

Landeskriminalamt Baden-Württemberg (Hg.) — Korruption in Baden-Württemberg. Eine Hellfeldanalyse, 1995.

Larenz, Karl — Lehrbuch des Schuldrechts, Band II, Halbband 1 Besonderer Teil, 13. Auflage 1986.

Larenz, Karl/ Wolf, Manfred — Allgemeiner Teil des Bürgerlichen Rechts, 8. Auflage 1997.

Lutter, Marcus/ Hommelhoff, Peter — GmbH-Gesetz, 15. Auflage 2000.

Mayer, Ulrich — Kein Verfall von Schmiergeldern, Neue Juristische Wochenschrift (NJW) 1983, S. 1300-1302.

Mayerhöfer, Alexander — Die Integration der positiven Forderungsverletzung in das BGB, Monatsschrift für Deutsches Recht (MDR) 2002, S. 549-556.

Medicus, Dieter — Ansprüche auf Herausgabe, Juristische Schulung (JuS) 1985, S. 657.664.

Michalski, Lutz — Kommentar zum Gesetz betreffend die Gesellschaften mit beschränkter Haftung (GmbH-Gesetz), 2002.

Müller-Gugenberger, Christian/ Bieneck, Klaus	Handbuch des Wirtschaftsstraf- und –ordnungswidrigkeitenrechts, 3. Auflage 2000.
Münchener Kommentar	Münchener Kommentar zum Bürgerlichen Gesetzbuch, Band 1 §§ 1-240, 4. Auflage 2001; Band 4 §§ 607-704, 3. Auflage 1997; Band 5 §§ 705-853, 3. Auflage 1997.
	Münchener Kommentar zum Aktiengesetz, Band 2 §§ 53a-75, 2. Auflage 2003.
Nienstedt, Thomas	Haftungsrechtliche Sanktionen bei der Annahme von Schmiergeldern – Eine rechtsvergleichende Untersuchung zum deutschen, schweizerischen, englischen und US-amerikanischen Recht, Dissertation 1996.
Ohlemacher, Thomas/ Pfeiffer, Christian	Die KFN-Geschäftsleute-Erhebung. Deutsche und ausländische Gastronomen in Konfrontation mit Schutzgelderpressung und Korruption: Erste Befunde der Hauptuntersuchung, 1997.
Ostendorf, Heribert	Bekämpfung der Korruption als rechtliches Problem oder zunächst moralisches Problem, Neue Juristische Wochenschrift (NJW) 1999, S. 615-618.
Palandt	Bürgerliches Gesetzbuch, 62. Auflage, 2003.

Palazzo, Bettina	Unternehmensethik als Instrument der Prävention von Wirtschaftskriminalität und Korruption, Die Kriminalprävention 2001, S. 52-60.
Pelz, Christian	Steuerliche und strafrechtliche Schritte zur Bekämpfung der Korruption im Auslandsgeschäft, Wertpapiermitteilungen (WM) 2000, S. 1566-1572.
Pfeiffer, Gerd	Das strafrechtliche Schmiergeldverbot nach § 12 UWG, Festschrift für Otto-Friedrich Frhr. v. Gamm 1990, S. 129-146.
Piehl, Hansjörg	Bestechungsgelder im internationalen Wirtschaftsverkehr, Dissertation 1991.
Poerting, Peter/ Vahlenkamp, Werner	Strategien gegen die Korruption, Kriminalistik 1998, S. 733-743.
Preußner, Joachim/ Becker, Florian	Ausgestaltung von Risikomanagementsystemen durch die Geschäftsleitung, Neue Zeitschrift für Gesellschaftsrecht (NZG) 2002, S. 846-851.
Preußner, Joachim/ Zimmermann, Dörte	Risikomanagement als Gesamtaufgabe des Vorstandes, Die Aktiengesellschaft (AG) 2002, S. 657-662.
Rennstich, Karl	Korruption. Eine Herausforderung für Gesellschaft und Kirche, 1990.
Reuter, Dieter/	Ungerechtfertigte Bereicherung,

Martinek, Michael	1983.
Richardi, Reinhard/ Wlotzke, Otfried (Hg.)	Münchener Handbuch zum Arbeitsrecht, 2. Auflage 2000.
Roth, Holger/ Altmeppen, Günther	Gesetz betreffend die Gesellschaften mit beschränkter Haftung (GmbHG), Kommentar, 4. Auflage 2003.
Rügemer, Werner	Die deutsche Justiz und die Korruption, Kritische Justiz (KJ) 1997, S. 458-474.
Sack, Rolf	Die wettbewerbsrechtliche Klagebefugnis des „unmittelbar Verletzten" nach der Neufassung des § 13 Abs. 2 Nr.1, Betriebs-Berater (BB) 1995, S. 1-5.
ders.	Der Schutzzweck des UWG und die Klagebefugnis des „unmittelbar Verletzten", Festschrift für Otto-Friedrich Frhr. v. Gamm 1990, S. 161-183.
Schaub, Günter	Arbeitsrechts – Handbuch, 9. Auflage 2000.
Schaupensteiner, Wolfgang J.	Bekämpfung von Korruptionsdelinquenz, Kriminalistik 1994, S. 514-524.
Scheuch, Erwin K.	Korruption als Teil einer freiheitlichen Gesellschaftsordnung, Kriminalistik 2002, S. 79-91.
Schlegelberger	Handelsgesetzbuch, Band II, 5. Auflage 1973.

Schmidt, Karsten Gesellschaftsrecht, 4. Auflage 2002.

Schmidt, Ludwig Einkommensteuergesetz, 21. Auflage 2002.

Schneider, Uwe Unentgeltliche Zuwendungen durch Unternehmen, Die Aktiengesellschaft (AG) 1983, S. 205-216.

ders. Unentgeltliche Zuwendungen durch Unternehmen als vertragsrechtliches und gesellschaftsrechtliches Problem, Jahrbuch der Fachanwälte für Steuerrecht (JbFSt) 1983/84, S. 165-194.

Scholz, Franz Kommentar zum GmbH-Gesetz, Band I §§ 1-44, 9. Auflage 2000.

Schönherr, Roland Vorteilsgewährung und Bestechung als Wirtschaftsstraftaten, Kriminologische Forschungsberichte, Band 23, 1985.

Schönke, Adolf/ Schröder, Horst (Hg.) Strafgesetzbuch, Kommentar, 26. Auflage 2001.

Schulz, Erhart Zur Herausgabepflicht von Schmiergeldern, Recht der Arbeit (RdA) 1971, S. 278-282.

Seibert, Ulrich Die Entstehung des § 91 Abs. 2 AktG im KontraG – „Risikomanagement“ oder „Frühwarnsystem“?, Festschrift für Gerold Bezzenberger (2000), S. 427-438.

Seibt, Christoph H.	Deutscher Corporate Governance Kodex und Entsprechens-Erklärung (§ 161 AktG-E), Die Aktiengesellschaft (AG) 2002, S. 249-259.
Sethe, Rolf	Zivilrechtliche Rechtsfolgen der Korruption am Beispiel von Bankgeschäften, Wertpapiermitteilungen (WM) 1998, S. 2309-2326.
Soergel	Kommentar zum Bürgerlichen Gesetzbuch, Band 2 Allgemeiner Teil 2 §§ 104-240, 13. Auflage 1999; Band 2 - §§ 241-432, 12. Auflage 1990; Band 4 - §§ 705-853, 11. Auflage 1985; Band 4/1 - §§ 516-651, 12. Auflage 1997; Band 4/2 - §§ 651a-704, 12. Auflage 1999.
Stapf, Joachim	Steuerliche Folgen der Zuwendung korrumpierender Vorteile ab 1999, Der Betrieb (DB) 2000, S. 1092-1100.
Staub	Handelsgesetzbuch Großkommentar, Erster Band §§ 1-104, 3. Auflage 1967.
Staudinger, J. von	Kommentar zum Bürgerlichen Gesetzbuch, Erstes Buch §§ 134-163, 13. Bearbeitung 1996; Zweites Buch §§ 652 – 704, 13. Bearbeitung 1995; Zweites Buch §§ 765-778, 13. Bearbeitung 1997; Zweites Buch §§ 812-822, Neubearbeitung 1999; Zweites Buch §§ 823-825, 13. Bearbeitung 1999.

Taupitz, Jochen Berufsständische Satzungen als Verbotsgesetz im Sinne des § 134 BGB, Juristenzeitung (JZ) 1994, S.221-227.

Teplitzky, Otto Wettbewerbsrechtliche Ansprüche und Verfahren, 8. Auflage 2002.

Tiedemann, Klaus Submissionskartell als Betrug, Zeitschrift für Rechtspolitik (ZRP) 1992, S. 149-151.

Tiedtke, Klaus Bürgschaft für ein sittenwidriges Darlehen, Juristenzeitung (JZ) 1987, S. 853-859.

Többens, Hans W. Die Bekämpfung der Wirtschaftskriminalität durch die Troika der §§ 9, 130 und 30 des Gesetzes über Ordnungswidrigkeiten, Neue Zeitschrift für Strafrecht (NStZ) 1999, S. 1-7.

Tröndle, Herbert/ Fischer, Thomas Strafgesetzbuch und Nebengesetze, 51. Auflage 2003.

Ulmer, Peter Teilunwirksamkeit von teilweise unangemessenen AGB-Klauseln, Neue Juristische Wochenschrift (NJW) 1981, S. 2025-2033.

ders. Der Deutsche Corporate Governance Kodex – ein neues Regulierungsinstrument für börsennotierte Aktiengesellschaften, Zeitschrift für das gesamte Handelsrecht und Wirtschaftsrecht (ZHR) 166 (2002), S. 150-181.

Vahlenkamp, Werner/ Knauß, Ina — Korruption – hinnehmen oder handeln?, BKA-Forschungsreihe Band 33, 1995.

Vorderwülbecke, Martin — Die Spendenkompetenz der Geschäftsführung, Betriebsberater (BB) 1989, S. 505-510.

Wabnitz, Heinz-Bernd/ Janovsky, Thomas — Handbuch des Wirtschafts- und Steuerstrafrechts, 2000.

Wagener, Frido — Der öffentliche Dienst im Staat der Gegenwart, Veröffentlichungen der Vereinigung der Deutschen Staatsrechtslehrer Heft 37 (1979), S. 215-266.

Zieschang, Frank — Das Übereinkommen zum Schutz der finanziellen Interessen der EG und seine Auswirkungen auf das deutsche Strafrecht, Europäische Zeitschrift für Wirtschaftsrecht (EuZW) 1997, S. 78-83.

Zöllner, Wolfgang/ Loritz, Karl-Georg — Arbeitsrecht, 5. Auflage 1998.

Abbildungsverzeichnis

Kolibri 360 GmbH
Ferdinand-Jühlke-Straße 7
99095 Erfurt, Deutschland
produktsicherheit@kolibri360.de

Druck:
CPI Druckdienstleistungen GmbH
im Auftrag der
Kolibri 360 GmbH
Ferdinand-Jühlke-Str. 7
99095 Erfurt